国家卫生和计划生育委员会"十二五"规划教材

全国中等卫生职业教育教材

供护理、助产专业用　　　　　　第3版

卫生法律法规

主　编　许练光

副主编　涂俊礼　黄淑珍

编　者（以姓氏笔画为序）

韦　岸（重庆市医药卫生学校）

许练光（玉林市卫生学校）

李顺见（山东省莱阳卫生学校）

李家福（玉林市卫生学校）（兼秘书）

周启平（甘肃卫生职业学院）

涂俊礼（郑州市卫生学校）

高　翔（焦作卫生医药学校）

黄淑珍（南昌市卫生学校）

人民卫生出版社

图书在版编目（CIP）数据

卫生法律法规 / 许练光主编. —3 版. —北京：人民卫生出版社，2015

ISBN 978-7-117-20709-6

Ⅰ．①卫…　Ⅱ．①许…　Ⅲ．①卫生法－中国－中等专业学校－教材　Ⅳ．①D922.16

中国版本图书馆 CIP 数据核字（2015）第 103963 号

| 人卫社官网 | www.pmph.com | 出版物查询，在线购书 |
| 人卫医学网 | www.ipmph.com | 医学考试辅导，医学数据库服务，医学教育资源，大众健康资讯 |

卫生法律法规
第 3 版

主　　编：许练光

出版发行：人民卫生出版社（中继线 010-59780011）

地　　址：北京市朝阳区潘家园南里 19 号

邮　　编：100021

E - mail：pmph @ pmph.com

购书热线：010-59787592　010-59787584　010-65264830

印　　刷：中农印务有限公司

经　　销：新华书店

开　　本：787×1092　1/16　　印张：12

字　　数：300 千字

版　　次：2003 年 2 月第 1 版　　2015 年 6 月第 3 版
　　　　　2021 年 8 月第 3 版第 13 次印刷（总第 43 次印刷）

标准书号：ISBN 978-7-117-20709-6/R·20710

定　　价：27.00 元

出版说明

　　为全面贯彻党的十八大和十八届三中、四中全会精神，依据《国务院关于加快发展现代职业教育的决定》要求，更好地服务于现代卫生职业教育快速发展的需要，适应卫生事业改革发展对医药卫生职业人才的需求，贯彻《医药卫生中长期人才发展规划（2011—2020年）》《现代职业教育体系建设规划（2014—2020年）》文件精神，人民卫生出版社在教育部、国家卫生和计划生育委员会的领导和支持下，按照教育部颁布的《中等职业学校专业教学标准（试行）》医药卫生类（第一辑）（简称《标准》），由全国卫生职业教育教学指导委员会（简称卫生行指委）直接指导，经过广泛的调研论证，启动了全国中等卫生职业教育第三轮规划教材修订工作。

　　本轮规划教材修订的原则：①明确人才培养目标。按照《标准》要求，本轮规划教材坚持立德树人，培养职业素养与专业知识、专业技能并重，德智体美全面发展的技能型卫生专门人才。②强化教材体系建设。紧扣《标准》，各专业设置公共基础课（含公共选修课）、专业技能课（含专业核心课、专业方向课、专业选修课）；同时，结合专业岗位与执业资格考试需要，充实完善课程与教材体系，使之更加符合现代职业教育体系发展的需要。在此基础上，组织制订了各专业课程教学大纲并附于教材中，方便教学参考。③贯彻现代职教理念。体现"以就业为导向，以能力为本位，以发展技能为核心"的职教理念。理论知识强调"必需、够用"；突出技能培养，提倡"做中学、学中做"的理实一体化思想，在教材中编入实训（实践）指导。④重视传统融合创新。人民卫生出版社医药卫生规划教材经过长时间的实践与积累，其中的优良传统在本轮修订中得到了很好的传承。在广泛调研的基础上，修订教材与新编教材在整体上实现了高度融合与衔接。在教材编写中，产教融合、校企合作理念得到了充分贯彻。⑤突出行业规划特性。本轮修订紧紧依靠卫生行指委，充分发挥行业机构与专家对教材的宏观规划与评审把关作用，体现了国家规划教材一贯的标准性、权威性、规范性。⑥提升服务教学能力。本轮教材修订，在主教材中设置了一系列服务教学的拓展模块；此外，教材立体化建设水平进一步提高，根据专业需要开发了配套教材、网络增值服务等，大量与课程相关的内容围绕教材形成便捷的在线数字化教学资源包，为教师提供教学素材支撑，为学生提供学习资源服务，教材的教学服务能力明显增强。

　　人民卫生出版社作为国家规划教材出版基地，获得了教育部中等职业教育专业技能课教材选题立项24个专业的立项选题资格。本轮首批启动了护理、助产、农村医学、药剂、制药技术专业教材修订，其他中职相关专业教材也将根据《标准》颁布情况陆续启动修订。

全国卫生职业教育教学指导委员会

4

全国中等卫生职业教育"十二五"规划教材目录

护理、助产专业

序号	教材名称	版次	主编		课程类别	所供专业	配套教材
1	解剖学基础 *	3	任 晖	袁耀华	专业核心课	护理、助产	√
2	生理学基础 *	3	朱艳平	卢爱青	专业核心课	护理、助产	
3	药物学基础 *	3	姚 宏	黄 刚	专业核心课	护理、助产	√
4	护理学基础 *	3	李 玲	蒙雅萍	专业核心课	护理、助产	√
5	健康评估 *	2	张淑爱	李学松	专业核心课	护理、助产	√
6	内科护理 *	3	林梅英	朱启华	专业核心课	护理、助产	√
7	外科护理 *	3	李 勇	俞宝明	专业核心课	护理、助产	√
8	妇产科护理 *	3	刘文娜	闫瑞霞	专业核心课	护理、助产	√
9	儿科护理 *	3	高 凤	张宝琴	专业核心课	护理、助产	√
10	老年护理 *	3	张小燕	王春先	老年护理方向	护理、助产	√
11	老年保健	1	刘 伟		老年护理方向	护理、助产	
12	急救护理技术	3	王为民	来和平	急救护理方向	护理、助产	√
13	重症监护技术	2	刘旭平		急救护理方向	护理、助产	
14	社区护理	3	姜瑞涛	徐国辉	社区护理方向	护理、助产	√
15	健康教育	1	靳 平		社区护理方向	护理、助产	
16	解剖学基础 *	3	代加平	安月勇	专业核心课	助产、护理	√
17	生理学基础 *	3	张正红	杨汎雯	专业核心课	助产、护理	√
18	药物学基础 *	3	张 庆	田卫东	专业核心课	助产、护理	√
19	基础护理 *	3	贾丽萍	宫春梓	专业核心课	助产、护理	√
20	健康评估 *	2	张 展	迟玉香	专业核心课	助产、护理	√
21	母婴护理 *	1	郭玉兰	谭奕华	专业核心课	助产、护理	√

续表

序号	教材名称	版次	主编	课程类别	所供专业	配套教材
22	儿童护理 *	1	董春兰 刘 俐	专业核心课	助产、护理	√
23	成人护理（上册）—内外科护理 *	1	李俊华 曹文元	专业核心课	助产、护理	√
24	成人护理（下册）—妇科护理 *	1	林 珊 郭艳春	专业核心课	助产、护理	√
25	产科学基础 *	3	翟向红 吴晓琴	专业核心课	助产	√
26	助产技术 *	1	闫金凤 韦秀宜	专业核心课	助产	√
27	母婴保健	3	颜丽青	母婴保健方向	助产	√
28	遗传与优生	3	邓鼎森 于全勇	母婴保健方向	助产	
29	病理学基础	3	张军荣 杨怀宝	专业技能课	护理、助产	√
30	病原生物与免疫学基础	3	吕瑞芳 张晓红	专业技能课	护理、助产	√
31	生物化学基础	3	艾旭光 王春梅	专业技能课	护理、助产	
32	心理与精神护理	3	沈丽华	专业技能课	护理、助产	
33	护理技术综合实训	2	黄惠清 高晓梅	专业技能课	护理、助产	√
34	护理礼仪	3	耿 洁 吴 彬	专业技能课	护理、助产	
35	人际沟通	3	张志钢 刘冬梅	专业技能课	护理、助产	
36	中医护理	3	封银曼 马秋平	专业技能课	护理、助产	
37	五官科护理	3	张秀梅 王增源	专业技能课	护理、助产	√
38	营养与膳食	3	王忠福	专业技能课	护理、助产	
39	护士人文修养	1	王 燕	专业技能课	护理、助产	
40	护理伦理	1	钟会亮	专业技能课	护理、助产	
41	卫生法律法规	3	许练光	专业技能课	护理、助产	
42	护理管理基础	1	朱爱军	专业技能课	护理、助产	

农村医学专业

序号	教材名称	版次	主编		课程类别	配套教材
1	解剖学基础 *	1	王怀生	李一忠	专业核心课	
2	生理学基础 *	1	黄莉军	郭明广	专业核心课	
3	药理学基础 *	1	符秀华	覃隶莲	专业核心课	
4	诊断学基础 *	1	夏惠丽	朱建宁	专业核心课	
5	内科疾病防治 *	1	傅一明	闫立安	专业核心课	
6	外科疾病防治 *	1	刘庆国	周雅清	专业核心课	
7	妇产科疾病防治 *	1	黎 梅	周惠珍	专业核心课	
8	儿科疾病防治 *	1	黄力毅	李 卓	专业核心课	
9	公共卫生学基础 *	1	戚 林	王永军	专业核心课	
10	急救医学基础 *	1	魏 蕊	魏 瑛	专业核心课	
11	康复医学基础 *	1	盛幼珍	张 瑾	专业核心课	
12	病原生物与免疫学基础	1	钟禹霖	胡国平	专业技能课	
13	病理学基础	1	贺平则	黄光明	专业技能课	
14	中医药学基础	1	孙治安	李 兵	专业技能课	
15	针灸推拿技术	1	伍利民		专业技能课	
16	常用护理技术	1	马树平	陈清波	专业技能课	
17	农村常用医疗实践技能实训	1	王景舟		专业技能课	
18	精神病学基础	1	汪永君		专业技能课	
19	实用卫生法规	1	菅辉勇	李利斯	专业技能课	
20	五官科疾病防治	1	王增源		专业技能课	
21	医学心理学基础	1	白 杨	田仁礼	专业技能课	
22	生物化学基础	1	张文利		专业技能课	
23	医学伦理学基础	1	刘伟玲	斯钦巴图	专业技能课	
24	传染病防治	1	杨 霖	曹文元	专业技能课	

药剂、制药技术专业

序号	教材名称	版次	主编	课程类别	配套教材
1	基础化学 *	1	石宝珏　宋守正	专业核心课	
2	微生物基础 *	1	熊群英　张晓红	专业核心课	
3	实用医学基础 *	1	曲永松	专业核心课	
4	药事法规 *	1	王 蕾	专业核心课	
5	药物分析技术 *	1	戴君武　王 军	专业核心课	
6	药物制剂技术 *	1	解玉岭	专业技能课	
7	药物化学 *	1	谢癸亮	专业技能课	
8	会计基础	1	赖玉玲	专业技能课	
9	临床医学概要	1	孟月丽　曹文元	专业技能课	
10	人体解剖生理学基础	1	黄莉军　张 楚	专业技能课	
11	天然药物学基础	1	郑小吉	专业技能课	
12	天然药物化学基础	1	刘诗泱　欧绍淑	专业技能课	
13	药品储存与养护技术	1	宫淑秋	专业技能课	
14	中医药基础	1	谭 红　李培富	专业核心课	
15	药店零售与服务技术	1	石少婷	专业技能课	
16	医药市场营销技术	1	王顺庆	专业技能课	
17	药品调剂技术	1	区门秀	专业技能课	
18	医院药学概要	1	刘素兰	专业技能课	
19	医药商品基础	1	詹晓如	专业核心课	
20	药理学	1	张 庆　陈达林	专业技能课	

注：1. * 为"十二五"职业教育国家规划教材。
　　2. 全套教材配有网络增值服务。

护理专业编写说明

　　根据教育部的统一部署,全国卫生职业教育教学指导委员会组织全国百余所中等卫生职业教育相关院校,进行了全面、深入、细致的护理专业岗位、教育调查研究工作,制订了护理专业教学标准。标准颁布后,全国卫生行指委全力支持人民卫生出版社规划并出版助产专业国家级规划教材。

　　本轮教材的特点是:①体现以学生为主体、"三基五性"的教材建设与服务理念:注重融传授知识、培养能力、提高素质为一体,重视培养学生的创新、获取信息及终身学习的能力,注重对学生人文素质的培养,突出教材的启发性。②满足中等卫生职业教育护理专业的培养目标要求:坚持立德树人,面向医疗、卫生、康复和保健机构等,培养从事临床护理、社区护理和健康保健等工作,德智体美全面发展的技能型卫生专业人才。③有机衔接高职高专护理专业教材:在深入研究人卫版三年制高职高专护理专业规划教材的基础上确定了本轮教材的内容及结构,为建立中高职衔接的立交桥奠定基础。④凸显护理专业的特色:体现对"人"的整体护理观、"以病人为中心"的优质护理指导思想;护理内容按照护理程序进行组织,教材内容与工作岗位需求紧密衔接。⑤把握修订与新编的区别:本轮教材是在"十一五"规划教材基础上的完善,因此继承了上版教材的体系和优点,同时注入了新的教材编写理念、创新教材编写结构、更新陈旧的教材内容。⑥整体优化:本套教材注重不同层次之间,不同教材之间的衔接;同时明确整体规划,要求各教材每章或节设"学习目标""工作情景与任务"模块,章末设"思考题或护考模拟"模块,全书末附该课程的实践指导、教学大纲、参考文献等必要的辅助内容。⑦凸显课程个性:各教材根据课程特点选择性地设置"病案分析""知识窗""课堂讨论""边学边练"等模块,50学时以上课程编写特色鲜明的配套学习辅导教材。⑧立体化建设:全套教材创新性地编制了网络增值服务内容,每本教材可凭封底的唯一识别码进入人卫网教育频道(edu.ipmph.com)得到与该课程相关的大量的图片、教学课件、视频、同步练习、推荐阅读等资源,为学生学习和教师教学提供强有力的支撑。⑨与护士执业资格考试紧密接轨:教材内容涵盖所有执业护士考点,且通过章末护考模拟或配套教材的大量习题帮助学生掌握执业护士考试的考点,提高学习效率和效果。

　　全套教材共29种,供护理、助产专业共用。全套教材将由人民卫生出版社于2015年7月前分两批出版,供全国各中等卫生职业院校使用。

卫生法律法规是国家教育部新颁布的《中等职业学校专业教学标准（试行）》要求开设的中等卫生职业教育护理、助产专业的一门专业选修课程。虽然是选修课，但在中等职业教育突出强调学生人文素养培育，特别是在医患关系紧张、医疗服务质量要求不断提升的今天，卫生法律法规课程显得尤为重要。

党的十八届四中全会通过了《中共中央关于全面推进依法治国若干重大问题的决定》，标志着我国依法治国进程迈入新的历史阶段，提出"把法治教育纳入国民教育体系，从青少年抓起，在中小学设立法治知识课程"，这是从国家全局的战略高度提出中等卫生职业学校开设法制教育课程的要求。教育部颁布的《中等职业学校专业教学标准（试行）》就中等职业学校护理、助产专业培养目标和人才规格，提出了坚持立德树人，具有良好的法律意识和医疗安全意识，自觉遵守有关医疗卫生法律法规，依法实施护理、助产任务的要求。因此，中等职业学校护理、助产专业在开设职业道德和法律课程的基础上，开设卫生法律法规课具有深远的战略意义和重大的现实意义。

《卫生法律法规》第3版是全国中等卫生职业教育"十二五"规划教材。本教材是在全国卫生职业教育教学指导委员会的悉心指导下，根据教育部最新颁布的《中等职业学校护理专业教学标准（试行）》和《中等职业学校助产专业教学标准（试行）》的要求组织编写的，主要内容包括：卫生法概述、护士执业法律制度、侵权责任及医疗事故处理法律制度、献血法律制度、传染病防治法律制度、预防接种及突发公共卫生事件应急法律制度、母婴保健法律制度、人口与计划生育法律制度等，与护士执业资格考试和护理、助产专业学生从业有关的主要的卫生法律法规知识。通过本课程的教学，使学生掌握必需的卫生法律法规知识，形成良好的卫生法制意识和医疗安全意识，自觉遵守有关医疗卫生法律法规，依法实施护理、助产任务。

本教材编写力求做到以下要求：

1. 立足学生应对护士执业资格考试和从业基本需要选取内容。卫生法律法规内容繁杂，而本课程安排的教学时数往往有限，老师教什么、教多少，学生学什么、学多少，是本课程面临的普遍难题。本教材本着"实用、能用、够用"的原则，选择护士执业资格考试大纲要求的法律法规和助产专业学生从业要求的母婴保健、计划生育等方面法律法规作为主要内容进行编写，同时编写一定数量的护考模拟练习题供学生练习，解决教材的适用性问题。

2. 强化案例教学解决学生对法律普遍存在"难学、厌学"问题。中职学生对学习人文学科类课程兴趣不大，学习积极性不高，特别是法律知识，普遍感觉枯燥无味，难以掌握。本教材教学活动,要求老师突出案例教学,在主要章节或重点内容处设计了案例进行导学,通过案例导学提高学生的学习兴趣和效率。

3. 强调培养卫生法制意识提升学生人文素养。护理、助产专业教学标准要求,护生要自觉遵守有关医疗卫生法律法规,依法实施护理、助产任务,这除了需要学生掌握卫生法律法规知识外,更重要的是将法律规定内化升华为学生的法制意识和思想素养。本教材努力运用医疗卫生案例教学和技能教学,强化思想渗透,目的就是引导学生在做中学、学中思,通过做和思,提高思想觉悟。

本教材供中等卫生职业学校护理、助产专业学生使用,也可供高职相同专业学生学习参考。

本教材是参编学校领导、参编老师同心协力创造性劳动的成果,涂俊礼副主编为本课程网络增值服务做了大量的组织工作,在编写过程中参考并吸收了有关著作、专家的成果,在此致以深切的谢意。由于时间紧促、水平有限,本教材难免存在问题与不足,恳请广大师生在使用过程中提出宝贵的意见和建议,以便修订再版时更正。

许练光

2015 年 3 月

目 录

第一章　卫生法概述

护理警示

增强法律意识，依法履行职责

一名因"腰椎骨折"入院患者，护士在协助其翻身时，患者因疼痛而拒绝，值班护士向其讲明翻身的重要性后，仍然拒绝，护士及时让患者签署"拒绝翻身协议书"。隔日，发现患者骶尾部有压疮，患者家属以"住院期间出现皮肤压力伤"为由，将护士投诉。在调查过程中，护士及时提供患者签署的协议书，避免了一场护理纠纷。

一住院患者，上午11点静滴完后要回家，护士向其讲述了医院的制度，劝其不能回家，患者执意回去，未签署"住院病人离院申请书"，晚6点猝死家中，家属提出异议，引起纠纷。

随着我国卫生事业的发展，卫生法成为我国法律体系中的重要组成部分，《中共中央关于全面推进依法治国若干重大问题的决定》指出："推动全社会树立法治意识。坚持把全民普法和守法作为依法治国的长期基础性工作，深入开展法治宣传教育，引导全民自觉守法、遇事找法、解决问题靠法。"作为中等卫生职业学校的学生，为了能在今后的工作中更好地依法执业，非常有必要掌握一定的法律知识特别是卫生法律知识及用法技能，从现在开始，我们就来学习与自己将来工作息息相关的卫生法律法规的有关知识。

案例 1

张护士非法行医案

张护士家住 H 市 B 镇,在镇中心卫生院工作,为人热情,邻居平时有点头疼脑热的小病,经常找她帮忙,她也给人上门打针,收取每针 3 元的注射费。一天,张护士接到邻居王大娘的电话,大娘称自己头痛、嗓子疼,让张护士给带点药。于是,张护士去药店买了清开灵、克林霉素、一瓶葡萄糖注射液和一瓶盐水。到王大娘家后,张护士先给她量血压,发现其血压高,但仍帮忙打了点滴,并在收取 27 元药费和 3 元注射费后离开。一个小时后,王大娘口吐白沫,后送往医院经抢救无效死亡。经鉴定,王大娘在注射清开灵药物的过程中,自发性脑出血合并过敏性休克死亡。事后,张护士主动赔偿被害人家属 14 万元,然后投案自首。

经 H 市检察院提起公诉,H 市人民法院以非法行医罪判处张护士有期徒刑 4 年,承担刑事附带民事赔偿责任 26 万元。同时,H 市卫生局对张护士作出开除处理。

第一节 卫生法的概念、调整对象和作用

案例思考 1-1

请结合本节的学习,思考回答:

1. 案例 1 中涉及卫生法调整对象中的哪些关系?
2. 法院判处张护士有期徒刑,体现了卫生法规范作用中哪些作用?

一、卫生法的概念与特征

卫生法(health law),是指由国家制定或认可并由国家强制力保证实施的,调整在保护公民健康权益活动中形成的各种社会关系的法律规范的总称。

卫生法是行政法的组成部分,属于特殊行政法,除具有行政法的特征以外,还具有以下自身的特征:

(一)卫生法在形式上的特点

1. 卫生法没有统一的法典 卫生法调整的范围十分广泛、内容十分繁杂,卫生工作事项烦琐多变,与卫生有关的法律法规甚多而又修改频繁,这就决定了对卫生问题难以作出统一的规定、制定一部统一的卫生法。

2. 卫生法的法律形式表现出多样化特点 在形式上,卫生法由宪法、法律、行政性法规、规章等众多的法律文件所构成,是卫生法律规范的总和,表现为法、条例、规范、办法、规定、标准、通知等。另外,国家政策、共产党的政策,在一定条件下的一定范围内也在适用,即起着卫生法的作用。

3. 卫生法是诸法合体、多种调节手段并用的特殊规范形态 我国的民法与民事诉讼法、刑法与刑事诉讼法,都是分别作为实体法和程序法分开制定的,而卫生法不同,往往是实体法与程序法交织在一起,同一个卫生法律规范性文件既有实体性法律规定,又有程序

性规定。卫生法既表现为专门以医药卫生为主要内容的卫生法律规范文件，也表现为在其他法律文件中有关医药卫生的规范性条文。卫生法在卫生权益、健康权益的保护中，往往是同时运用行政法律、民事法律、刑事法律等多种手段进行调节管理。

（二）卫生法在内容上的特点

1. 卫生法的规定具有广泛性和易变性 卫生法从卫生行政组织、卫生行政管理、卫生行政监督，到医疗机构管理、职业资格准入、医患纠纷解决，再到计划生育、母婴保健、疾病预防控制等卫生关系都作了规定，可称得上是涉及的内容纷繁复杂，调整的关系纵横交错。同时卫生法调整事项经常变化，并时有突发性公共卫生事件发生，因而卫生法调整的范围和事项具有不稳定性的特征。这就决定了卫生法的规定极其广泛，并且不得不随着卫生事业的发展和卫生事项的变更而变更的特点。

2. 卫生法律规范以保护公民生命健康权为根本标志 卫生法的表现形式纷繁多样，我国现行常用的卫生法律法规就有数百件之多，但他们都以保护公民生命健康权为根本宗旨。任何一个法律文件或法律规范，只要其立法目的和要求是出于保护公民生命健康权益，就属于卫生法的范畴。所以以保障公民生命健康权为宗旨是卫生法区别于其他法律部门的主要标志和基本特征。

3. 卫生法包含自然科学技术规范 医药卫生工作具有很强技术规范性，必须适应现代科学技术发展，把科学技术的研究成果应用于医药卫生工作中。卫生法通过立法的形式强化医药卫生技术规范，形成操作规程、技术常规及医药卫生标准等法定性技术规范供人们遵照执行，因此，卫生法的具体内容与医学、药学、生物学等自然科学紧密关联，许多科技成就成为其立法的基础和依据。

4. 卫生法的规范内容具有人类性和社会共同性的特点 一方面卫生法作为调整人类健康社会关系的社会规范，以维护人类共同的尊严和人格特点，为人类共有"本质"提供保护；另一方面从医学科学及其发展角度讲，医学科学是没有国界的科学，是人类共有的财富，任何一个国家的卫生法学的发展离不开国际社会的交流和合作。所以说卫生法应当尊重和体现人类所特有的本质，具有人类性，任何国家在人类健康发展方面和人类社会的健康发展方面具有共同的目标和任务，国际社会在卫生法规范方面的趋同性也充分地表现出其人类性和社会共同性的特点。

二、卫生法调整的对象

卫生法的调整对象（the regulating object of the health law），是国家卫生行政机关、医疗卫生机构及组织、企事业单位、个人、国际组织之间及其内部因预防和治疗疾病，改善人们生产、学习和生活环境及卫生状况，保护和增进人体健康而产生的社会关系，即保护公民健康权益活动和过程形成的所有社会关系。这些关系纷繁复杂，归纳起来有以下几方面：

（一）卫生组织关系

卫生组织是指各级卫生行政部门和各级各类医疗卫生机构及组织。国家通过用法律条文的形式将各级卫生行政部门和各级各类医疗卫生机构及组织的法律地位、组织形式、隶属关系、职权范围以及权利义务等固定下来，形成合理的组织体系和制度。

（二）卫生管理关系

卫生管理是国家从社会生活总体角度进行的全局性的统一管理，是国家行政管理的重要内容和职责。卫生管理关系是指卫生行政机关对医疗卫生机构及组织、有关企事业单位、社会团体和公民、医疗卫生技术人员等以及这些组织与个人的医药卫生活动等进行管理所形成的行政管理关系。

（三）卫生服务关系

这是指卫生行政机关、医疗卫生机构及组织、有关企事业单位、社会团体向社会公众提供的医疗预防保健服务、卫生咨询服务、卫生设施服务等活动所形成的服务关系。

（四）生命健康权益保护关系

生命健康权是指人的机体组织和生理功能的安全受到法律保护的权利。保护人的生命健康是卫生法最高的、最根本的职能，居于保护人的生命健康权益所形成的各有关组织、自然人之间的关系成为卫生法调整的对象。

（五）现代医学与生命科学技术关系

现代医学与生命科学技术不断发展，日新月异，它给人类带来巨大利益和福祉的同时，也向法律提出了前所未有的挑战。卫生法不仅要调整与生命健康相关的法律关系，而且对于现代医学与生命科学技术发展中的许多新问题，亟待卫生法予以规范和调整，以实现现代医学与生命科学技术服务人类健康的目的。

（六）国际卫生关系

这是指由我国参加的国际公约和国际条例，并得到我国法律许可的有关国际社会共同遵守的，我国承诺的卫生法律关系。

三、卫生法的基本原则

卫生法的基本原则（basic principles of the health law），也即卫生行政法的基本原则和行政法制原则，是指贯穿于卫生行政法律规范和卫生行政关系当中，指导和制约卫生行政立法与实施的卫生法制的基本精神和准则。除以政治原则和宪法原则为卫生法的最高原则外，卫生法特有的原则主要包括：

（一）卫生保护原则

卫生保护是实现人的健康权利的保证，也是卫生保健制度的重要基础。卫生保护原则有两方面的内容，一是人人有获得卫生保护的权利；二是人人有获得有质量的卫生保护的权利。卫生法的制定和实施就是要保证卫生保护的实现。

（二）预防为主原则

我国卫生工作的目的、任务和我国经济发展水平决定了，卫生工作的总要求是：无病防病，有病治病，防治结合。任何卫生工作都必须立足于预防，强调预防，并不是轻视医疗，预防和医疗都是保护人体健康的方法和手段。卫生法的制定和实施必须体现这一个要求。

（三）公平原则

所谓公平原则，就是以利益均衡作为价值判断标准来配置卫生资源，协调卫生保健活动，以便每个社会成员能普遍得到卫生保健的权利和机会。公平原则的基本要求是人人享有医疗卫生保健的权利，根据这一要求，合理配置可使用的卫生资源。公平是卫生事业发展追求的一个目标，卫生法的制定和实施必须符合这个目标和要求。

（四）保护社会健康原则

保护社会健康原则，本质上是协调个人利益与他人健康利益、个人健康利益与社会整体健康利益的关系，它是世界各国卫生法公认的目标。人具有社会性，要参与社会的分工和合作，所以，就要对社会承担一定的义务。这个义务就是个人在行使自己的权利时，不得损害整个社会的健康利益。卫生法的制定与实施，就是要平衡和协调好个人利益与社会健康利益的关系，保护社会公众总体健康权益。

（五）患者自主原则

保护患者权利的观念是卫生法的基础，而患者的自主原则是患者权利的核心。所谓患者自主原则，是指患者经过自我判断，就有关自身疾病的医疗问题做出合理的理智的并表示负责的自我决定权。它包括：①有权自主选择医疗机构、医生及其医疗服务的方式；②除法律、法规另有规定外，有权自主决定接受或者不接受某一项医疗服务；③有权拒绝非医疗性服务等。我国目前还没有专门的患者权利保护法，但我国现行的卫生法律、法规都从不同角度对患者权利（如医疗权、知情权、同意权、选择权、参与权、隐私权、申诉权、赔偿请求权等）作了明确、具体的规定。

（六）"义务本位"原则

就是把"履行义务"、"为人民服务"作为自己所在岗位的第一位的、义不容辞的职责或责任。在卫生法律规范要求中，"义务"是根本性的，是本位。在一定意义上讲，卫生管理和卫生服务人员，依法行政或依法行使权利是为自己履行义务服务的，是保障自己"履行义务"的手段和工具。作为卫生行政管理和医疗卫生服务的各种机构与人员，在具体工作中应坚决落实，深入宣传"义务本位"原则和思想，在学校特别是医学类学校中广泛开展"义务本位"教育。

四、卫生法的作用

（一）卫生法的规范作用

1. 指引作用　是指卫生法对个人行为所起的引导作用。卫生法律规范为卫生法律关系主体提供了某种行为模式，指引人们可以这样行为、必须这样行为或不可这样行为。

2. 预测作用　是指人们根据卫生法，可以预先估计相互间将怎样行为以及行为的后果等，从而对自己的行为作出合理的安排，适时调整自己的行为。

3. 评价作用　是指卫生法作为一种行为规则，具有判断和衡量人们行为合法或不合法的作用。法律通过评价作用来影响人们的价值观念和是非选择，从而达到指引人们行为的效果。

4. 教育作用　是卫生法通过其本身的存在以及实施产生广泛的社会影响，教育人们实施正当行为的作用。

5. 强制作用　是指卫生法通过强制方式惩戒不法行为，给不法行为人作出民事赔偿处理或予以行政、刑事处罚以维护卫生法律秩序的作用。

（二）卫生法的社会作用

1. 贯彻党的卫生政策，保证国家对卫生工作的领导　国家对社会的管理方式是多种多样的，首先是制定国家政策，其中包括制定卫生政策，用以规范各级政府的卫生工作和人们的卫生行为。通过卫生立法，使党和国家的卫生政策具体化、法制化，成为具有相对稳定性、明确规范性和国家强制性的法律条文，并通过其实施来保证国家卫生工作意志的实现。

2. 保障公民生命健康　卫生工作的目的是防病治病，保护人类健康。卫生法就是国家围绕并实现这一目的而制定的行为规范的总和。通过卫生法的实施，以国家强制力实现公民健康权益的保障。

3. 促进经济社会发展，推动医学科学的进步　卫生法保护人体的生命健康，也就是最终保护和发展社会生产力,为经济建设发挥巨大的推动和促进作用。同时,通过卫生法的制定和实施,保护和保障医学研究工作的进行,推动医学科学不断发展。

4. 促进国际卫生交流和合作　随着世界经济发展和对外开放扩大,我国与国外的友好往来日益增多,涉及的医疗卫生事务更加宽泛和复杂。为了维护我国主权,保障彼此间权利和义务,我国颁布了一系列涉外的卫生法律、法规和规章,从而更加有效地推动我国卫生事业的国际交流与合作。

第二节　卫生法的渊源

案例思考 1-2

请结合本节的学习,思考回答:

案例 1 中适用了《刑法》《侵权责任法》《事业单位工作人员处分暂行规定》等,它们分别属于哪种卫生法律渊源?

一、卫生法渊源的概念

卫生法渊源(sources of health law)是指国家机关依照法定职权和程序制定或认可的、具有不同法律效力和地位的卫生法律规范表现形式。它是根据法律效力划分的卫生法的类别,即是指卫生法律法规的效力上的渊源。

二、我国卫生法渊源

我国卫生法渊源或卫生法表现形式主要有以下几种:

(一)宪法

宪法虽然在卫生行政管理中不会具体适用,但它是国家根本大法,具有最高法律效力,是所有立法的依据,因此,宪法是卫生法最高、最根本的渊源,任何卫生法律法规不得与宪法相冲突。

(二)卫生法律

法律是由全国人民代表大会及其常务委员会制定的规范性文件,是卫生法的基本渊源。其中由全国人民代表大会制定的称为基本法律,目前我国基本法律中尚无卫生法律,即无统一的卫生法典。由全国人大常委会制定的卫生法律有:《母婴保健法》《执业医师法》《传染病防治法》《职业病防治法》《国境卫生检疫法》《食品安全法》《药品管理法》《献血法》《人口与计划生育法》《红十字会法》等十部。

(三)卫生行政法规

由国务院制定或批准颁布的法律效力低于卫生法律的规范性文件,是卫生法的重要渊源。如《传染病防治实施办法》《艾滋病监测管理的若干规定》《医疗事故处理条例》《护士条例》《计划生育技术服务管理条例》《医疗器械监督管理条例》等。

(四)地方性卫生法规

这类法规根据制定颁行机关不同分为两类。

1. 省(直辖市、自治区)级地方性卫生法规　是由省、自治区、直辖市人民代表大会及其常务委员会，根据本行政区域卫生工作具体情况和实际需要，在不与宪法、法律、行政法规相抵触的前提下制定，由大会主席团或者常务委员会用公告公布施行的卫生工作规范性文件。地方性法规在本行政区域内有效，其效力低于宪法、法律和行政法规。如各省、自治区的《人口与计划生育条例》。

2. 市级地方性卫生法规　是由省、自治区人民政府所在地的市和经国务院批准的较大的市、经济特区的人民代表大会及其常务委员会，根据本市或本地的具体情况和实际需要制定，报省、自治区人民代表大会常务委员会批准后施行，并由省、自治区的人民代表大会常务委员会报全国人民代表大会常务委员会和国务院备案的规范性文件。这些地方性法规在本市范围内有效，其效力低于宪法、法律、行政法规和本省、自治区的地方性法规。如《武汉市计划生育管理办法》、《深圳经济特区人口与计划生育条例》。

（五）自治条例、单行条例

自治条例是指民族自治地方的人民代表大会根据宪法和法律的规定，并结合当地民族政治、经济和文化特点制定的有关管理自治地方事务的综合性法规。其内容涉及民族区域自治的基本组织原则、机构设置、自治机关的职权、活动原则、工作制度等重要问题。如《云南省玉龙纳西族自治县自治条例》。

单行条例是指民族自治地方的人民代表大会及其常务委员会在自治权范围内，依法根据当地民族的特点，针对某一方面的具体问题而制定的法规。如《三都水族自治县城镇管理条例》。

自治条例和单行条例仅在民族自治地方适用，其中包含有有关卫生工作的规定，因此自治条例和单行条例也属卫生法的渊源。

（六）卫生规章

部门规章和地方政府规章，两者统称行政规章。有关卫生工作的行政规章即是卫生规章。

由国家卫生、食品药品主管部门或国家其他行政管理部门，制定发布或联合制定发布的有关卫生工作的规范性文件，称为部门卫生规章，或者简称部门规章。

省、自治区、直辖市人民政府，省、自治区人民政府所在地的市和国务院批准的较大的市以及经济特区市的人民政府制定发布的卫生方面的规范性文件，称为地方政府卫生规章，或者简称地方性卫生规章。

卫生规章多以"××办法"、"××规定"的形式出现，是卫生法重要而普遍的法律形式，数量很多，截止2010年仍在施行的常用卫生部门规章有140多个，分为综合、卫生监督、医疗服务与监督管理、妇幼保健与社区卫生、疾病预防控制与生物安全、食品安全与饮食服务监督管理、药品医疗器械监督管理等门类。

（七）法律解释

就是有关机关对卫生法律、行政法规、规章所作的解释，因作出解释的机关不同分为立法解释、司法解释、行政解释。如《最高人民法院关于审理非法行医刑事案件具体应用法律若干问题的解释》属司法解释。因此，法律解释也属我国卫生法的渊源。

（八）卫生国际条约

国际条约由全国人大常委会决定同外国缔结，或者由国务院按职权范围同外国缔结，其中不乏有关卫生事项的条文或条款。虽不属于国内法范畴，但其一旦生效，除我国声明保留的条款外，对我国具有约束力，因此它也属我国卫生法的渊源之一。

第三节 卫生法律关系

一、卫生法律关系的概念

案例思考 1-3

请结合本节的学习,思考回答:

1. 案例 1 中的卫生法律关系主体、客体、内容分别是什么?

2. 该案中,哪些卫生法律关系变更或消灭了?引起变更或消灭的法律事实是什么?

法律关系(legal relationship)是在法律规范调整社会关系过程中所形成的人们之间的权利义务关系。法律关系与法的调整对象既有联系,又有区别,两者都是社会关系,但作为法的调整对象的社会关系比作为法律关系的社会关系范围更大,只有法律作了规定并赋予权利义务内容的社会关系才能称为法律关系。

卫生法律关系(health legal relationship)是指由卫生法所调整的国家机关、企事业单位和其他社会团体之间,它们的内部机构以及它们与公民之间,在卫生管理监督和医疗卫生预防保健服务过程中所形成的权利和义务关系。其特征表现为:

(一)形成和存在于卫生管理服务活动和过程中

卫生法律关系是在卫生管理和医疗卫生、预防保健服务过程中,基于保障和维护人体健康而结成的法律关系。即它是存在于医疗卫生领域或医疗卫生管理和服务活动过程,因健康权益保护而形成的权利义务关系。

(二)以卫生法律规范的存在为前提

卫生法律关系是由卫生法所确认和调整的社会关系,必须以相应的卫生法律规范的存在为前提。

(三)是一种纵横交错的法律关系

既有纵向的行政法律关系,也有横向的、平等主体之间民事法律关系。

二、卫生法律关系的构成要素

卫生法律关系同其他法律关系一样,都是由主体、客体和内容三个方面的要素构成。这三个要素必须同时具备,缺一不可。如果缺乏其中任何一要素,该卫生法律关系就无法形成或继续存在。

(一)主体

卫生法律关系主体(main body of health legal relationship)是指在具体的卫生法律关系中享有权利和承担义务的人或组织,是卫生法律行为的实际参加者,包括卫生行政机关、医疗卫生单位、社会团体、公民等。作为法律关系的主体,必须具有权利能力和行为能力。公民的权利能力是指能够依法享受权利和承担义务的资格;公民的行为能力是指公民能够以自己行为依法行使权利和承担义务,从而使法律关系发生变更或消灭的资格。

(二)内容

卫生法律关系内容(health legal relationship)是指卫生法律法规规定的权利和义务。权利是指主体依法享有的权能或利益,表现为权利人有权作出某种行为和要求对方作出某种行为。义务是指主体依法承担的某种必须履行的责任,表现为义务人按照权利人要求作出一定行为和依法不作某种行为。

(三)客体

卫生法律关系客体(health legal relationship object)是指主体之间权利和义务所指向的对象,包括:公民的生命健康权、行为(如卫生行政机关的管理监督行为、医疗卫生机构的医疗卫生服务行为)、物(如药品、医疗器具)、精神产品等。

三、卫生法律关系的产生、变更和消灭

卫生法律关系的产生、变更和消灭必须具备相应法律规范和相关的法律事实两个条件,即以相应的卫生法律规范存在为前提,以一定法律实事产生为直接原因,卫生法律规范使卫生法律关系的产生、变更和消灭成为可能,卫生法律事实使卫生法律关系的产生、变更和消灭由可能变成现实。导致卫生法律关系产生、变更和消灭的法律事实主要有:

(一)法律事件

能导致一定的法律后果而又不以人的意志为转移的特定社会现象。包括自然事件(如地震、洪水、火灾等)和社会事件(如战争、卫生法律法规和政策的改变)。

(二)法律行为

当事人有意识有目的的某种活动,包括合法行为和违法行为。卫生法律关系的产生、变更和消灭大多是由当事人的行为引起的。

第四节 卫生法律责任

案例思考 1-4

请结合本节的学习,思考回答:
案例 1 中,当事人张护士承担了什么样的卫生法律责任?

一、卫生法律责任的概念

卫生法律责任(health legal responsibility)是指卫生法所确认的,违反卫生法律规范的行为主体对其违法行为应承担的,带有强制性、制裁性和否定性的法律后果。卫生法律责任是国家对违反法定义务、超越法定权利或滥用权利的卫生管理、服务行为所作的法律评价,是国家强制卫生管理、服务责任人作出一定行为或不作一定行为,补偿和救济受到侵害或损害的合法利益和法定权利,恢复被破坏的卫生法律关系和法律秩序的手段。

卫生法律责任具有以下特点:①由卫生法律法规明确规定。卫生法律关系主体承担何种法律后果,必须以卫生法律法规为依据,卫生法律法规没有规定的,行为主体不能、也不用承担莫须有的法律责任。②具有国家强制性。卫生法律责任的履行由国家强制力保证,它由专门的机关认定,与法律制裁密切联系。③一般以卫生违法行为为前提。卫生法律关系主体存在卫生违法行为,并且违法行为与损害结果之间有因果关系,才构成卫生法律责任。④由专门机关追究。卫生法律责任只能由卫生行政机关或司法机关依法、依职权予以追究。

二、卫生法律责任的种类

在我国现行的卫生法律法规中,卫生法律责任主要有三种:民事责任、行政责任和刑事责任。它们是以引起责任的卫生管理、服务行为的性质和危害程度为标准划分的。

(一)民事责任

1. 民事责任的概念　民事责任(civil liability)是指民事主体(公民和法人)违反合同或者不履行其他民事义务,侵害国家的、集体的和他人的合法权益,依照民法应承担的民事法律后果。

2. 民事责任的形式　也称承担民事责任的方式,是指民事主体承担民事责任的具体措施。根据《民法通则》第134条规定,承担民事责任的方式主要有:①停止侵害;②排除妨碍;③消除危险;④返还财产;⑤恢复原状;⑥修理、重作、更换;⑦赔偿损失;⑧支付违约金;⑨消除影响、恢复名誉;⑩赔礼道歉。

3. 民事责任的分类　民事责任按不同的标准可以分为不同的类型,常见的民事责任分类有以下几种:

(1)债务不履行的民事责任与侵权的民事责任:根据民事责任发生的原因,民事责任可分为债务不履行的民事责任与侵权的民事责任。债务不履行的民事责任,是指因债务人不履行已存在的债务而发生的民事责任。侵权的民事责任,是指因实施侵权行为而发生的民事责任。

(2)履行责任、返还责任和赔偿责任:根据民事责任的内容,民事责任可分为履行责任、返还责任和赔偿责任。履行责任,是指责任人须履行自己原负担的债务的责任。返还责任,是指以返还利益为内容的责任。赔偿责任,是指以赔偿对方损害为内容的责任。

(3)按份责任与连带责任:根据承担民事责任一方当事人之间的关系,民事责任可分为按份责任与连带责任。按份责任,是指责任人为多人时,各责任人按照一定的份额向债务人承担民事责任,各债务人之间无连带关系。连带责任是指债务人为多人时,每个人都负有清偿全部债务的责任,各责任人相互间有连带关系。

(4)财产责任与非财产责任:根据民事责任的内容有无财产性,民事责任可分为财产责任与非财产责任。财产责任,是指直接以一定的财产为内容的责任,如返还财产,赔偿损失。非财产责任,是指不直接具有财产内容的民事责任,如消除影响,恢复名誉。

4. 卫生法中的民事责任　主要是指医疗卫生机构、医药卫生工作人员或从事与医药卫生事业有关的机构,违反法律规定,侵害公民的健康权利,应对受害人承担的损害赔偿责任。

(二)行政责任

1. 行政责任概念　是行政法律责任(administrative law responsibility)的简称,指违反有关行政管理的法律、法规的规定,但尚未构成犯罪的行为所依法应当承担的法律后果。

2. 行政责任的形式　行政责任按承担的主体不同,可分为行政主体及其公务员承担的行政责任和行政相对人承担的行政责任。

(1)行政主体承担行政责任的具体方式有:①通报批评;②赔礼道歉,承认错误;③恢复名誉,消除影响;④返还权益;⑤恢复原状;⑥停止违法行为;⑦履行职务;⑧撤销违法的行政行为;⑨纠正不适当的行政行为;⑩行政赔偿等。

(2)公务员承担行政责任的具体方式有:①通报批评;②承担赔偿损失的责任;③接受行政处分等。

（3）行政相对人承担行政责任的具体方式有：①承认错误，赔礼道歉；②接受行政处罚；③履行法定义务；④恢复原状，返还财产；⑤赔偿损失等。

3．行政责任的种类　包括行政处分和行政处罚。

（1）行政处分的种类：从轻到重依次为：警告、记过、记大过、降级、撤职、开除。

（2）行政处罚的种类：①警告；②罚款；③没收违法所得、没收非法财物；④责令停产停业；⑤暂扣或者吊销许可证、暂扣或者吊销执照；⑥行政拘留。

4．卫生法的行政责任　我国卫生法规定的行政责任包括行政处分和行政处罚，具体表现为：

（1）行政处分：一般是指卫生行政管理机关、医药卫生单位依法给予隶属于它的违法或违纪行为人的一种制裁性处理。主要有：警告、记过、记大过、降级、撤职、开除。

（2）行政处罚：是指国家行政机关及其他依法可以实施行政处罚权的组织，对违反卫生法律法规，尚不构成犯罪的公民、法人及其他组织实施的一种制裁行为。主要有：警告；罚款；没收违法所得、没收非法财物；责令停产、停业；暂扣或者吊销执照等。

（三）刑事责任

1．概念　刑事责任（criminal responsibility）是行为人实施犯罪必须承担的法律后果。犯罪是指触犯刑律依照刑法应受刑罚处罚的行为。

2．刑事责任的承担方式　刑事责任的承担方式主要是刑罚，依照我国刑法的规定，刑罚包括主刑和附加刑两种。

（1）主刑有：管制、拘役、有期徒刑、无期徒刑和死刑。

1）管制：是对罪犯不予关押，但限制其一定自由，由公安机关执行和群众监督改造的刑罚方法。判处管制的罪犯仍然留在原工作单位或居住地工作或劳动，在劳动中应当同工同酬。管制的期限为3个月以上2年以下，数罪并罚时不得超过3年。

2）拘役：是短期剥夺犯罪人自由，就近实行劳动的刑罚方法。拘役由公安机关在就近的拘役所、看守所或者其他监管场所执行，在执行期间，受刑人每月可以回家一天至两天，参加劳动的，可以酌量发给报酬。拘役的期限为1个月以上6个月以下，数罪并罚时不得超过1年。

3）有期徒刑：被判处有期徒刑的犯罪分子，在监狱或者其他执行场所执行。凡是被判有期徒刑的罪犯，有劳动能力的，都应当参加劳动，接受教育和改造。有期徒刑的期限，一般为六个月以上十五年以下，数罪并罚时不超过20年。

4）无期徒刑：是人民法院判决的，对犯罪分子终身剥夺人身自由和政治权利，押送监狱执行强制劳动改造的重刑之一。

5）死刑：分为死刑并缓期2年执行（死缓），与死刑并立即执行两种死刑判决。

（2）附加刑：罚金、剥夺政治权利和没收财产。

此外，对于犯罪的外国人，可以独立适用或者附加适用驱逐出境。

3．我国现行卫生法律法规中涉及的犯罪　在我国现行卫生法律法规中，规定构成犯罪、须承担刑事责任的，主要有：

（1）生产、销售假药、劣药的犯罪（刑法第一百四十一条、一百四十二条）；

（2）生产、销售不符合卫生标准的食品或有毒、有害食品的犯罪（刑法第一百四十三条、一百四十四条）；

（3）生产、销售不符合标准的医用器材的犯罪（刑法第一百四十五条）；

11

（4）生产、销售不符合标准的化妆品的犯罪（刑法一百四十八条）；

（5）非国家工作人员受贿的犯罪（刑法第一百六十三条）；

（6）组织出卖人体器官的犯罪（刑法第二百三十四条）；

（7）出售、非法提供、非法获取公民个人信息的犯罪（刑法第二百五十三条）；

（8）妨害传染病防治的犯罪（刑法第三百三十条）；

（9）传染病菌种、毒种扩散的犯罪（刑法第三百三十一条）；

（10）妨害国境卫生检疫的犯罪（刑法第三百三十二条）；

（11）非法组织卖血和强迫卖血的犯罪（刑法第三百三十三条）；

（12）非法采集、供应血液、制作、供应血液制品的犯罪和采集、供应血液、制作、供应血液制品事故的犯罪（刑法第三百三十四条）；

（13）医疗事故的犯罪（刑法第三百三十五条）；

（14）非法行医的犯罪和非法进行节育手术的犯罪（刑法第三百三十六条）；

（15）妨害动植物防疫、检疫的犯罪（刑法第三百三十七条）；

（16）污染环境的犯罪（刑法第三百三十八条）；

（17）食品监管渎职的犯罪（刑法第四百零八条）

另外，2014年4月，最高人民法院、最高人民检察院、公安部、司法部、国家卫生和计划生育委员会联合颁发的《关于依法惩处涉医违法犯罪维护正常医疗秩序的意见》，对涉医刑事罪责作了规定，包括故意杀人罪、故意伤害罪、故意毁坏财物罪、寻衅滋事罪、侮辱罪、非法拘禁罪、非法携带枪支、弹药、管制刀具、危险物品危及公共安全罪、聚众扰乱社会秩序罪、聚众扰乱公共场所秩序、交通秩序罪等。

护理警示

依法执业，用心服务，勤奋学习，精益求精

某医院对2011年46起与护理工作有关的投诉、纠纷进行了统计分析：

1. 多见于有章不循和违反操作规程：在护理事故中，用错药（包括静脉注射、肌内注射）23起，占50%；违反操作规程6起，占13.04%，婴儿护理事故6起，占13.04%，灌肠操作不当4起，占8.7%，输血事故3起，占6.52%，其他因素4起，占8.7%。

2. 多由于服务态度引起：因服务态度不到位、语言生硬冰冷、缺乏耐心、细心和同情心而引起的纠纷37起，占80.43%；因医疗技术引起的纠纷9起，占19.57%。

3. 多发于低年资护士中：工作5年以下的护士引起的纠纷43起，占93.48%。

（许练光）

自测题

1. 关于卫生法的调整对象，下列提法中正确的是

    A. 调整在保护公民健康权益活动中形成的民事关系

    B. 调整在保护公民健康权益活动中形成的经济关系

    C. 调整在保护公民健康权益活动中形成的各种社会关系

D. 调整在保护公民健康权益活动中形成的法律关系

E. 调整在保护公民健康权益活动中形成的行政管理关系

2. 小王感染了"非典"病毒，疾病预防控制部门对其进行隔离观察治疗，对照卫生法的原则，下列提法中正确的是

A. 违反公平原则   B. 违反卫生保护原则

C. 违反患者自主原则   D. 体现保护社会健康原则

E. 违反"义务本位"原则

3. 关于卫生法律关系，下列提法中**错误**的是

A. 卫生法律关系是权利义务关系

B. 卫生法律关系是各种社会关系的总和

C. 卫生法律关系由主体、客体和内容三个方面的要素构成

D. 卫生法律关系是由卫生法所确认和调整的社会关系

E. 卫生法律关系的产生、变更和消灭必须具备相应法律规范和相关的法律事实

4. 关于卫生法律责任的特点，下列选项中**不正确**的是

A. 由卫生法律法规明确规定   B. 具有国家强制性

C. 一般以卫生违法行为为前提   D. 只能由医疗卫生机构及其人员承担

E. 由专门机关追究

5. 本章张护士非法行医案涉及卫生法调整对象中的关系是

A. 卫生组织关系、卫生服务关系、生命健康权益保护关系

B. 卫生管理关系、卫生服务关系、生命健康权益保护关系

C. 国际卫生关系、卫生组织关系、卫生服务关系

D. 卫生服务关系、现代医学与生命科学技术关系

E. 生命健康权益保护关系、国际卫生关系

6. 判断和衡量医务人员行为是否合法，是卫生法的一种作用，该作用是

A. 指引   B. 评价

C. 预测   D. 教育

E. 评价指引

7. 关于本章张护士非法行医案中的卫生法律关系客体，**不正确**的提法是

A. 张护士、王大娘、H 市人民法院和 H 市卫生局是客体

B. 张护士自己到药店买药并给王大娘注射是客体

C. 王大娘自发性脑出血合并过敏性休克死亡是客体

D. H 市人民法院判处张护士有期徒刑是客体

E. H 市卫生局开除张护士公职是客体

8. 本章张护士非法行医案中，当事人张护士承担的卫生法律责任，下列选项中，正确的提法是

A. 张护士被判处四年有期徒刑，不用再承担民事赔偿责任

B. 张护士被开除公职是其承担刑事责任的补充形式

C. 张护士同时承担了行政责任、民事责任和刑事责任

D. 张护士只承担了行政责任和刑事责任

E. 张护士除承担了行政责任和刑事责任外还承担了经济责任

9. 本章张护士非法行医案中,对当事人张护士的处理适用的《刑法》《侵权责任法》等卫生法,从卫生法渊源上讲它们是

    A. 法律   B. 单行条例   C. 法律解释

    D. 行政法规   E. 规章

10. 下列选项中,**不是**民事责任形式的是

    A. 返还财产   B. 恢复原状   C. 罚金

    D. 赔偿损失   E. 支付违约金

11. 履行责任、返还责任和赔偿责任划分的依据是

    A. 民事责任的内容   B. 民事责任发生的原因

    C. 民事责任的内容有无财产性   D. 承担民事责任一方当事人之间的关系

    E. 民事责任的大小

12. 行政处分的种类中,处分最重的是

    A. 行政拘留   B. 罚款   C. 开除

    D. 吊销执照   E. 没收违法所得

13. 下列**不属于**行政主体承担的行政责任方式是

    A. 通报批评   B. 赔礼道歉,承认错误

    C. 恢复名誉,消除影响   D. 接受处分

    E. 返还权益

14. 行政赔偿是

    A. 行政相对人承担行政责任的具体方式

    B. 行政主体承担行政责任的具体方式

    C. 公务员承担行政责任的具体方式

    D. 公务员和行政相对人承担行政责任的具体方式

    E. 公务员和行政主体承担行政责任的具体方式

15. 下列选项中,**不属于**行政处罚的种类的是

    A. 没收违法所得、没收非法财物   B. 行政拘留

    C. 罚款   D. 责令停产停业

    E. 罚金

16. 下列选项中,**不属于**刑罚的是

    A. 拘留   B. 管制   C. 拘役

    D. 有期徒刑   E. 无期徒刑

17. 关于管制的刑期,下列选项中正确的是

    A. 3个月以上1年以下,数罪并罚时不得超过3年

    B. 3个月以上2年以下,数罪并罚时不得超过4年

    C. 6个月以上2年以下,数罪并罚时不得超过3年

    D. 3个月以上2年以下,数罪并罚时不得超过3年

    E. 6个月以上2年以下,数罪并罚时不得超过4年

18. 关于拘役的期限,下列选项中正确的是

    A. 1个月以上5个月以下,数罪并罚时不得超过1年

    B. 1个月以上6个月以下,数罪并罚时不得超过2年

C. 3个月以上6个月以下,数罪并罚时不得超过1年

D. 2个月以上6个月以下,数罪并罚时不得超过1年

E. 1个月以上6个月以下,数罪并罚时不得超过1年

19. 均由公安机关执行的刑罚是

    A. 管制和拘役   B. 管制和有期徒刑

    C. 拘役和有期徒刑   D. 管制和死刑

    E. 拘役和死刑

20. 我国现行卫生法律法规中,民事责任主要表现为

    A. 罚款   B. 罚金

    C. 损害赔偿   D. 没收违法所得

    E. 支付违约金

第二章　护士执业法律制度

　　为了维护护士的合法权益，规范护理行为，促进护理事业发展，保障人体健康和医疗安全，近年来，我国制定了一系列护士执业的法律制度。2008年1月23日国务院第206次常务会议通过，2008年5月12日起正式施行的《中华人民共和国护士条例》（以下称《护士条例》），以及2008年5月4日经原卫生部部务会议讨论通过，2008年5月12日起施行《护士执业注册管理办法》（以下称《管理办法》），标志我国护士工作全面进入了法制化的轨道。

　　护士执业法律制度是调整医疗卫生保健过程中护理关系的法律规范的总和。其内容主要涉及护士立法的目的、护士执业资格考试制度、护士执业许可制度、护士的权利与义务以及违法责任，同时还规定了卫生主管部门和医疗机构在对护士管理、使用中的职责和相关的法律责任。

第一节　护士及其执业资格考试

📱 **案例与思考**

案例2-1　李静欲报考护士执业资格案

　　2003年李静毕业于某市卫生学校全日制妇幼卫生专业（学制4年），第四学年在某二甲综合医院实习10个月，毕业后在某社区卫生服务中心从事护理工作，2007年取得某医科大学成人高等教育护理专业（业余）大专文凭，2008年准备参加护士执业资格考试。

请结合本节的学习,思考回答:

李静能否参加护士执业资格考试?为什么?

一、护士的概念及对护士的保护与表彰

(一)护士的概念

护士(nurse),是指经执业注册取得护士执业证书,依照有关卫生法律法规规定从事护理活动,履行保护生命、减轻痛苦、增进健康职责的卫生技术人员。

护士被称作天使的职业,它需要有爱心、细心、耐心以及责任心。一名优秀的护士不仅需要了解诊疗护理常规,熟练掌握护理操作技能,而且要有很强的亲和力、沟通能力以及语言表达能力,还要具有高度的责任心、良好的职业道德、严谨的工作态度、较强的综合分析能力、敏锐的洞察力,这样才能更好地履行护士工作职责,才配称"白衣天使"这个美丽的称号。

《护士条例》规定,护士按照国家有关规定与本人业务能力和学术水平可获得相应的专业技术职务,有初级护士、护师、主管护师、副主任护师和主任护师五级。

知识窗

钟茂芳为一个职业取名——护士之名的来由

我国原来把从事护理工作的人员称为"看护"。1914年6月,中国从事护理工作的人们召开第一次代表大会,参会的唯一一位中国人、天津北洋女医院(今天津市水阁医院前身)护校校长钟茂芳提出弃用"看护"一词,将英文nurse译为"护士"取而代之,并经大会通过,沿用至今。钟校长认为,将nurse译为"护士"既融合东西方文化内涵,也准确地表达了这一职业的文明与高尚,赋予护士尊重生命、护理生命的神圣职责。

(二)护士的保护

护士为病人解除痛苦,为病人恢复健康而努力工作!但在今天变革的新时期,社会多元化,带来了人们价值观的多元化,在医疗行业中,医患矛盾冲突突显,近年来护士在工作中被伤害的事件时有发生。为了保证护士安心工作,鼓励人们从事护理工作,满足人民群众对护理服务的需求,《护士条例》规定:国务院有关部门、县级以上地方人民政府及其有关部门以及乡(镇)人民政府应当采取措施,改善护士的工作条件,保障护士待遇,加强护士队伍建设,促进护理事业健康发展。还规定:护士人格尊严、人身安全不受侵犯;护士依法履行职责,受法律保护;全社会应当尊重护士。

1. 应加强对护士工作和人身安全的保护 因护士工作的特殊性和危险性,有易被感染的风险,《护士条例》明确规定,医疗卫生机构应当为护士提供卫生防护用品,并采取有效的卫生防护措施和医疗保健措施。在2014年4月22日最高人民法院、最高人民检察院、公安部司法部、国家卫生和计划生育委员会等五部委联合发文《关于依法惩处涉医违法犯罪维护正常医疗秩序的意见》就是为了更好地整顿医疗秩序,保护医护人员生命财产安全。

2. 应加强对护士合法利益的保护 《护士条例》规定,医疗卫生机构应当执行国家有关

工资、福利待遇等规定，按照国家有关规定为在本机构从事护理工作的护士足额缴纳社会保险费用，保障护士的合法权益。对在艰苦边远地区工作，或者从事直接接触有毒有害物质、有感染传染病危险工作的护士，所在医疗卫生机构应当按照国家有关规定给予津贴。

3. 应加强对护士继续受教育权利的保护 《护士条例》规定，医疗卫生机构应当制定、实施本机构护士在职培训计划，并保证护士接受培训。护士培训应当注重新知识、新技术的应用；根据临床专科护理发展和专科护理岗位的需要，开展对护士的专科护理培训。

（三）护士的表彰

《护士条例》规定，县级以上地方人民政府及其有关部门对本行政区域内做出突出贡献的护士，按照省、自治区、直辖市人民政府的有关规定给予表彰、奖励。国务院有关部门对在护理工作中做出杰出贡献的护士，应当授予全国卫生系统先进工作者荣誉称号，受到表彰、奖励的护士享受省部级劳动模范、先进工作者待遇；对长期从事护理工作的护士应当颁发荣誉证书。

二、护士执业资格考试

我国实行严格的护士职业准入制度。1996年，原卫生部在全国实行了护士资格证书考试，2010年7月1日起原卫生部、人力资源和社会保障部施行《护士执业资格考试办法》，建立了护士执业资格考试法律制度。

（一）护士执业资格考试与护士职业准入

护士执业资格考试（nurse qualification examination）是评价申请护士执业资格者是否具备执业所必须的护理专业知识与工作能力的考试。凡申请护士执业者必须通过该项考试，取得《中华人民共和国护士执业证书》。获得该证书后方可申请护士执业注册，未经注册者不得从事护士工作。

（二）考试组织

护士执业资格考试实行国家统一考试制度，国家制定统一考试大纲，统一命题，统一合格标准。考试原则上每年举行一次。

国家卫生和计划生育委员会、人力资源和社会保障部成立全国护士执业资格考试委员会，委员会下设办公室，设在国家卫生和计划生育委员会，负责具体工作。

（三）报考条件

在中等职业学校、高等学校完成国务院教育主管部门和国务院卫生主管部门规定的普通全日制3年以上的护理、助产专业课程学习，包括在教学、综合医院完成8个月以上护理临床实习，并取得相应学历证书的，可以申请参加护士执业资格考试。

（四）报考要求

申请参加护士执业资格考试的人员，应当在公告规定的期限内报名，并提交以下材料：①护士执业资格考试报名申请表；②本人身份证明；③近6个月二寸免冠正面半身照片3张；④本人毕业证书；⑤报考所需的其他材料。

申请人为在校应届毕业生的，应当持有所在学校出具的应届毕业生毕业证明，到学校所在地的考点报名。学校可以为本校应届毕业生办理集体报名手续。

申请人为非应届毕业生的，可以选择到人事档案所在地卫生主管部门报名。

（五）考试内容

护士执业资格考试包括专业实务和实践能力两个科目。

专业实务科目考查内容：运用与护理工作相关的知识，有效而安全地完成护理工作的能力。考试内容涉及与健康和疾病相关的医学知识，基础护理和技能，以及与护理相关的社会人文知识的临床运用能力等。实践能力科目考查内容：运用护理专业知识和技能完成护理任务的能力。考试内容涉及疾病的临床表现、治疗原则、健康评估、护理程序及护理专业技术、健康教育等知识的临床运用等。

卫生法律法规就包含在专业实务科目之中。

（六）考试成绩使用

一次考试通过两个科目为考试成绩合格，考试成绩合格者，可申请护士执业注册。

具有护理、助产专业中专和大专学历的人员，参加护士执业资格考试并成绩合格，可取得护理初级（士）专业技术资格证书；护理初级（师）专业技术资格按照有关规定通过参加全国卫生专业技术资格考试取得。

具有护理、助产专业本科以上学历的人员，参加护士执业资格考试并成绩合格，可以取得护理初级（士）专业技术资格证书；在达到《卫生技术人员职务试行条例》规定的护师专业技术职务任职资格年限后，可直接聘任护师专业技术职务。

第二节 护士执业注册

案例与思考

案例 2-2 小何办理护士执业注册案

小何生于 1984 年 3 月，2000 年 9 月至 2004 年 7 月就读于 G 省卫生学校普通全日制护理专业，2003 年 6 月至 2004 年 4 月在本省 A 医院实习，毕业后留在 A 医院工作，2006 年 5 月通过护士执业资格考试，2008 年 5 月办理了执业注册。2008 年 10 月辞职随当兵的丈夫到 H 省从事非护理工作，2011 年 11 月因符合军嫂安置条件，拟进入 H 省 B 市第二人民医院从事护理工作。

请结合本节的学习，思考回答：

1. 小何在 A 医院工作时办理执业注册应向谁提出申请？需提供哪些材料？

2. 小何在 H 省 B 市第二人民医院执业需要办理哪些相关注册手续？

取得《护士专业技术资格证书》的人员必须经执业注册取得护士执业证书，方可按照注册的执业地点从事护理工作。未经执业注册取得《护士执业证书》者，不得从事诊疗技术规范规定的护理活动。

边学边练

实训 1　护士执业注册模拟

一、执业注册及注销

护士执业注册（nurse practice registration）是通过护士执业资格考试取得护士执业资格的人员，要在医疗卫生机构从业，必须到卫生主管部门进行登记的一种赋予护士资格的行政许可制度。

（一）注册工作部门

国务院卫生主管部门负责全国护士执业注册监督管理工作。各省、自治区、直辖市人民政府卫生主管部门是护士执业注册的主管部门,负责本行政区域的护士执业注册管理工作。省、自治区、直辖市人民政府卫生主管部门结合本行政区域的实际情况,制定护士执业注册工作的具体办法,并报卫生部备案。

（二）注册申请

1. **申请提出**　护士执业注册申请,应当自通过护士执业资格考试之日起3年内提出;逾期提出申请的,除按照初次申请提交规定的材料外,还应当提交在省、自治区、直辖市人民政府卫生主管部门规定的教学、综合医院接受3个月临床护理培训并考核合格的证明。

2. **申请条件**　申请护士执业注册需具备以下条件:①具有完全民事行为能力;②在中等职业学校、高等学校完成教育部和国家卫生和计划生育委员会规定的普通全日制3年以上的护理、助产专业课程学习,包括在教学、综合医院完成8个月以上护理临床实习,并取得相应学历证书;③通过国家卫生和计划生育委员会组织的护士执业资格考试;④符合申请护士执业注册规定的健康标准。法律中明确规定,申请人必须无精神病史;无色盲、色弱、双耳听力障碍;无影响履行护理职责的疾病、残疾或者功能障碍。

3. **申请材料**　申请护士执业注册需提交以下材料:①护士执业注册申请审核表;②申请人有效身份证明;③申请人学历证书及专业学习中的8个月以上的临床实习证明;④护士执业资格考试成绩合格证明;⑤省、自治区、直辖市人民政府卫生主管部门指定的医疗机构出具的申请人6个月内健康体检证明;⑥各省、自治区、直辖市人民政府卫生主管部门要求的其他材料。

4. **审核与注册**　收到申请的卫生主管部门应当自受理申请之日起20个工作日内,对申请人提交的材料进行审核。审核合格的,准予注册,发给《护士执业证书》;对不符合规定条件的,不予注册,并书面说明理由。护士执业注册有效期为5年。

《护士执业证书》上应当注明护士的姓名、性别、出生日期等个人信息及证书编号、注册日期和执业地点。《护士执业证书》由国家卫生和计划生育委员会统一印制。

5. **卫生主管部门对护士执业的管理**　为了加强对护士执业行为的监督管理,促进护理行为的规范,《护士条例》要求县级以上地方人民政府卫生主管部门应当建立本行政区域的护士执业良好记录和不良记录,并将该记录记入护士执业信息系统。护士执业良好记录包括护士受到的表彰、奖励以及完成政府指令性任务的情况等内容。护士执业不良记录包括护士因违反本条例以及其他卫生管理法律、法规、规章或者诊疗技术规范的规定受到行政处罚、处分的情况等内容。

（三）注销注册

注销护士执业注册(cancellation of nurse practice registration)是基于特定事实的出现,由卫生主管部门依据法定程序收回护士执业注册证的管理制度。原护士执业注册自注销决定生效之日起失去效力,护士不能继续执业。

依法律规定,注销护士执业注册的规定有以下三方面的内容:①注册有效期届满未延续注册的。护士未申请延续护士执业注册,或者其延续执业注册的申请未被批准,其已经取得的护士执业注册自有效期届满之日起失效,出现这种情形时,省、自治区、直辖市卫生主管部门应当注销护士执业注册。②受吊销《护士执业证书》处罚的。护士在执业有效期内,因违反了法律法规或护理操作规程的规定,受法律处罚被撤销或吊销执业许可证的。

③护士死亡或者丧失民事行为能力的。护士执业注册是赋予护士资格的行政许可，是基于护士的自身条件作出的，这种行政许可不能转让和继承。护士死亡或者丧失了行为能力，其取得的执业注册也就不再具有效力，省、自治区、直辖市卫生主管部门应当注销护士执业注册。

二、延续注册

（一）延续注册

护士执业注册有效期届满需要继续执业的，应当在有效期届满前 30 日，向原注册部门申请延续注册（continue to register）。护士申请延续注册，应当提交的材料有：①护士延续注册申请审核表；②申请人的原《护士执业证书》；③所在地省、自治区、直辖市人民政府卫生主管部门指定的医疗机构出具的申请人 6 个月内健康体检证明。

注册部门自受理延续注册申请之日起 20 日内进行审核。审核合格的，予以延续注册，延续执业注册有效期为 5 年；对不具备本条例规定条件的，不予延续，并书面说明理由。

有下列情形之一的，不予延续注册：①不符合申请护士执业注册规定的健康标准的；②被处暂停执业活动处罚期限未满的。

（二）重新注册

1. 需要重新注册的情形　有下列情形之一的，具有护士《专业技术资格证书》人员拟在医疗卫生机构执业时，应当重新申请注册：①注册有效期届满未延续注册的；②受吊销《护士执业证书》处罚，自吊销之日起满 2 年的。

2. 重新注册需要的材料　按照初次申请注册的规定提交材料；中断护理执业活动超过 3 年的，还应当提交在省、自治区、直辖市人民政府卫生主管部门规定的教学、综合医院接受 3 个月临床护理培训并考核合格的证明。

三、执业地点变更

《护士执业注册管理办法》规定，护士在其执业注册有效期内变更执业地点等注册项目，应向拟执业地注册主管部门报告，办理变更注册手续。

（一）提交材料

护士在其执业注册有效期内变更执业地点的，应当向拟执业地注册主管部门报告，并提交下列材料：①护士变更注册申请审核表和申请人的《护士执业证书》；②护士应当提供现执业医疗卫生机构同意变更的证明材料和拟聘用的证明材料。

（二）办理要求

申请人直接到拟执业地注册部门办理变更手续，注册部门自受理变更注册之日起 7 个工作日内为其办理变更注册手续。

护士跨省、自治区、直辖市变更执业地点的，受理变更注册的卫生主管部门还应当向申请人原执业地注册部门通报。

各省、自治区、直辖市人民政府卫生主管部门应当通过护士执业注册信息系统，为护士变更注册提供便利。

第三节 护士执业的权利和义务

案例与思考

案例2-3 护士小王输液差错处理案

　　某医院值班护士小王晚上十一点对患者进行药物治疗时，由于患者已入睡，为不打扰他们休息，护士未叫醒病人。结果错将患者刘大爷的青霉素类药物输注给患者李大爷，导致李大爷出现青霉素过敏。医院根据其内部制度规定，扣发了小王当月的工资和奖金。

　　请结合本节的学习，思考回答：

　　1. 护士小王违反了法律的哪项规定？

　　2. 医院的规定和做法是否违法？为什么？

　　3. 养成依法依规开展护理工作的意识与行为习惯的必要性和重要性。

一、护士执业的权利

　　《护士条例》明确规定了护士执业应当享有的权利。

　　（一）劳动报酬权

　　《护士条例》规定，护士执业，有按照国家有关规定获取工资报酬、享受福利待遇、参加社会保险的权利，任何单位或者个人不得克扣护士工资，降低或者取消护士福利等待遇。护士享有按照《劳动法》《工伤保险条例》《国务院关于建立城镇职工基本医疗保险制度的决定》《关于护士工龄津贴的若干规定》等国家有关法律法规规定，获取工资报酬、享受福利待遇、参加社会保险的权利。

　　（二）劳动保护权

　　《护士条例》规定，护士享有获得与其所从事的护理工作相适应的卫生防护、医疗保健服务的权利。从事直接接触有毒有害物质、有感染传染病危险工作的护士，有依照有关法律、行政法规的规定接受职业健康监护的权利，患职业病的，有依照法律、行政法规的规定获得赔偿的权利。

　　（三）职务、职称权

　　《护士条例》规定，护士享有按照国家有关规定获得与本人业务能力和学术水平相应的专业技术职务、职称的权利。

　　（四）学习交流权

　　《护士条例》规定，护士享有参加专业培训、从事学术研究和交流，参加行业协会和专业学术团体的权利。

　　（五）诊疗知情、参与权

　　《护士条例》规定，护士享有获得疾病诊疗、护理相关信息的权利和其他与履行护理职责相关的权利。

　　（六）参与民主管理权

　　《护士条例》规定，护士享有对医疗卫生机构和卫生主管部门的工作提出意见和建议的权利。

二、护士执业的义务

规范护士执业行为、提高护理质量,是保障医疗安全、防范医疗事故、改善护患关系的重要方面。《护士条例》明确护士应当履行以下义务:

(一)遵规守法的义务

护士应当遵守法律、法规、规章和诊疗技术规范的规定。这是护士执业的基本要求和根本准则,即合法性原则,包含了护士执业过程中应当遵守的大量具体规范和应当履行的大量义务。通过法律、法规、规章和诊疗技术规范的约束,护士履行对患者、患者家属以及社会的义务。

(二)及时通知医师和抢救患者的义务

护士在执业活动中,发现患者病情危急,应当立即通知医师;在紧急情况下为抢救垂危患者生命,应当先行实施必要的紧急救护。

(三)纠正诊疗错误的义务

护士发现医嘱违反法律、法规、规章或者诊疗技术规范规定的,应当及时向开具医嘱的医师提出;必要时,应当向该医师所在科室的负责人或者医疗卫生机构负责医疗服务管理的人员报告。

(四)保护患者权益的义务

护士应当尊重、关心、爱护患者,保护患者的隐私。这实质上是对患者人格和权利的尊重,有利于与患者建立相互信任、以诚相待的护患关系。

(五)参加疾病预防控制和突发事件医疗救护的义务

护士有义务参与公共卫生和疾病预防控制工作。发生自然灾害、公共卫生事件等严重威胁公众生命健康的突发事件,护士应当服从县级以上人民政府卫生主管部门或者所在医疗卫生机构的安排,参加医疗救护。

(六)教学指导的义务

护士有义务指导护理专业在校生或毕业生进行专业实习和临床实践的学习。

第四节　医疗卫生机构的职责

护理服务是医疗公共卫生服务体系的重要组成部分,承担着维护生命、预防保健等任务。近年来,护理服务需求从单一的治疗需求扩大到预防保健需求,从单纯的满足生理需求扩大到心理需求,从纯粹的技术操作需求扩大到健康教育需求,从满足患者需求扩大到对家属的关怀,因此,护士队伍建设和管理,直接关系到医院的工作质量,更直接影响到护理质量、患者安全。医疗卫生机构应当按照法律法规的要求,加强护士队伍的建设和管理。

一、医疗卫生机构护士配备的要求

《护士条例》规定,医疗卫生机构配备护士的数量不得低于国务院卫生主管部门规定的护士配备标准。就是说医疗机构做到护士人力资源配备与医院的功能、任务及规模一致,是它的法定职责和要求。

根据国家卫生主管部门对医疗机构护理质量的管理评价要求(《国家卫生计生委办公厅关于开展优质护理服务评价工作的通知》国卫办医函〔2014〕522号),二级以上医疗卫生机构护士配备的基本标准为：①临床护理岗位的护士数量占护士总数≥90%；②医院病房护士总数与实际开放床位比不低于0.4∶1；③ICU护士与实际床位之比不低于2.5～3∶1；④手术室护士与开放手术间之比不低于3∶1。

知识窗

《中国护理事业发展纲要2011—2015》提出的护士配备标准目标

原卫生部颁布的《中国护理事业发展纲要2011—2015》（卫医政发〔2011〕96号）提出，到2015年，全国100%的三级医院、二级医院的护士配置应当达到国家规定的护士配备标准，其中，三级综合医院、部分三级专科医院（肿瘤、儿童、妇产、心血管病专科医院）全院护士总数与实际开放床位比不低于0.8∶1，病区护士总数与实际开放床位比不低于0.6∶1；二级综合医院、部分二级专科医院（肿瘤、儿童、妇产、心血管病专科医院）全院护士总数与实际开放床位比不低于0.6∶1，病区护士总数与实际开放床位比不低于0.4∶1；其他类别、等级的医院应当根据功能任务、服务量和服务效率等要素，科学配置护士，保障临床护理质量。

二、医疗卫生机构护士使用和管理要求

（一）医疗卫生机构对护士使用要求

1. 使用依法注册的护士从事护理工作　从事护理专业活动的人员必须具备护士执业资格，护士执业资格是护理专业从业人员具备基本理论和护理实践能力水平的标志。本条例规定经执业注册取得《护士执业证书》才能在医疗卫生机构从事护理工作，医疗机构使用的护士必须达到规定要求，否则构成违法。

2. 不得违规使用护士从事护理工作　《护理条例》规定，医疗卫生机构不得允许下列人员在本机构从事诊疗技术规范规定的护理活动：①未取得护士执业证书的人员；②未依法办理执业地点变更手续的护士；③护士执业注册有效期届满未延续执业注册的护士。

3. 安排护士指导实习生开展临床实习工作　《护士条例》规定，在教学、综合医院进行护理临床实习的人员应当在护士指导下开展有关工作。医疗机构有义务指派有临床经验和护理带教能力的老师指导在护理临床实习的人员开展有关护理工作。

临床实习是护理教学的重要组成部分，是护理专业学生将所学的理论知识与实践相结合并巩固加深的重要环节。在临床进行护理实习的人员，虽具备一定的护理专业知识和技术，但尚未成为法律意义上的护士，同时，由于实习人员的经验、技术和能力存在不足，独立执业，会对临床的护理质量和患者安全带来隐患。对于临床护理实习的人员，医疗卫生机构应当指派临床护理经验丰富、具有一定教学能力的护理带教老师，负责对实习人员进行带教指导。

（二）医疗卫生机构对护士管理要求

护理管理是医院管理的重要组成部分，加强护理管理对于保证护理工作质量、维护患者健康利益具有重要的作用。

1. 建立和完善护理管理组织　《护士条例》规定：医疗卫生机构应当按照医院卫生主管部门的规定，设置专业机构或者配备专（兼）职人员负责护理管理工作。

根据不同的规模和等级，医疗卫生机构应当设立专门的机构或者人员负责护理管理。

1986年,原卫生部下发《关于加强护理工作领导理顺管理体制的意见》,明确提出在县及县以上医院设立护理部,实行院长领导下的护理部主任负责制。护理部主任通过科室护士长、护士长三级负责制进行领导;规模较小的医院可设总护士长,负责领导全院的护理工作。卫生部2005年下发的《医院管理评价指南》明确规定医院要有健全的护理管理组织体系,责任明确。

2. 建立护士岗位责任制并进行监督检查 《护士条例》规定:医疗卫生机构应当建立护士岗位责任制并进行监督检查。在护理管理工作中,核心内容是建章立制,要建立健全护理工作制度、护士的岗位职责和工作标准、各科疾病的护理常规和技术操作规程,要制定并落实护理质量考核标准、考核办法和持续改进方案。做到制度严格化、职责明确化、操作规范化,使得护理工作有章可循,考核有据可依。

《护士条例》规定,护士因不履行职责或者违反职业道德受到投诉的,其所在医疗卫生机构应当进行调查。经查证属实的,医疗卫生机构应当对护士作出处理,并将调查处理情况告知投诉人。

第五节　违反有关护士法律制度的责任

案例与思考

案例2-4　患者王大爷急诊治疗后回家心肌梗死案

患者王大爷,59岁,胸闷4小时余,急诊,心率102/min,无其他特征。医生疑为冠心病,即给予5%葡萄糖250ml加复方丹参药16ml静滴,并嘱做心电图检查。1小时输液完毕后,患者自述胸闷无好转,护士未予理会,也未查心电图,让患者回家,次日晨患者因心肌梗死死于家中。

请结合本节的学习,思考回答:

在该案例中,护士违反了哪些法律规定?应承担什么样的法律责任?

《护士条例》和《护士执业注册管理办法》针对不同的主体规定了相应的法律责任,这些责任主要有行政责任和刑事责任。

一、卫生主管部门工作人员的法律责任

(一)违反《护士条例》的责任

卫生主管部门的工作人员未依照《护士条例》规定履行职责,在护士监督管理工作中滥用职权、徇私舞弊,或者有其他失职、渎职行为的,依照公务员法第五十六条的规定给予行政处分。行为人因失职、渎职行为致使公共财产、国家和人民利益遭受重大损失的,构成犯罪的,将依照刑法第三百九十七条追究刑事责任。

(二)违规办理注册手续的责任

《护士执业注册管理办法》规定,卫生主管部门实施护士执业注册,有下列情形之一的,由其上级卫生主管部门或者监察机关责令改正,对直接负责的主管人员或者其他直接责任人员依法给予行政处分:①对不符合护士执业注册条件者准予护士执业注册的;②对符合护士执业注册条件者不予护士执业注册的。

二、医疗卫生机构的法律责任

（一）不按规定配备和使用护士的责任

《护士条例》规定，医疗卫生机构有下列情形之一的，由县级以上地方人民政府卫生主管部门依据职责分工责令限期改正，给予警告；逾期不改正的，根据国务院卫生主管部门规定的护士配备标准和在医疗卫生机构合法执业的护士数量核减其诊疗科目，或者暂停其6个月以上1年以下执业活动；国家举办的医疗卫生机构有下列情形之一、情节严重的，还应当对负有责任的主管人员和其他直接责任人员依法给予处分：①违反本条例规定，护士的配备数量低于国务院卫生主管部门规定的护士配备标准的；②允许未取得护士执业证书的人员或者允许未依照本条例规定办理执业地点变更手续、延续执业注册有效期的护士在本机构从事诊疗技术规范规定的护理活动的。

（二）不按规定落实护士待遇的责任

《护士条例》规定，医疗卫生机构有下列情形之一的，依照有关法律、行政法规的规定给予处罚；国家举办的医疗卫生机构有下列情形之一、情节严重的，还应当对负有责任的主管人员和其他直接责任人员依法给予处分：①未执行国家有关工资、福利待遇等规定的；②对在本机构从事护理工作的护士，未按照国家有关规定足额缴纳社会保险费用的；③未为护士提供卫生防护用品，或者未采取有效的卫生防护措施、医疗保健措施的；④对在艰苦边远地区工作，或者从事直接接触有毒有害物质、有感染传染病危险工作的护士，未按照国家有关规定给予津贴的。

（三）不按规定培训管理护士的责任

《护士条例》规定，医疗卫生机构有下列情形之一的，由县级以上地方人民政府卫生主管部门依据职责分工责令限期改正，给予警告：①未制定、实施本机构护士在职培训计划或者未保证护士接受培训的；②未依照本条例规定履行护士管理职责的。

三、护士的法律责任

（一）不履行规定义务的责任

《护士条例》规定，护士在执业活动中有下列情形之一的，由县级以上地方人民政府卫生主管部门依据职责分工责令改正，给予警告；情节严重的，暂停其6个月以上1年以下执业活动，直至由原发证部门吊销其护士执业证书：①发现患者病情危急未立即通知医师的；②发现医嘱违反法律、法规、规章或者诊疗技术规范的规定，未依照有关规定提出或者报告的；③泄露患者隐私的；④发生自然灾害、公共卫生事件等严重威胁公众生命健康的突发事件，不服从安排参加医疗救护的。

护士被吊销执业证书的，自执业证书被吊销之日起2年内不得申请执业注册。

（二）造成医疗事故的责任

《护士条例》规定，护士在执业活动中造成医疗事故的，依照医疗事故处理的有关规定承担法律责任。《医疗事故处理条例》规定：对负有责任的医务人员依照刑法关于医疗事故罪的规定，依法追究刑事责任；尚不够刑事处罚的，依法给予行政处分或者纪律处分。卫生主管部门可以责令暂停6个月以上1年以下执业活动；情节严重的，吊销其执业证书。

（三）违规办理护士执业注册手续的责任

《护士执业注册管理办法》规定，护士执业注册申请人隐瞒有关情况或者提供虚假材料申请护士执业注册的，卫生主管部门不予受理或者不予护士执业注册，并给予警告；已经注册的，应当撤销注册。

四、社会其他人员的法律责任

《护士条例》规定，扰乱医疗秩序，阻碍护士依法开展执业活动，侮辱、威胁、殴打护士，或者有其他侵犯护士合法权益行为的，由公安机关依照治安管理处罚法的规定给予处罚；构成犯罪的，依法追究刑事责任。

最高人民法院、最高人民检察院、公安部、司法部、国家卫生和计划生育委员会联合下发《关于依法惩处涉医违法犯罪维护正常医疗秩序的意见》，进一步明确了社会人员在涉医违法犯罪中所应承担的法律责任。

（一）殴打医务人员或者故意伤害医务人员身体、故意损毁公私财物

在医疗机构内殴打医务人员或者故意伤害医务人员身体、故意损毁公私财物，尚未造成严重后果的，分别依照治安管理处罚法第四十三条、第四十九条的规定处罚；故意杀害医务人员，或者故意伤害医务人员造成轻伤以上严重后果，或者随意殴打医务人员情节恶劣、任意损毁公私财物情节严重，构成故意杀人罪、故意伤害罪、故意毁坏财物罪、寻衅滋事罪的，依照刑法的有关规定定罪处罚。

（二）扰乱医疗秩序

1. 在医疗机构私设灵堂、摆放花圈、焚烧纸钱、悬挂横幅、堵塞大门或者以其他方式扰乱医疗秩序，尚未造成严重损失，经劝说、警告无效的，要依法驱散，对拒不服从的人员要依法带离现场，依照治安管理处罚法第二十三条的规定处罚；聚众实施的，对首要分子和其他积极参加者依法予以治安处罚；造成严重损失或者扰乱其他公共秩序情节严重，构成寻衅滋事罪、聚众扰乱社会秩序罪、聚众扰乱公共场所秩序、交通秩序罪的，依照刑法的有关规定定罪处罚。

2. 在医疗机构的病房、抢救室、重症监护室等场所及医疗机构的公共开放区域违规停放尸体，影响医疗秩序，经劝说、警告无效的，依照治安管理处罚法第六十五条的规定处罚；严重扰乱医疗秩序或者其他公共秩序，构成犯罪的，依照前款的规定定罪处罚。

（三）非法限制医务人员人身自由

以不准离开工作场所等方式非法限制医务人员人身自由的，依照治安管理处罚法第四十条的规定处罚；构成非法拘禁罪的，依照刑法的有关规定定罪处罚。

（四）公然侮辱、恐吓医务人员

依照治安管理处罚法第四十二条的规定处罚；采取暴力或者其他方法公然侮辱、恐吓医务人员情节严重（恶劣），构成侮辱罪、寻衅滋事罪的，依照刑法的有关规定定罪处罚。

（五）非法携带枪支、弹药、管制器具或者爆炸性、放射性、毒害性、腐蚀性物品进入医疗机构

依照治安管理处罚法第三十条、第三十二条的规定处罚；危及公共安全情节严重，构成非法携带枪支、弹药、管制刀具、危险物品危及公共安全罪的，依照刑法的有关规定定罪处罚。

（六）对于故意扩大事态，教唆他人实施针对医疗机构或者医务人员的违法犯罪行为，或者以受他人委托处理医疗纠纷为名实施敲诈勒索、寻衅滋事等行为的，依照治安管理处罚法和刑法的有关规定从严惩处。

（黄淑珍）

？自测题

1. 护士申请延续注册的时间应为
   A. 有效期届满前半年　　　　　　B. 有效期届满前 30 日
   C. 有效期届满后 30 日　　　　　　D. 有效期届满后半年
   E. 有效期满后 1 年

2. 护士执业资格考试报考条件，准确的是
   A. 在中等职业学校、高等学校完成国务院教育主管部门和国务院卫生主管部门规定的普通全日制 3 年以上的护理、助产专业课程学习，并取得相应学历证书
   B. 在中等职业学校、高等学校完成国务院教育主管部门和国务院卫生主管部门规定的普通全日制 3 年以上的护理、助产专业课程学习，包括在教学、综合医院完成 8 个月以上护理临床实习，并取得相应学历证书
   C. 在中等职业学校、高等学校完成国务院教育主管部门和国务院卫生主管部门规定的普通全日制 3 年以上的护理、助产专业课程学习，包括在教学、综合医院完成 1 年以上护理临床实习
   D. 在中等职业学校、高等学校完成国务院教育主管部门和国务院卫生主管部门规定的普通全日制 3 年以上的护理、助产专业课程学习，包括在医疗卫生机构完成 10 个月以上护理临床实习，并取得相应学历证书
   E. 在中等职业学校、高等学校完成国务院教育主管部门和国务院卫生主管部门规定的普通全日制 3 年以上的护理专业课程学习，包括在教学、综合医院完成 8 个月以上护理临床实习，并取得相应学历证书

3. 护士在执业活动中出现的情形，**不适合**依照护士条例进行处罚的是
   A. 泄露患者隐私
   B. 发生公共卫生事件不服从安排参加医疗救护
   C. 因工作疏忽造成医疗事故
   D. 发现患者病情危急未及时通知医师
   E. 因患者自身原因造成的事故

4. 护士执业注册的有效期为
   A. 2 年　　　　　　　　B. 5 年　　　　　　　　C. 8 年
   D. 10 年　　　　　　　E. 3 年

5. 《护士条例》实施的时间是
   A. 1993.3.26　　　　　B. 1994.1.1　　　　　　C. 2008.5.12
   D. 2008.1.1　　　　　　E. 2007.5.12

6. 申请注册的护理专业毕业生，应在教学或综合医院完成临床实习，其时限至少为
   A. 6 个月　　　　　　　B. 10 个月　　　　　　C. 8 个月
   D. 12 个月　　　　　　E. 9 个月

7. 注销护士执业注册的特定情形**不包括**
   A. 未申请延续护士注册
   B. 离开护理工作岗位

  C. 延续执业注册的申请未被批准

  D. 护士死亡或者因身体健康等原因丧失行为能力的

  E. 护士执业注册被依法撤销、撤回，或者依法吊销的

8. 申请护士执业注册的时限为通过护士执业资格考试之日起

  A. 1年内　　　　　　　　B. 3年内　　　　　　　　C. 2年内

  D. 4年内　　　　　　　　E. 5年内

9. 护士在紧急情况下为抢救患者生命实施必要的紧急救护，应该做到以下几点，但**除外**

  A. 必须依照诊疗技术规范

  B. 必须有医师在场指导

  C. 根据患者的实际情况和自身能力水平进行力所能及的救护

  D. 避免对患者造成伤害

  E. 以上都不对

10. 本章案例中，护士小王错将患者刘大爷的青霉素类药物输注给患者李大爷，导致李大爷出现青霉素过敏。小王没有履行好护士的哪项义务

  A. 及时通知医师和抢救患者的义务　　B. 纠正诊疗错误的义务

  C. 遵规守法的义务　　　　　　　　　D. 保护患者的隐私的义务

  E. 关爱、尊重患者的义务

11. 某护生在一所二级甲等医院完成毕业实习后，护理部考虑其平时无护理差错，且普外科护士严重短缺，虽未通过护士执业资格考试，仍聘用其在普外科从事护士岗位的工作。护理部的做法违反的是

  A. 医疗事故处理条例　　　　　　　　B. 侵权责任法

  C. 民法通则　　　　　　　　　　　　D. 医疗机构管理办法

  E. 护士条例

12. 下列人员中，可允许在医疗机构从事诊疗技术规范规定的护理活动的是

  A. 取得执业证书1年，后出国留学2年再次返回原医院工作者

  B. 护士执业注册有效期满未延续注册者

  C. 护理学本科毕业者

  D. 经执业注册取得《护士执业证书》但因外伤造成双耳听力障碍者

  E. 工作调动，执业证书未变更执业地点者

13. 申请护士执业注册时，不影响申请者申报的情况是

  A. 近视　　　　　　　　　　　　　　B. 有精神病史

  C. 色弱　　　　　　　　　　　　　　D. 色盲

  E. 双耳听力障碍

14. 《护士条例》规定：申请护士执业注册应"具有完全民事行为能力"。申请者年龄至少应为

  A. 年满20周岁　　　　　　　　　　　B. 年满19周岁

  C. 年满18周岁　　　　　　　　　　　D. 年满17周岁

  E. 年满16周岁

15. 关于申请护士执业注册，下列各项**错误**的是

  A. 申请人向拟执业所在地的省级人民政府卫生主管部门提出申请

B. 护士执业注册的受理期限为 20 个工作日

C. 护士执业注册证明包含有效信息

D. 护士执业注册证明不包含护士执业地点信息

E. 护士注册有效期为五年

16. 某护士原在 A 省执业注册，因工作调动变更执业注册到 B 省，后又调动变更执业注册到 C 省，当其需要执业注册延续时应向某一部门申请，该部门是

A. A 省卫生厅　　　　　　　　　　　B. B 省卫生厅

C. C 省卫生厅　　　　　　　　　　　D. A 省或 C 省卫生厅

E. B 省或 C 省卫生厅

17. 护士在执业注册有效期内变更执业地点，向省级卫生行政主管部门报告，收到报告的卫生行政主管部门应在收到报告之日起，一段工作日内为其办理变更手续，该段工作日为

A. 5 日　　　　　　　　B. 7 日　　　　　　　　C. 10 日

D. 20 日　　　　　　　E. 30 日

18. 小黄欲申请护士执业注册，下列各项中，哪个**不符合**规定的条件

A. 已具有完全民事行为能力

B. 在综合性医院实习 1 年

C. 通过电大 3 年业余学习取得大专学历

D. 通过国家卫生主管部门组织的护士执业资格考试

E. 符合护士执业注册管理办法规定的健康标准

19. 护士张俊因医疗事故执业证书被吊销，她在一段时间之内不得申请注册，该段时间是

A. 1 年　　　　　　　　B. 5 年　　　　　　　　C. 3 年

D. 4 年　　　　　　　　E. 2 年

20. 汪小姐，注册护士。因病中断注册 5 年，现已康复。她想重新注册，按规定需参加临床实践

A. 3 个月　　　　　　　B. 2 个月　　　　　　　C. 1 个月

D. 4 个月　　　　　　　E. 6 个月

第三章 侵权责任及医疗事故处理法律制度

📖 **学习目标**

1. 掌握侵权责任和医疗损害责任法律规定；医疗事故的概念、特征、构成要件和医疗事故预防与处理法律规定。
2. 熟悉医疗事故分级和不属于医疗事故的情形；违反医疗事故处理法律规定的责任。
3. 了解医疗事故技术鉴定的法律规定。
4. 能运用法律知识评估、分析医疗损害与医疗事故。
5. 具有依法从业，预防医疗损害与医疗事故，维护医患双方合法权益的法律思维与法律意识。

案例与思考

案例3-1 患者李先生眼眶肿瘤手术一年后死亡纠纷案

患者李先生，56岁，因左眼眶肿瘤收入院。入院全身检查后，CT报告左眼球后肿物；X片显示右上肺部阴影，不排除肺癌，建议CT检查。入院第三天进行眼肿瘤切除。第四天病理报告左眼肿物为眼眶转移癌。后检查脑内多发性转移癌。1年后李先生死于脑衰竭、呼吸衰竭及肺癌合并多发部位转移。患者家属以医院未做肺部CT复查、手术造成左眼失明、面部改变、加速肺癌转移为由，要求医院赔偿。

请结合本节的学习，思考回答：
1. 院方有无侵权责任？
2. 患者死亡和手术有否因果关系？

2009年12月26日，《中华人民共和国侵权责任法》（简称《侵权责任法》）经十一届全国人大常委会第十二次会议审议通过，于2010年7月1日起实施。《侵权责任法》的最终通过，标志着我国民事法律体系得到进一步完善，向最终完整民法典的目标进一步迈进，标志着中国法制化进程的加快，建设社会主义法治国家的目标得到进一步贯彻实施，有利于更好维护公民合法权益，是中国法制化进程中的一件大事。

第一节 侵权责任概述

《侵权责任法》，构建了我国侵权法律制度，其立法的目的是保护民事主体的合法权益，明确侵权责任，预防并制裁侵权行为，促进社会和谐稳定。医护工作者在诊疗过程中，要做到依法执业，保护医患双方的合法权益，构建和谐医患关系，必须学习和掌握侵权法律制度。

一、侵权责任构成及其责任方式

（一）侵权责任概念及构成

1. 侵权责任的概念　侵权责任（tortious liability）是指民事主体因实施侵权行为而应承担的民事法律后果。侵权行为（behavior of the infringement）是指行为人由于过错侵害他人的人身和财产并造成损害，违反法定义务，依法应承担民事责任的行为。实施了侵权行为，就要承担侵权责任。我国民事法律中，侵权责任分为一般侵权责任（也称过失责任或过错责任）和绝对无过错责任（也称绝对责任）。

2. 一般侵权责任的构成要件　一般侵权责任的构成要件是指一般侵权责任所必需具备的条件。它包括：行为、过错、损害事实和因果关系四个构成要件，即同时具备这四个要件才构成侵权责任。

（1）违法行为（illegal behavior）：是指公民或者法人违反法定义务、违反法律禁止性规定而实施的作为或者不作为，包括侵害人身权的违法行为和侵害财产权的违法行为。医疗事故中的违法行为主要是侵害人身权的行为，侵害人身权的违法行为是指公民或者法人违反法定义务，违反法律禁止性规定而实施的，以公民人身权为侵害客体的作为或者不作为。

一般侵权责任的构成一定以实施违法行为为前提。

（2）损害事实（harm fact）：是指一定的行为致使权利主体财产权、人身权受到侵犯，并造成财产利益和非财产利益的减少或者灭失的客观事实。这里的损害，从广义上讲，包括财产上的损害和人身上的损害。

损害事实是构成一般侵权责任的首要条件，只有当行为人的违法行为造成损害事实，行为人才承担民事责任。

（3）因果关系（causal relationship）：指违法行为与损害事实之间存在的引起和被引起的联系，即违法行为是原因，损害事实是结果，损害事实是由于违法行为引起的。只有违法行为与损害事实之间存在这种因果关系，才构成侵权责任。

（4）主观过错（subjective fault）：是指违法行为人对自己的行为及其后果的一种心理状态，分为故意和过失两种状态。主观过错（简称过错）是构成侵权责任的主观要件，违法行为人只有在实施侵权违法行为时存在主观过错，才构成侵权责任。

3. 绝对无过错责任的构成要件　绝对无过错责任是法律明确规定的，没有主观过错也需要承担法律后果的民事侵权责任，因此，绝对无过错责任构成要件也有四个，即：①法律有明确规定；②违法行为；③损害事实；④因果关系。没有主观过错但法律规定需要承担责任，是绝对无过错责任与一般侵权责任的最大区别。

我国法律规定的绝对无过错责任主要有以下几种：①缺陷产品的侵权责任；②高度危险作业的侵权责任；③环境污染的侵权责任；④地面施工引起的侵权责任；⑤饲养的动物引起的侵权责任；⑥国家机关工作人员执行职务中的侵权责任；⑦无民事行为能力或限制民事行为能力人的侵权责任；⑧因建筑物等物件引起的侵权行为致人损害责任；⑨机动车与非机动车驾驶人、行人之间交通事故责任，等等。

（二）侵权责任方式

侵权责任方式也称承担侵权责任的方式，主要有以下几种：①停止侵害；②排除妨碍；

③消除危险；④返还财产；⑤恢复原状；⑥赔偿损失；⑦赔礼道歉；⑧消除影响、恢复名誉。以上承担侵权责任的方式，可以单独适用，也可以合并适用。

二、侵权责任的归责原则及免责事由

（一）侵权责任的归责原则

侵权责任的归责原则也即侵权行为的归责原则（tort imputation principle），是指在行为人的行为致人损害时，根据何种标准和原则确定行为人的侵权责任。侵权行为的归责原则是侵权行为法的核心，决定着侵权行为的分类、侵权责任的构成要件、举证责任的负担、免责事由等重要内容。它既是认定侵权构成，处理侵权纠纷的基本依据，也是指导侵权损害赔偿的准则。我国侵权行为的归责原则主要包括过错责任原则、无过错责任原则与公平责任原则。

1. 过错责任原则（principle of fault liability） 所谓过错责任原则是指当事人的主观过错是构成侵权行为的必备要件的归责原则。即有过错才构成侵权，承担侵权责任，无过错即无责任。过错违反的是对他人的注意义务，例如故意、重大过失、一般过失。医疗事故处理就是实行过错责任的归责原则。

过错责任归责原则有两个特别规定：

（1）过错推定原则（doctrine of presumptive）：《侵权责任法》第六条规定，根据法律规定推定行为人有过错，行为人不能证明自己没有过错的，应当承担侵权责任。就是说，一旦行为人的行为致人损害就推定其主观上有过错，除非其能证明自己没有过错，否则应承担民事责任。例如，建筑物上的悬挂物发生坠落造成他人损害的，它的所有人或者管理人应当承担民事责任，但能够证明自己没有过错的除外。医疗损害责任的认定也适用于此原则。

（2）连带责任原则（joint and several liability principle）：是指依照法律规定或者当事人的约定，两个或者两个以上当事人对其共同债务全部承担或部分承担，并能因此引起其内部债务关系的一种民事责任。《民法通则》第一百三十条规定，二人以上共同侵权造成他人损害的，应当承担连带责任。《侵权责任法》对连带责任及其承担做了以下规定：

1）连带责任的情形：①二人以上共同实施侵权行为，造成他人损害的，应当承担连带责任；②教唆、帮助他人实施侵权行为的，应当与行为人承担连带责任；③二人以上实施危及他人人身、财产安全的行为，其中一人或者数人的行为造成他人损害，但不能确定具体侵权人的，行为人承担连带责任；④二人以上分别实施侵权行为造成同一损害，每个人的侵权行为都足以造成全部损害的，行为人承担连带责任。

2）连带责任的承担：①法律规定承担连带责任的，被侵权人有权请求部分或者全部连带责任人承担责任；②连带责任人根据各自责任大小确定相应的赔偿数额；难以确定责任大小的，平均承担赔偿责任。支付超出自己赔偿数额的连带责任人，有权向其他连带责任人追偿。

2. 无过错责任原则 无过错责任原则是指当事人实施了加害行为，虽然其主观上无过错，但根据法律规定仍应承担责任的归责原则。例如污染环境致人损害的行为。

3. 公平责任原则 指损害双方的当事人对损害结果的发生都没有过错，但如果受害人的损失得不到补偿又显失公平，由人民法院根据具体情况和公平的观念，要求当事人分担损害后果。公平责任原则的适用要注意以下几个问题：①当事人既无过错，又不能推定其过错的存在，同时也不存在法定的承担无过错责任的情况。②当事人如何分担责任，由法官根据损害事实与各方当事人的经济能力等具体情况进行综合衡量裁定,力求公平。

(二)免责事由

免责事由(general defenses),又称免责条件,侵权责任免责事由是指被告针对原告的诉讼请求而提出的证明原告诉求不成立或不完全成立的事实。《侵权责任法》规定,减轻或免除责任的事由有以下几种:

1. 被侵权人对损害的发生也有过错的,可以减轻侵权人的责任。

2. 损害是因受害人故意造成的,行为人不承担责任。

3. 损害是因第三人造成的,第三人应当承担侵权责任。

4. 因不可抗力造成他人损害的,不承担责任。法律另有规定的,依照其规定。

5. 因正当防卫造成损害的,不承担责任。正当防卫超过必要的限度,造成不应有的损害的,正当防卫人应当承担适当的责任。

6. 因紧急避险造成损害的,由引起险情发生的人承担责任。如果危险是由自然原因引起的,紧急避险人不承担责任或者给予适当补偿。紧急避险采取措施不当或者超过必要的限度,造成不应有的损害的,紧急避险人应当承担适当的责任。

第二节 医疗损害责任概述

案例与思考

案例3-2 孕妇李小姐病情危重抢救无效死亡纠纷案

2007年11月21日16点左右,肖先生陪已有9个多月身孕的"妻子"李小姐到北京某医院,因感冒、畏寒、咳嗽等病症就诊该院呼吸内科门诊。经过医生检查发现,李小姐病情危重,医院妇产科、ICU、麻醉科联合对她进行了积极抢救,并请危重症孕产妇抢救小组组长等专家会诊。因考虑挽救母子生命,建议进行剖宫产手术,但因自称是患者丈夫的肖先生始终不在手术协议书上签字,经过三个多小时的抢救,最终不仅导致胎儿死于腹中,而且也使李小姐失去了可能抢救的时机,终因呼吸、循环衰竭,心跳停止,抢救无效死亡。

后来孕妇李小姐的父母诉讼至法院,要求医院赔偿其各项损失共计121万元。

请结合本节的学习,思考回答:

1. 医院是否应承担医疗损害责任?

2. 医院应如何举证?

《侵权责任法》第54条规定:患者在诊疗活动中受到损害,医疗机构及其医务人员有过错的,由医疗机构承担医疗损害赔偿责任。

一、医疗损害责任的概念、特征及类型

(一)概念

医疗损害责任(medical damage liability)指医疗机构及其从业人员在医疗活动中,未尽相关法律、法规、规章和诊疗技术规范所规定的注意义务,在医疗过程中发生过错,并因这种过错导致患者人身损害,应当承担以损害赔偿为主要方式的侵权责任。

医疗损害责任是一种过错责任，医疗过错的认定标准是，医疗行为是否违反"合理的注意及适当的技术"的诊疗义务。医疗注意义务是医务人员谨慎地为自己一切诊疗行为（包括作为和不作为）的法律义务，其核心内容包括诊疗致害后果预见义务和诊疗致害后果避免义务。医疗合理技术义务是医务人员在诊疗活动中应尽到与当时的医疗水平相应的诊疗义务，即诊疗应当采取普遍水平、且为最佳的技术和措施。"当时的医疗水平"并不仅仅指某个医生个人或本医院的医疗水平，而是整个医院或同一区域内医疗机构的医疗水平。如果某个医生不能决断就应当及时请求会诊，如果本医院不能解决就应在对患者负责的前提下，积极地联系其他医疗机构的力量或转院治疗，这样才算是采取普遍水平、且为最佳的诊疗技术和措施。只有尽到了"合理的注意及适当的技术"的诊疗义务，医疗机构才能避免或减轻医疗损害责任。

（二）特征

医疗损害责任特征主要有：①责任主体是医疗机构；②行为主体是医务人员，包括医生、护士等；③医疗损害责任发生在医疗活动中；④医疗损害责任主观要件为过失；⑤医疗损害责任基本形态是替代责任，即医疗机构在自己承担赔偿责任后，对有过失的医务人员才能行使追偿责任。

（三）类型

医疗损害责任类型有：

1. 未尽说明告知义务的责任 《侵权责任法》第五十五条规定：医务人员在诊疗活动中应当向患者说明病情和医疗措施。需要实施手术、特殊检查、特殊治疗的，医务人员应当及时向患者说明医疗风险、替代医疗方案等情况，并取得其书面同意；不宜向患者说明的，应当向患者的近亲属说明，并取得其书面同意。未尽到上述义务，造成患者损害的，医疗机构应当承担赔偿责任。

2. 未尽诊疗注意义务的责任 《侵权责任法》第五十七条规定：医务人员在诊疗活动中未尽到与当时的医疗水平相应的诊疗义务，造成患者损害的，医疗机构应当承担赔偿责任。

3. 未尽保密义务的责任 《侵权责任法》第六十二条规定，医疗机构及其医务人员应当对患者的隐私保密。泄露患者隐私或者未经患者同意公开其病历资料，造成患者损害的，应当承担侵权责任。

4. 因使用有缺陷医疗产品而导致侵权的责任 《侵权责任法》第五十九条规定，因药品、消毒药剂、医疗器械的缺陷，或者输入不合格的血液造成患者损害的，患者可以向生产者或者血液提供机构请求赔偿，也可以向医疗机构请求赔偿。患者向医疗机构请求赔偿的，医疗机构赔偿后，有权向负有责任的生产者或者血液提供机构追偿。

5. 因实施过度医疗导致侵权的责任 《侵权责任法》第六十三条规定，医疗机构及其医务人员不得违反诊疗规范实施不必要的检查。

二、医疗损害责任的归责原则和举证责任

（一）医疗损害责任的归责原则

医疗损害责任是一般侵权责任，适用过错责任原则的有关规定。

具体有以下归责原则：

1. 医疗过错责任原则 《侵权责任法》规定，患者在诊疗活动中受到损害，医疗机构及其医务人员有过错的，由医疗机构承担赔偿责任。

2. 过错推定责任原则 《侵权责任法》第五十八条规定,患者有损害,因下列情形之一的,推定医疗机构有过错:①违反法律、行政法规、规章以及其他有关诊疗规范的规定;②隐匿或者拒绝提供与纠纷有关的病历资料;③伪造、篡改或者销毁病历资料。

(二)举证责任

举证责任(the burden of proof),是指当事人对自己提出的主张有收集或提供证据的义务,并有运用该证据证明主张的案件事实成立或有利于自己的主张的责任。在民事诉讼中,一般采取谁主张谁举证的原则,但作为例外,同时也规定了举证责任倒置原则。

所谓举证责任倒置,指基于法律规定,提出主张的一方当事人(一般是原告)不负担举证责任,而由他方当事人(一般是被告)就某种事实存在或不存在承担举证责任,如果该方当事人不能就此举证证明,则推定原告的事实主张成立的一种举证责任分配制度。

1. 医疗纠纷中的举证责任倒置 最高人民法院《关于民事诉讼证据的若干规定》第四条第八项规定:"因医疗行为引起的侵权诉讼,由医疗机构就医疗行为与损害结果之间不存在因果关系及不存在过错承担举证责任。"此规定明确规定了医疗侵权纠纷中举证责任倒置的原则与范围,就是医疗机构对在医疗活动中不存在过错以及医疗机构的医疗行为与损害后果之间不存在因果关系,承担举证责任。

2. 医疗机构的举证责任

(1)无过错举证:即举证证明没有过错。在医疗侵权诉讼中,实行的是过错责任和过错推定原则,即医疗机构不能证明或者不足以证明自己在医疗活动中没有过失医疗行为,医疗机构的过错就成立,就要承担医疗损害责任。因此,医疗机构必须举证证明已尽到"合理的注意及适当的技术"义务。

医疗机构无过错举证主要包括三个层次:①证明医务人员在医疗活动中没有违反有关医疗管理法律、法规、条例等的规定。②证明已尽到专业注意义务。医生、护士在诊疗过程中,其学识、注意程度、技术以及态度达到了当时的医疗水平,并采取了普遍水平、且为最佳的诊疗技术和措施。③证明尽到了最佳注意义务。在特殊紧急情况下或因患者特殊原因,出现意想不到或无法避免的情形,医疗机构依靠其专业知识和能力,采取了应有的手段和措施,最大限度地减低或避免患者的风险和损害。

(2)无因果关系举证:在医疗侵权纠纷中,医疗机构的另一个需要证明的是医疗行为与患者的损害后果之间不存在因果关系,就是要举证证明医疗行为与损害结果之间无因果关系或因果关系比较遥远。如患者死亡是由于并发症引起,并非由于医疗行为所致,即医疗行为与患者死亡之间没有引起和被引起的因果关系,或者说因果关系不直接和明显。

3. 患者的举证责任 《关于民事诉讼证据的若干规定》规定了在医疗侵权纠纷中,医疗机构对医疗行为与损害后果之间不存在因果关系以及不存在过错承担举证责任,但这并不意味着患者在医疗侵权纠纷不承担任何举证责任。患方举证责任主要表现在以下几方面:

(1)提供自己在医疗机构就诊、受到损害的证据:即举证作为患者的损害与该医疗机构的医疗行为具有事实因果关系,提供在什么时间、什么地点、受到什么伤害等事实证据,这些事实证据可以通过患者在医疗机构就诊时的挂号、交费单据等证据证明。

(2)对受损害的结果提供证据:即患者提供证据加以证明受到了多大的伤害,造成了多么严重的后果,损害数额是怎样计算出来的等。

(3)提供反驳的证据:在医疗诉讼中,如果医疗机构提出了充分的证据证明了自己的清白后,患者就必须提供反驳的证据。

三、医疗损害责任的免责事由

患者有损害，因下列情形之一的，医疗机构不承担赔偿责任：①患者或者其近亲属不配合医疗机构进行符合诊疗规范的诊疗；②医务人员在抢救生命垂危的患者等紧急情况下已经尽到合理诊疗义务；③限于当时的医疗水平难以诊疗。

上述情形中，医疗机构及其医务人员也有过错的，则不能免责或不能完全免责，应当承担相应的赔偿责任。

《医疗事故处理条例》规定，拒绝或者拖延尸检，超过规定时间，影响对死因判定的，由拒绝或者拖延的一方承担责任。

第三节 医疗事故概述

案例 3-3

女童滴注先锋V过敏性休克死亡案

6 岁女童因患肺炎，到常去就医的北京大兴区某医院看医生，医生开了先锋V滴注，在输液过程中，突然出现不良反应，经抢救无效身亡。家属称，输液前未作皮试，怀疑因药物过敏死亡。对此，医院表示，在以往就医过程中，女童曾用过头孢，无需再做皮试，且我国药典未规定应用头孢菌素类药物必须作皮试。后经医疗技术鉴定，女童死亡原因被鉴定为过敏性休克死亡。

医疗事故处理法律制度是调整在处理医疗事故过程中医患关系的法律规范的总和。2002 年 2 月 20 日国务院第 55 次常务会议通过《医疗事故处理条例》（简称《条例》），2002 年 9 月 1 日起施行。《条例》的颁布与实施，为医疗机构及医务人员预防与处理医疗事故、医患纠纷提供了依据和尺度。

边学边练

实训 2 护理医疗事故案例讨论

一、医疗事故的概念、特征及构成要件

案例思考 3-3-1

请结合本节的学习，思考回答：

案例 3-3 中，某医院是否构成医疗事故？为什么？

医疗事故是一种侵权行为，属于《侵权责任法》调整的范围，适用《侵权责任法》的法律规定。

（一）医疗事故的概念

医疗事故（medical accident）是指医疗机构及其医务人员在医疗活动中，违反医疗卫生管理法律、行政法规、部门规章、诊疗护理规范与常规，过失造成患者人身损害的事故。

（二）医疗事故的特征及构成要件

1. 医疗事故的特征　医疗事故一般具有以下特征：①医疗事故的主体只能是取得执业许可的医务人员，非医务人员不能构成医疗事故的主体；②医疗事故在主观方面，必须是医务人员的过失行为所致；③医疗事故在客观方面，必须造成患者死亡或严重身体损害后果；④医疗事故在时间上，必须是发生在诊断、治疗和护理工作过程当中；⑤医疗事故的对象只能是患者。

2. 医疗事故构成要件　医疗事故必须同时具备以下六个条件，缺一不可。

（1）必须在医疗活动中发生：医疗事故是医疗机构的工作人员在履行职责的过程中，由于过失违反法律规定的行为，造成患者身体损害的结果。

（2）主体是医疗机构及其医务人员：医疗机构是指取得《医疗机构执业许可证》的机构。医务人员指依法取得执业资格的医疗卫生专业技术人员，例如护士、医师，且在医疗机构执业。

（3）主观方面存在过失：医疗机构及其医务人员在医疗活动中，所造成的人身损害是过失而不是故意。造成过失的原因有疏忽大意、过于自信或因技术水平、经验不足等。

（4）医疗过失行为造成患者人身损害：过失造成患者人身损害是指医疗机构及其医务人员在医疗活动中侵害患者身体与健康，对患者的生命权、健康权等权利所造成的损害。这种损害既包括物质性损害，又包括精神性损害；既包括人格权损害，又包括身份权损害。

（5）医疗事故必须有符合规定的损害程度：医疗活动对患者造成的危害程度，是指必须符合法律规定的给患者造成死亡、重度残疾，造成患者中度残疾、器官组织损伤导致严重功能障碍，造成患者轻度残疾、器官组织损伤导致一般功能障碍以及造成患者明显人身损害的其他后果。不及此法定标准，不认定为医疗事故。

（6）医疗过失行为和医疗损害之间存在因果关系：即损害事实与医疗过失行为有关联，损害事实是由于医疗过失行为所致。

综上所述，如果存在过失行为，但并没有给患者造成严重后果的，不应该被视为医疗事故；存在损害后果，不存在医疗过失行为，也不能判定为医疗事故；存在医疗过失行为，也存在损害后果，但是二者之间没有因果关系也不构成医疗事故。

知识窗

医疗纠纷

医疗纠纷不等于医疗事故。医疗纠纷是医患双方就医疗服务过程和质量产生的争议，并不意味着医院或医务人员有医疗过失。医疗事故是对医疗纠纷争议事实的认定，认定医疗机构及其医务人员在医疗活动中，是否违反法律、法规、诊疗常规，过失造成患者人身损害。医疗事故是通过法律程序认定的结果，有法律效应，如对受害人赔偿，对责任人的处罚等。

二、医疗事故的分级

合理的医疗事故分级是公正、公平处理医疗事故的关键。《条例》第四条规定，依据对患者人身造成的损害程度，将医疗事故分为四级。根据《医疗事故分级标准（试行）》（简称

《标准》)医疗事故伤残等级分 10 级,即一级乙等医疗事故至三级戊等医疗事故对应伤残等级一至十级。

(一)一级医疗事故

指造成患者死亡、重度残疾的。具体分为二等:

1. 一级甲等医疗事故　指造成患者死亡。

2. 一级乙等医疗事故　指重要器官缺失或功能完全丧失,其他器官不能代偿,存在特殊医疗依赖,生活完全不能自理。《标准》具体规定有 5 种情形。

(二)二级医疗事故

指造成患者中度残疾、器官组织损伤导致严重功能障碍。具体分为四等:

1. 二级甲等医疗事故　指器官缺失或功能完全丧失,其他器官不能代偿,可能存在特殊医疗依赖,或生活大部分不能自理。《标准》具体规定有 5 种情形。

2. 二级乙等医疗事故　指存在器官缺失、严重缺损、严重畸形情形之一,有严重功能障碍,可能存在特殊医疗依赖,或生活大部分不能自理。《标准》具体规定有 22 种情形。

3. 二级丙等医疗事故　指存在器官缺失、严重缺损、明显畸形情形之一,有严重功能障碍,可能存在特殊医疗依赖,或生活部分不能自理。《标准》具体规定有 23 种情形。

4. 二级丁等医疗事故　指存在器官缺失、大部分缺损、畸形情形之一,有严重功能障碍,可能存在一般医疗依赖,生活能自理。《标准》具体规定有 30 种情形。

(三)三级医疗事故

指造成患者轻度残疾、器官组织损伤导致一般功能障碍的。具体分为五等。

1. 三级甲等医疗事故　指存在器官缺失、大部分缺损、畸形情形之一,有较重功能障碍,可能存在一般医疗依赖,生活能自理。《标准》具体规定有 38 种情形。

2. 三级乙等医疗事故　指器官大部分缺损或畸形,有中度功能障碍,可能存在一般医疗依赖,生活能自理。《标准》具体规定有 27 种情形。

3. 三级丙等医疗事故　指器官大部分缺损或畸形,有轻度功能障碍,可能存在一般医疗依赖,生活能自理。标准具体规定有 37 种情形。

4. 三级丁等医疗事故　指器官部分缺损或畸形,有轻度功能障碍,无医疗依赖,生活能自理。《标准》具体规定有 18 种情形。

5. 三级戊等医疗事故　指器官部分缺损或畸形,有轻微功能障碍,无医疗依赖,生活能自理。《标准》具体规定有 15 种情形。

(四)四级医疗事故

系指造成患者明显人身损害的其他后果的医疗事故。《标准》具体规定有 16 种情形。

三、不属于医疗事故的情形

根据《条例》规定,不属于医疗事故情形有:①紧急情况下为抢救垂危病者生命采取紧急医学措施造成不良后果的;②在医疗活动中由于患者病情异常或者患者体质特殊而发生医疗意外的;③在现有医学科学技术条件下,发生无法预料或者不能防范的不良后果的;④无过错输血感染造成不良后果的;⑤因患方原因延误诊疗导致不良后果的;⑥因不可抗力造成不良后果的。

第四节　医疗事故的预防与处理

案例思考 3-3-2

请结合本节的学习，思考回答：
1. 案例 3-3 中，女童死亡后，有关医务人员及医院应如何处理？
2. 医院应采取什么措施预防此类事件的发生？

一、医疗事故的预防

医疗事故发生，有复杂的思想、社会和医学技术等原因。医疗机构及其医务人员首先要着眼于预防医疗事故的发生。根据条例规定，预防医疗事故主要有遵守规范约束和加强内部管理两个方面的措施。

（一）遵守规范

1. 遵守法律规范、道德规范和技术规范　《条例》规定，医疗机构及其医务人员在医疗活动中，必须严格遵守医疗卫生管理法律、行政法规、部门规章和诊疗护理规范、常规，恪守医疗服务职业道德。医疗机构应当对其医务人员进行医疗卫生管理法律、行政法规、部门规章和诊疗护理规范、常规的培训和医疗服务职业道德教育。

2. 履行告知义务　在医疗活动中，医疗机构及其医务人员应当将患者的病情、医疗措施、医疗风险等如实告知患者，及时解答其咨询；但是应当避免对患者产生不利后果。

（二）加强管理

1. 监督管理　《条例》要求，医疗机构应当设置医疗服务质量监控部门或者配备专（兼）职人员，具体负责监督本医疗机构的医务人员的医疗服务工作，检查医务人员执业情况，接受患者对医疗服务的投诉，向其提供咨询服务。

2. 病案资料管理　《条例》规定，医疗机构应当按照国务院卫生主管部门规定的要求，书写并妥善保管病历资料。因抢救急危患者，未能及时书写病历的，有关医务人员应当在抢救结束后 6 小时内据实补记，并加以注明。严禁涂改、伪造、隐匿、销毁或者抢夺病历资料。

患者有权复印或者复制其门诊病历、住院志、体温单、医嘱单、化验单（检验报告）、医学影像检查资料、特殊检查同意书、手术同意书、手术及麻醉记录单、病理资料、护理记录以及国务院卫生主管部门规定的其他病历资料。

患者依照上述规定要求复印或者复制病历资料的，医疗机构应当提供复印或者复制服务并在复印或者复制的病历资料上加盖证明印记。复印或者复制病历资料时，应当有患者在场。

医疗机构应患者的要求，为其复印或者复制病历资料，可以按照规定收取工本费。

3. 预案管理　医疗机构应当制定防范、处理医疗事故的预案，预防医疗事故的发生，减轻医疗事故的损害。

二、医疗事故发生后的处置

疗事故发生或发现后，医疗机构及其医务人员应及时按照法律规定的程序启动医疗事故处理预案,对医疗事故进行处置。

(一)及时采取补救措施

《条例》规定,发生或者发现医疗过失行为,医疗机构及其医务人员应当立即采取有效措施,避免或者减轻对患者身体健康的损害,防止损害扩大。

(二)启动医疗事故报告制度

1. 医疗机构的内部报告制度 《条例》规定,发生或者发现医疗事故、可能引起医疗事故的医疗过失行为或者发生医疗事故争议时,医务人员应立即向所在科室负责人报告,科室负责人应及时向医疗服务质量监控部门或专(兼)职人员报告。然后,由质量监控部门或专(兼)职人员向医疗机构负责人报告。

2. 医疗机构的外部报告制度 《条例》规定,发生下列重大医疗过失行为时,医疗机构要在12小时内向所在地的卫生主管部门报告:①导致患者死亡或者可能为二级以上的医疗事故;②导致3人以上人身损害后果;③国务院卫生主管部门和省、自治区、直辖市人民政府卫生主管部门规定的其他情形。由于这些情况处理难度大,应及时向所在地卫生主管部门报告,有利于卫生主管部门及时掌握医疗事故发生情况,对医疗事故争议作出正确处理。

对有可能导致医患矛盾激化,危及医疗安全的重大事件,还要立即向所在地卫生主管部门或公安机关报告。

(三)证据的保存和处理

1. 病案资料的保存处理 《条例》规定,发生医疗事故争议时,死亡病例讨论记录、疑难病例讨论记录、上级医师查房记录、会诊意见、病程记录应当在医患双方在场的情况下封存和启封。封存的病历资料可以是复印件,由医疗机构保管。

2. 涉案药械的保存处理 条例规定,疑似输液、输血、注射、药物等引起不良后果的,医患双方应当共同对现场实物进行封存和启封,封存的现场实物由医疗机构保管;需要检验的,应当由双方共同指定的、依法具有检验资格的检验机构进行检验;双方无法共同指定时,由卫生主管部门指定。

3. 涉案血液的保存处理 《条例》规定,疑似输血引起不良后果,需要对血液进行封存保留的,医疗机构应当通知提供该血液的采供血机构派员到场。

4. 尸体的保存处理 《条例》规定,患者在医疗机构内死亡的,尸体应当立即移放太平间。死者尸体存放时间一般不得超过2周。逾期不处理的尸体,经医疗机构所在地卫生主管部门批准,并报经同级公安部门备案后,由医疗机构按照规定进行处理。

医患双方当事人不能确定死因或者对死因有异议的,应当在患者死亡后48小时内进行尸检;具备尸体冻存条件的,可以延长至7日。尸检应当经死者近亲属同意并签字。

尸检应当由按照国家有关规定取得相应资格的机构和病理解剖专业技术人员进行。承担尸检任务的机构和病理解剖专业技术人员有进行尸检的义务。

医疗事故争议双方当事人可以请法医病理学人员参加尸检,也可以委派代表观察尸检过程。

三、医疗事故的处理

(一)医疗事故处理的原则

处理医疗事故,应当遵循公开、公平、公正、及时、便民的原则,坚持实事求是的科学态度,做到事实清楚、定性准确、责任明确、处理恰当。

（二）医疗事故的行政处理

1. 责令医疗机构及时采取必要医疗救治措施　《条例》规定，卫生主管部门接到医疗机构关于重大医疗过失行为的报告后，责令医疗机构及时采取必要的医疗救治措施，防止损害后果扩大。

2. 组织调查　《条例》规定，卫生主管部门接到医疗机构关于重大医疗过失行为的报告后，应当组织调查，判定是否属于医疗事故，对不能判定是否属于医疗事故的，应当依照本条例的有关规定交由负责医疗事故技术鉴定工作的医学会组织鉴定。

3. 对发生医疗事故的医疗机构和医务人员作出行政处理　《条例》规定，卫生主管部门应当依照本条例和有关法律、行政法规、部门规章的规定，对发生医疗事故的医疗机构和医务人员作出行政处理。包括吊销其执业证书或者资格证书、对负有责任的主管人员和其他直接责任人员依法给予行政处分或者纪律处分等。

4. 医疗事故争议行政处理程序

（1）提出与申请：《条例》规定，发生医疗事故争议（malpractice dispute），当事人申请卫生主管部门处理的，应当提出书面申请。申请书应当载明申请人的基本情况、有关事实、具体请求及理由等。当事人自知道或者应当知道其身体健康受到损害之日起1年内，可以向卫生主管部门提出医疗事故争议处理申请。医疗事故争议涉及多个医疗机构，只可以向其中一所医疗机构所在地卫生主管部门提出处理申请。

（2）受理与管辖：《条例》规定，卫生主管部门应当自收到医疗事故争议处理申请之日起10日内进行审查，作出是否受理的决定。对符合本条例规定，予以受理，需要进行医疗事故技术鉴定的，应当自作出受理决定之日起5日内将有关材料交由负责医疗事故技术鉴定工作的医学会组织鉴定并书面通知申请人；对不符合本条例规定，不予受理的，应当书面通知申请人并说明理由。当事人既向卫生主管部门提出医疗事故争议处理申请，又向人民法院提起诉讼的，卫生主管部门不予受理，已经受理的，应当终止处理。

发生医疗事故争议，当事人申请卫生主管部门处理的，由医疗机构所在地的县级人民政府卫生主管部门受理。医疗机构所在地是直辖市的，由医疗机构所在地的区、县人民政府卫生主管部门受理。有下列情形之一的，县级人民政府卫生主管部门应当自接到医疗机构的报告或者当事人提出医疗事故争议处理申请之日起，7日内移送上一级人民政府卫生主管部门处理：①患者死亡；②可能为二级以上的医疗事故；③国务院卫生主管部门和省、自治区、直辖市人民政府卫生主管部门规定的其他情形。

（3）调解：即行政调解。《条例》规定，已确定为医疗事故的，卫生主管部门应医疗事故争议双方当事人请求，可以进行医疗事故赔偿调解。调解时，应当遵循当事人双方自愿原则，并应当依据本条例的规定计算赔偿数额。经调解，双方当事人就赔偿数额达成协议的，制作调解书，双方当事人应当履行；调解不成或者经调解达成协议后一方反悔的，卫生主管部门不再调解。

5. 医疗事故处理的报告　《条例》规定，县级以上地方人民政府卫生主管部门应当按照规定逐级将当地发生的医疗事故以及依法对发生医疗事故的医疗机构和医务人员作出行政处理的情况，上报国务院卫生主管部门。

医疗事故争议由双方当事人自行协商解决的，医疗机构应当自协商解决之日起7日内向所在地卫生主管部门作出书面报告，并附具协议书。

医疗事故争议经人民法院调解或者判决解决的，医疗机构应当自收到生效的人民法院的调解书或者判决书之日起，7 日内向所在地卫生主管部门作出书面报告，并附具调解书或者判决书。

（三）医疗事故争议的解决途径

《条例》规定，发生医疗事故的赔偿等民事责任争议，医患双方可以协商解决；不愿意协商或者协商不成的，当事人可以向卫生主管部门提出调解申请，也可以直接向人民法院提起民事诉讼。可见，医疗事故争议有非诉讼解决和诉讼解决两种解决途径或方式。非诉讼方式并不是诉讼方式的必经程序，医患双方可以就医疗事故争议直接向法院提起民事诉讼。

1. 医疗事故争议的非诉讼解决　是指医患双方在自愿原则的基础上，互谅互让、共同协商解决的方式。非诉讼解决途径主要有双方协商解决和行政调解两种，行政调解上面已经论述，这里主要介绍医患双方协商解决。

协商解决，是指医患双方本着自愿原则，自行协商达成协议，解决医疗事故争议。这是解决争议最快捷效的途径。医患双方在自愿达成协议后，制作协议书。协议书应当载明双方当事人的基本情况和医疗事故的原因、双方当事人共同认定的医疗事故等级，协商确定的赔偿数额，协议结果的执行情况等，并由双方当事人在协议书上签名。

2. 医疗事故争议的诉讼解决　医疗事故争议的诉讼解决，是指医患双方当事人依法通过人民法院来解决争议的方式，这是处理医疗事故争议的最终解决途径。

（1）人民法院调解：调解结案是指医患双方在人民法院主持下争议双方平等协商，就双方争议的问题达成协议。当事人之间如果调解成功，人民法院将制作并下达调解书给双方当事人，结束民事诉讼活动。双方当事人签字接收调解书即生效。当事人一方不执行调解书，另一方当事人可以向人民法院申请强制执行。

（2）民事诉讼：是人民法院依据民事诉讼法的规定，通过司法程序进行审理、裁决、解决医疗事故争议。判决书生效时间按照我国实行"两审终审制"原则，当事人对一审结论不服时，可以在 15 天内依法提起上诉，同时一审判决书失去法律效力。二审判决书下达后无论当事人是否接受，判决生效。

（四）医疗事故的赔偿

关于医疗事故赔偿（medical accident compensation），《侵权责任法》规定，被侵权人有权请求侵权人承担侵权责任；患者在诊疗活动中受到损害，医疗机构及其医务人员有过错的，由医疗机构承担赔偿责任。医疗事故作为医疗机构及其医务人员在医疗活动中，违反医疗卫生管理法律、行政法规、部门规章、诊疗护理规范与常规，过失造成患者人身损害的行为，患者有权要求医疗机构给予相应赔偿，医疗机构也应当作出相应的赔偿。

1. 赔偿数额确定原则　《条例》规定，医疗事故赔偿，应当考虑下列因素，确定具体赔偿数额：①医疗事故等级；②医疗过失行为在医疗事故损害后果中的责任程度；③医疗事故损害后果与患者原有疾病状况之间的关系。

2. 赔偿项目和标准　《条例》规定，医疗事故赔偿，按照下列项目和标准计算：

（1）医疗费：按照医疗事故对患者造成的人身损害进行治疗所发生的医疗费用计算，凭据支付，但不包括原发病医疗费用。结案后确实需要继续治疗的，按照基本医疗费用支付。

（2）误工费：患者有固定收入的，按照本人因误工减少的固定收入计算，对收入高于医疗事故发生地上一年度职工年平均工资 3 倍以上的，按照 3 倍计算；无固定收入的，按照医疗事故发生地上一年度职工年平均工资计算。

（3）住院伙食补助费：按照医疗事故发生地国家机关一般工作人员的出差伙食补助标

准计算。

（4）陪护费：患者住院期间需要专人陪护的，按照医疗事故发生地上一年度职工年平均工资计算。

（5）残疾生活补助费：根据伤残等级，按照医疗事故发生地居民年平均生活费计算，自定残之月起最长赔偿30年；但是，60周岁以上的，不超过15年；70周岁以上的，不超过5年。

（6）残疾用具费：因残疾需要配置补偿功能器具的，凭医疗机构证明，按照普及型器具的费用计算。

（7）丧葬费：按照医疗事故发生地规定的丧葬费补助标准计算。

（8）被扶养人生活费：以死者生前或者残疾者丧失劳动能力前实际扶养且没有劳动能力的人为限，按照其户籍所在地或者居所地居民最低生活保障标准计算。对不满16周岁的，扶养到16周岁。对年满16周岁但无劳动能力的，扶养20年；但是，60周岁以上的，不超过15年；70周岁以上的，不超过5年。

（9）交通费：按照患者实际必需的交通费用计算，凭据支付。

（10）住宿费：按照医疗事故发生地国家机关一般工作人员的出差住宿补助标准计算，凭据支付。

（11）精神损害抚慰金：按照医疗事故发生地居民年平均生活费计算。造成患者死亡的，赔偿年限最长不超过6年；造成患者残疾的，赔偿年限最长不超过3年。

参加医疗事故处理的患者近亲属所需交通费、误工费、住宿费，参照上述标准规定计算，计算费用的人数不超过2人。

医疗事故造成患者死亡的，参加丧葬活动的患者的配偶和直系亲属所需交通费、误工费、住宿费，参照上述标准规定计算，计算费用的人数不超过2人。

3. 医疗事故赔偿费用的支付　医疗事故赔偿费用，实行一次性结算，由承担医疗事故责任的医疗机构支付。

第五节　医疗事故技术鉴定

案例思考 3-3-3

请结合本节的学习，思考回答：

1. 案例3-3中，双方当事人应怎样提请医疗事故技术鉴定？

2. 有关机构应怎样进行技术鉴定？

医疗事故技术鉴定（technical appraisal for the medical negligence）是指由医学会组织有关临床医学专家和法医学专家所组成的专家组，运用医学、法医学等科学知识和技术，对涉及医疗事故行政处理的有关专门性问题进行检验、鉴别和判断并提供鉴定结论的活动。

医疗事故技术鉴定分为首次鉴定和再次鉴定。

一、鉴定的组织机构和人员

条例规定，医疗事故技术鉴定，由负责组织医疗事故技术鉴定工作的医学会组织专家鉴定组进行。

（一）鉴定的组织机构

负责组织医疗事故技术鉴定工作的机构是医学会。医学会是依照有关规定，经县级以上人民政府民政部门审查同意，成立的非营利性的医学社会组织。《条例》规定，从事医疗事故技术鉴定工作的医学会分四级：①设区的市级医学会；②省、自治区、直辖市直接管辖的县或县级市地方医学会；③省、自治区、直辖市医学会；④中华医学会。

负责组织医疗事故技术鉴定工作的医学会（以下简称医学会）可以设立医疗事故技术鉴定工作办公室，具体负责有关医疗事故技术鉴定的组织和日常工作。

（二）鉴定人员

负责组织医疗事故技术鉴定工作的医学会应当建立专家库。符合《条例》规定要求的医疗卫生专业技术人员和法医有义务受聘进入专家库，并承担医疗事故技术鉴定工作。

1. 专家库候选人条件　依据条例规定具备下列条件的医疗卫生专业技术人员可以成为专家库候选人：①有良好的业务素质和执业品德；②受聘于医疗卫生机构或者医学教学、科研机构并担任相应专业高级技术职务3年以上；③健康状况能够胜任医疗事故技术鉴定工作。符合前款①和③项规定条件并具备高级技术职务任职资格的法医可以受聘进入专家库。专家库组成不受行政区域限制。

2. 专家库成员聘期及调整　专家库成员聘用期为4年。在聘用期间出现下列情形之一的，应当由专家库成员所在单位及时报告医学会，医学会应根据实际情况及时进行调整：①因健康原因不能胜任医疗事故技术鉴定的；②变更受聘单位或被解聘的；③不具备完全民事行为能力的；④受刑事处罚的；⑤省级以上卫生主管部门规定的其他情形。

聘用期满需继续聘用的，由医学会重新审核、聘用。

二、鉴定的提起与受理

（一）鉴定管辖

设区的市级和省、自治区、直辖市直接管辖的县（市）级地方医学会负责组织专家鉴定组进行首次医疗事故技术鉴定工作。省、自治区、直辖市地方医学会负责组织医疗事故争议的再次鉴定工作。

（二）提起

1. 当事人双方提起　双方当事人协商解决医疗事故争议，需进行医疗事故技术鉴定的，应共同书面委托医疗机构所在地负责首次医疗事故技术鉴定工作的医学会进行医疗事故技术鉴定。涉及多个医疗机构的，应当由涉及的所有医疗机构与患者共同委托其中任何一所医疗机构所在地负责组织首次医疗事故技术鉴定工作的医学会进行医疗事故技术鉴定。

2. 卫生主管部门提起　县级以上地方人民政府卫生主管部门接到医疗机构关于重大医疗过失行为的报告或者医疗事故争议当事人要求处理医疗事故争议的申请后，对需要进行医疗事故技术鉴定的，应当书面移交负责首次医疗事故技术鉴定工作的医学会组织鉴定。

（三）受理

医学会收到委托后，应当进行审核，决定是否受理。

1. 决定受理的处理

（1）通知提交材料：负责组织医疗事故技术鉴定工作的医学会应当自受理医疗事故技术鉴定之日起5日内通知医疗事故争议双方当事人提交进行医疗事故技术鉴定所需的材料、书面陈述及答辩。

医疗机构提交的有关医疗事故技术鉴定的材料应当包括下列内容：①住院患者的病程记录、死亡病例讨论记录、疑难病例讨论记录、会诊意见、上级医师查房记录等病历资料原件；②住院患者的住院志、体温单、医嘱单、化验单（检验报告）、医学影像检查资料、特殊检查同意书、手术同意书、手术及麻醉记录单、病理资料、护理记录等病历资料原件；③抢救急危患者，在规定时间内补记的病历资料原件；④封存保留的输液、注射用物品和血液、药物等实物，或者依法具有检验资格的检验机构对这些物品、实物作出的检验报告；⑤与医疗事故技术鉴定有关的其他材料。

（2）提供材料的时限与要求：当事人应当自收到医学会的通知之日起 10 日内提交有关医疗事故技术鉴定的材料、书面陈述及答辩。在医疗机构建有病历档案的门诊、急诊患者，其病历资料由医疗机构提供；没有在医疗机构建立病历档案的，由患者提供。

医患双方应当依照本条例的规定提交相关材料。医疗机构无正当理由未依照本条例的规定如实提供相关材料，导致医疗事故技术鉴定不能进行的，应当承担责任。

（3）预缴鉴定费：预先缴纳鉴定费是医学会决定受理医疗事故技术鉴定的前提条件。具体规定为：①双方当事人共同委托医疗事故技术鉴定的，由双方当事人协商预先缴纳鉴定费；②卫生主管部门移交进行医疗事故技术鉴定的，由提出医疗事故争议处理的当事人预先缴纳鉴定费。

2. 决定不受理的处理　对不符合受理条件的，医学会不予受理。不予受理的，医学会应说明理由。

有下列情形之一的，医学会不予受理医疗事故技术鉴定：①当事人一方直接向医学会提出鉴定申请的；②医疗事故争议涉及多个医疗机构，其中一所医疗机构所在地的医学会已经受理的；③医疗事故争议已经人民法院调解达成协议或判决的；④当事人已向人民法院提起民事诉讼的（司法机关委托的除外）；⑤非法行医造成患者身体健康损害的；⑥国家卫生主管部门规定的其他情形。

3. 鉴定终止　有下列情形之一的，医学会终止组织医疗事故技术鉴定：①当事人未按规定提交有关医疗事故技术鉴定材料的；②提供的材料不真实的；③拒绝缴纳鉴定费的；④国家卫生主管部门规定的其他情形。

三、专家鉴定组的组成

医学会决定受理医疗事故技术鉴定的，应组建专家鉴定组，由专家组进行医疗事故技术鉴定。

1. 人数及组成要求　医学会应当根据医疗事故争议所涉及的学科专业，确定专家鉴定组的构成和人数。专家鉴定组组成人数应为 3 人以上单数。医疗事故争议涉及多学科专业的，其中主要学科专业的专家不得少于专家鉴定组成员的二分之一。

2. 产生方法及要求　医学会应当提前通知双方当事人，在指定时间、指定地点，从专家库相关学科专业组中随机抽取专家鉴定组成员。医学会主持双方当事人抽取专家鉴定组成员前，应当将专家库相关学科专业组中专家姓名、专业、技术职务、工作单位告知双方当事人。医学会对当事人准备抽取的专家进行随机编号，并主持双方当事人随机抽取相同数量的专家编号，最后一个专家由医学会随机抽取。双方当事人还应当按照上款规定的方法各自随机抽取一个专家作为候补。涉及死因、伤残等级鉴定的，应当按照前款规定由双方当事人各自随机抽取一名法医参加鉴定组。随机抽取结束后，医学会当场向双方当事人公布所抽取的专家鉴定组成员和候补成员的编号并记录在案。

现有专家库成员不能满足鉴定工作需要时，医学会应当向双方当事人说明，并经双方当事人同意，可以从本省、自治区、直辖市其他医学会专家库中抽取相关学科专业组的专家参加专家鉴定组；本省、自治区、直辖市医学会专家库成员不能满足鉴定工作需要时，可以从其他省、自治区、直辖市医学会专家库中抽取相关学科专业组的专家参加专家鉴定组。

四、医疗事故技术鉴定过程

（一）鉴定的组织工作及程序

医疗事故技术鉴定工作由有关医学会组织，设区的市级地方医学会和省、自治区、直辖市直接管辖的县（市）地方医学会负责组织首次医疗事故技术鉴定工作。省、自治区、直辖市地方医学会负责组织再次鉴定工作。必要时，中华医学会可以组织疑难、复杂并在全国有重大影响的医疗事故争议的技术鉴定工作。

1. 通知双方当事人　医学会应当在医疗事故技术鉴定 7 日前，将鉴定的时间、地点、要求等书面通知双方当事人。双方当事人应当按照通知的时间、地点、要求参加鉴定。

2. 组成鉴定专家组　医学会应当按《医疗事故处理条例》和《医疗事故技术鉴定暂行办法》的方法与要求，组建技术鉴定的专家组，在医疗事故技术鉴定 7 日前书面通知专家鉴定组成员。

3. 病历资料启封　在双方当事人共同在场的情况下，由医学会对封存的病历资料启封。

4. 组织鉴定

（1）调查取证：医学会可以向双方当事人和其他相关组织、个人进行调查取证，进行调查取证时不得少于 2 人。调查取证结束后，调查人员和调查对象应当在有关文书上签字。如调查对象拒绝签字的，应当记录在案。

（2）专家组鉴定：鉴定由专家鉴定组组长主持，专家鉴定组组长由专家鉴定组成员推选产生，也可以由医疗事故争议所涉及的主要学科专家中具有最高专业技术职务任职资格的专家担任。

鉴定程序：①双方当事人在规定的时间内分别陈述意见和理由。陈述顺序先患方，后医疗机构。②专家鉴定组成员根据需要可以提问，当事人应当如实回答。必要时，可以对患者进行现场医学检查。③双方当事人退场。④专家鉴定组对双方当事人提供的书面材料、陈述及答辩等进行讨论。⑤经合议，根据半数以上专家鉴定组成员的一致意见形成鉴定结论。专家鉴定组成员在鉴定结论上签名。专家鉴定组成员对鉴定结论的不同意见，应当予以注明。

专家鉴定组应当综合分析医疗过失行为在导致医疗事故损害后果中的作用、患者原有疾病状况等因素，判定医疗过失行为的责任程度。医疗事故中医疗过失行为责任程度分为：①完全责任，指医疗事故损害后果完全由医疗过失行为造成。②主要责任，指医疗事故损害后果主要由医疗过失行为造成，其他因素起次要作用。③次要责任，指医疗事故损害后果主要由其他因素造成，医疗过失行为起次要作用。④轻微责任，指医疗事故损害后果绝大部分由其他因素造成，医疗过失行为起轻微作用。

5. 出具医疗事故技术鉴定书　医学会应当自接到双方当事人提交的有关医疗事故技术鉴定的材料、书面陈述及答辩之日起 45 日内组织鉴定并出具医疗事故技术鉴定书。

医疗事故技术鉴定书应当包括下列主要内容：①双方当事人的基本情况及要求；②当

事人提交的材料和医学会的调查材料；③对鉴定过程的说明；④医疗行为是否违反医疗卫生管理法律、行政法规、部门规章和诊疗护理规范、常规；⑤医疗过失行为与人身损害后果之间是否存在因果关系；⑥医疗过失行为在医疗事故损害后果中的责任程度；⑦医疗事故等级；⑧对医疗事故患者的医疗护理医学建议。

经鉴定为医疗事故的，鉴定结论应当包括上款④至⑧项内容；经鉴定不属于医疗事故的，应当在鉴定结论中说明理由。

医疗事故技术鉴定书应当根据鉴定结论作出，其文稿由专家鉴定组组长签发。医疗事故技术鉴定书盖医学会医疗事故技术鉴定专用印章。

医疗事故技术鉴定书格式由中华医学会统一制定。

6. 鉴定书的送达　医学会应当及时将医疗事故技术鉴定书送达移交鉴定的卫生主管部门，经卫生主管部门审核，对符合规定作出的医疗事故技术鉴定结论，应当及时送达双方当事人；由双方当事人共同委托的，直接送达双方当事人。

7. 鉴定的终止和重新鉴定　终止鉴定有两种情形：①因当事人拒绝配合，无法进行医疗事故技术鉴定的，应当终止本次鉴定，由医学会告知移交鉴定的卫生主管部门或共同委托鉴定的双方当事人，说明不能鉴定的原因。②在受理医患双方共同委托医疗事故技术鉴定后至专家鉴定组作出鉴定结论前，双方当事人或者一方当事人提出停止鉴定的，医疗事故技术鉴定终止。

重新鉴定有三种情形：①医学会对经卫生主管部门审核认为参加鉴定的人员资格和专业类别或者鉴定程序不符合规定，需要重新鉴定的；②如参加鉴定的人员资格和专业类别不符合规定的，应当重新抽取专家，组成专家鉴定组进行重新鉴定；③如鉴定的程序不符合规定而参加鉴定的人员资格和专业类别符合规定的，可以由原专家鉴定组进行重新鉴定。

8. 再次鉴定　任何一方当事人对首次医疗事故技术鉴定结论不服的，可以自收到首次医疗事故技术鉴定书之日起15日内，向原受理医疗事故争议处理申请的卫生主管部门提出再次鉴定的申请，或由双方当事人共同委托省、自治区、直辖市医学会组织再次鉴定。

9. 鉴定后有关资料的处理　当事人对鉴定结论无异议，负责组织医疗事故技术鉴定的医学会应当及时将收到的鉴定材料中的病历资料原件等退还当事人，并保留有关复印件。

当事人提出再次鉴定申请的，负责组织首次医疗事故技术鉴定的医学会应当及时将收到的鉴定材料移送负责组织再次医疗事故技术鉴定的医学会。

医学会应当将专家鉴定组成员签名的鉴定结论、由专家鉴定组组长签发的医疗事故技术鉴定书文稿和复印或者复制的有关病历资料等存档，保存期限不得少于20年。

10. 年度鉴定情况报告　医学会应当于每年3月31日前将上一年度医疗事故技术鉴定情况报同级卫生主管部门。

（二）医疗事故技术鉴定的原则与要求

医疗事故技术鉴定专家组开展鉴定工作，必须遵循以下工作原则和要求：

1. 鉴定专家组成员实行回避制度　专家鉴定组成员有下列情形之一的，应当回避，当事人也可以以口头或者书面的方式申请其回避：①是医疗事故争议当事人或者当事人的近亲属的；②与医疗事故争议有利害关系的；③与医疗事故争议当事人有其他关系，可能影响公正鉴定的。

2. 坚持依法独立鉴定原则　专家鉴定组依照医疗卫生管理法律、行政法规、部门规章和诊疗护理规范、常规，运用医学科学原理和专业知识，独立进行医疗事故技术鉴定，对医疗事故进行鉴别和判定，为处理医疗事故争议提供医学依据。任何单位或者个人不得干扰医疗事故技术鉴定工作，不得威胁、利诱、辱骂、殴打专家鉴定组成员。专家鉴定组成员不得接受双方当事人的财物或者其他利益。

3.医疗事故技术鉴定实行合议制度　专家鉴定组进行医疗事故技术鉴定，实行合议制，专家鉴定组人数为单数，涉及的主要学科的专家一般不得少于鉴定组成员的二分之一。涉及死因、伤残等级鉴定的，并应当从专家库中随机抽取法医参加专家鉴定组。鉴定结论以专家鉴定组成员的过半数通过。

4.坚持以事实为依据，以法律为准绳的原则　专家鉴定组应当认真审查双方当事人提交的材料，听取双方当事人的陈述及答辩并进行核实。专家鉴定组应当在事实清楚、证据确凿的基础上，综合分析患者的病情和个体差异，作出鉴定结论。

5.当事人参与的原则　双方当事人应当按照通知的时间、地点、要求参加鉴定。参加医疗事故技术鉴定的双方当事人每一方人数不超过3人。任何一方当事人无故缺席、自行退席或拒绝参加鉴定的，不影响鉴定的进行。当事人任何一方不予配合，影响医疗事故技术鉴定的，由不予配合的一方承担责任。

6.鉴定专家必须综合分析患者的病情和考虑个体差异。

7.专家鉴定组应当保护患者的隐私，保守有关秘密　专家鉴定组应当认真审查双方当事人提交的材料，妥善保管鉴定材料，保护患者的隐私，保守有关秘密。

五、医疗事故的技术鉴定费用

条例规定：医疗事故技术鉴定可以收取费用，鉴定费用标准由省、自治区、直辖市人民政府价格主管部门会同同级财政部门、卫生主管部门规定。

1.鉴定费的承担　具体为：①卫生主管部门接到医疗机构关于重大医疗过失行为的报告后，对需要移交医学会进行医疗事故技术鉴定的，鉴定费由医疗机构支付；②法院首次委托鉴定的，由医疗机构缴付；③对首次鉴定不服，再次申请鉴定的，由申请再次鉴定人缴付；④经鉴定属于医疗事故的，鉴定费由医疗机构支付，经鉴定不属于医疗事故的，鉴定费由提出医疗事故争议处理申请的当事人支付。

2.重新鉴定时不得收取鉴定费。

第六节　违反医疗事故处理法律规定的责任

违反医疗事故处理法律规定的责任是指卫生主管部门及其人员、医疗机构及其人员和其他社会组织及人员因违反医疗事故处理法律规定的义务而应当承担的法定的后果。主要有行政责任、民事责任和刑事责任。

一、行政责任

（一）卫生主管部门及其人员的行政责任

1.卫生主管部门违反本条例的规定　有下列情形之一的，由上级卫生主管部门给予警告并责令限期改正；情节严重的，对负有责任的主管人员和其他直接责任人员依法给予行政处分：①接到医疗机构关于重大医疗过失行为的报告后，未及时组织调查的；②接到医疗事故争议处理申请后，未在规定时间内审查或者移送上一级人民政府卫生主管部门处理的；

③未将应当进行医疗事故技术鉴定的重大医疗过失行为或者医疗事故争议移交医学会组织鉴定的；④未按照规定逐级将当地发生的医疗事故以及依法对发生医疗事故的医疗机构和医务人员的行政处理情况上报的；⑤未依照本条例规定审核医疗事故技术鉴定书的。

2. 卫生主管部门的工作人员在处理医疗事故过程中违反本条例的规定，利用职务上的便利收受他人财物或者其他利益，滥用职权，玩忽职守，或者发现违法行为不予查处，尚不够刑事处罚的，依法给予降级或者撤职的行政处分。

（二）医疗机构及其人员的行政责任

1. 医疗机构发生医疗事故，由卫生主管部门根据医疗事故等级和情节，给予警告；情节严重的，责令限期停业整顿直至由原发证部门吊销执业许可证。对负有责任的医务人员，依法给予行政处分或者纪律处分，卫生主管部门并可以责令暂停6个月以上1年以下执业活动；情节严重的，吊销其执业证书。

2. 医疗机构违反本条例的规定，有下列情形之一的，由卫生主管部门责令改正；情节严重的，对负有责任的主管人员和其他直接责任人员依法给予行政处分或者纪律处分：①未如实告知患者病情、医疗措施和医疗风险的；②没有正当理由，拒绝为患者提供复印或者复制病历资料服务的；③未按照国务院卫生主管部门规定的要求书写和妥善保管病历资料的；④未在规定时间内补记抢救工作病历内容的；⑤未按照本条例的规定封存、保管和启封病历资料和实物的；⑥未设置医疗服务质量监控部门或者配备专（兼）职人员的；⑦未制定有关医疗事故防范和处理预案的；⑧未在规定时间内向卫生主管部门报告重大医疗过失行为的；⑨未按照本条例的规定向卫生主管部门报告医疗事故的；⑩未按照规定进行尸检和保存、处理尸体的。

3. 参加医疗事故技术鉴定工作的人员违反本条例的规定，接受申请鉴定双方或者一方当事人的财物或者其他利益，出具虚假医疗事故技术鉴定书，尚不够刑事处罚的，由原发证部门吊销其执业证书或者资格证书。

4. 医疗机构或者其他有关机构违反本条例的规定，有下列情形之一的，由卫生主管部门责令改正，给予警告；对负有责任的主管人员和其他直接责任人员依法给予行政处分或者纪律处分；情节严重的，由原发证部门吊销其执业证书或者资格证书：①承担尸检任务的机构没有正当理由，拒绝进行尸检的；②涂改、伪造、隐匿、销毁病历资料的。

（三）其他组织及个人的行政责任

以医疗事故为由，寻衅滋事、抢夺病历资料，扰乱医疗机构正常医疗秩序和医疗事故技术鉴定工作，依照刑法关于扰乱社会秩序罪的规定，尚不够刑事处罚的，依法给予治安管理处罚。

二、民事责任

违反医疗事故处理法律规定的民事责任是指卫生主管部门及其人员、医疗机构及其人员因违反医疗事故处理法律规定，侵害患者及其他当事人的民事权益而应当承担的法定后果。主要是因发生医疗事故，造成医疗损害，医疗机构承担的赔偿责任。

三、刑事责任

（一）卫生主管部门人员刑事责任

卫生主管部门的工作人员在处理医疗事故过程中违反本条例的规定，利用职务上的便利收受他人财物或者其他利益,滥用职权,玩忽职守,或者发现违法行为不予查处,造成严重后果的,依照刑法关于受贿罪、滥用职权罪、玩忽职守罪或者其他有关罪的规定,依法追究刑事责任。

(二)医疗卫生及参与技术鉴定人员刑事责任

1. 医疗机构发生医疗事故,对负有责任的医务人员依照刑法关于医疗事故罪的规定,依法追究刑事责任。

2. 参加医疗事故技术鉴定工作的人员 违反本条例的规定,接受申请鉴定双方或者一方当事人的财物或者其他利益,出具虚假医疗事故技术鉴定书,造成严重后果的,依照刑法关于受贿罪的规定,依法追究刑事责任。

(三)其他组织及个人

以医疗事故为由,寻衅滋事、抢夺病历资料,扰乱医疗机构正常医疗秩序和医疗事故技术鉴定工作,依照刑法关于扰乱社会秩序罪的规定,依法追究刑事责任。

(高 翔)

自测题

1. 关于侵权责任归责原则的全部内容,以下选项中,准确的说法是
    A. 过错责任原则　　　　　　　　B. 无过错责任原则
    C. 过错推定原则　　　　　　　　D. 公平责任原则
    E. 包括以上各项

2. 根据《医疗事故处理条例》规定,关于医疗事故报告,下列某项情形,不要求"医务人员应立即向所在科室负责人报告,科室负责人应及时向医疗服务质量监控部门或专(兼)职人员报告"。该选项是
    A. 危重病人抢救无效死亡时
    B. 发生医疗事故和可能引起医疗事故的医疗过失行为时
    C. 发现医疗事故和可能引起医疗事故的医疗过失行为时
    D. 发生或者发现医疗事故和可能引起医疗事故的医疗过失行为时
    E. 发生医疗事故争议时

3. 下列选项中,医疗机构**不承担**医疗损害责任的是
    A. 未尽说明告知义务造成患者损害
    B. 患者或者其近亲属不配合医疗机构进行符合诊疗规范的诊疗造成患者损害
    C. 未尽诊疗注意义务造成患者损害
    D. 未尽保密义务造成患者损害
    E. 因实施过度医疗导致侵权

4. 《侵权责任法》规定,有三种情形推定医疗机构有过错,它们是下列的哪三种:①违反法律、行政法规、规章以及其他有关诊疗规范的规定;②隐匿或者拒绝提供与纠纷有关的病历资料;③伪造、篡改或者销毁病历资料;④凡造成患者死亡;⑤造成患者严重残疾。
    A. ①③④　　　　　　　　　　　B. ②③④
    C. ①②③　　　　　　　　　　　D. ③④⑤
    E. ①②⑤

5. 关于医疗损害责任,下列**不正确**的选项是
   A. 责任主体是医疗机构
   B. 行为主体是医务人员
   C. 发生在医疗活动中
   D. 医疗行为有过失且造成患者权益受到损害的责任
   E. 患者在医疗机构发生人身损害的责任

6. 关于医疗损害责任的归责原则,正确的是
   A. 紧急抢救医疗过程适用无过错责任原则
   B. 伪造病历资料适用过错责任原则
   C. 伪造病历资料实行过错推定
   D. 因厂家医疗器械缺陷造成损害只由厂家负责
   E. 因药品质量导致患者的损害适用过失责任原则

7. 关于医疗事故,以下理解正确的是
   A. 是指医务人员故意造成患者的人身损害
   B. 是指非法行医,造成患者人身损害
   C. 是指在美容院实施美容手术造成的损害
   D. 是指护理人员忘记给患者测量体温
   E. 主体是医疗机构及其医务人员,损害行为发生在医疗活动中

8. 医疗事故的行为人主观是
   A. 直接故意   B. 间接故意
   C. 过失   D. 意外事件
   E. 突发事件

9. 下列情形属于医疗事故的是
   A. 手术开错部位造成较大创伤
   B. 由于一种疾病合并发生另一种疾病
   C. 诊疗护理中违反了规章制度,尚未给病员造成不良影响和损害
   D. 因体质特殊发生难以预料的后果
   E. 手术后伤口发炎

10. 下列正确的医疗事故分级是
    A. 造成患者器官功能障碍属于一级医疗事故
    B. 造成重度残疾属于二级医疗事故
    C. 造成患者死亡的属于一级医疗事故
    D. 造成患者中度残疾为三级医疗事故
    E. 以上均不对

11. 发生医疗纠纷,可提请医疗事故技术鉴定委员会鉴定,对鉴定结论不服的
    A. 可以申请上一级鉴定委员会重新鉴定
    B. 可以向原受理医疗事故争议处理申请的卫生主管部门提出申请再次鉴定
    C. 只能向人民法院起诉
    D. 由双方当事人共同委托省、自治区、直辖市医学会组织重新鉴定
    E. 可以向原受理医疗事故争议处理申请的卫生主管部门提出申请重新鉴定

12. 申请医疗事故技术鉴定，当事人应当自收到医学会的通知之日起一段时间内提交有关医疗事故技术鉴定的材料，这段时间是

    A. 5 日   B. 7 日   C. 15 日

    D. 10 日   E. 20 日

13. 在医疗纠纷中，医患双方当事人不能确定死因或者对死因有异议的，应当在患者死亡后一段时间内进行尸检，这段时间是

    A. 12 小时   B. 24 小时   C. 36 小时

    D. 48 小时   E. 60 小时

14. 关于医疗事故专家鉴定组专家的产生，正确的是

    A. 鉴定专家组由卫生主管部门指定

    B. 鉴定专家组成员由当事人协商选定

    C. 专家鉴定组由医患双方在专家库中随机抽取

    D. 鉴定专家组成员由医学会推荐，双方当事人认可

    E. 专家鉴定组由受理争议医学会的主管部门选定

15. 医疗损害赔偿中，残疾生活补助费的计算标准和支付方法是

    A. 60 岁以下的，根据伤残等级，按照医疗事故发生地居民年平均生活费计算，自定残之月起最长赔偿 30 年，逐年支付

    B. 根据伤残等级，按照医疗事故发生地居民年平均生活费计算，自定残之月起最长赔偿 30 年，逐年支付

    C. 60 周岁以上的，根据伤残等级，按照医疗事故发生地居民年平均生活费计算，自定残之月起最长赔偿 30 年，一次性支付

    D. 70 周岁以上的，根据伤残等级，按照医疗事故发生地居民年平均生活费计算，自定残之月起按 15 年，一次性支付

    E. 根据伤残等级，按照医疗事故发生地居民年平均生活费计算，自定残之月起最长赔偿 30 年，60 周岁以上的不超过 15 年、70 周岁以上不超过 5 年，一次性支付

16. 以下医疗事故处理**不合法**的方式是

    A. 双方自愿协商解决，并有双方签字的协议书

    B. 医护人员与患者私下解决

    C. 在国家行政机关主持下达成和解，并在协议书上签字

    D. 人民法院依法进行调解达成协议的

    E. 诉讼解决医疗事故争议

17. 下列选项中，属承担侵权责任方式的是

    A. 判刑   B. 罚款   C. 减少侵害

    D. 赔礼道歉   E. 拘留

18. 医务人员在诊疗活动中正确的做法是

    A. 没有必要向患者说明病情和医疗措施

    B. 特殊检查、特殊治疗都要及时向患者说明医疗风险

    C. 没有义务提供病历资料

    D. 出于病情需要，可以公开患者隐私

    E. 为了规避风险，每个患者需要做医学技术检查

19. 绝对无过错责任与一般侵权责任的最大区别是
    A. 有无主观过错
    B. 有无损害事实产生
    C. 没有主观过错但法律规定需要承担责任
    D. 违法行为和损害事实有否因果关系
    E. 以上都不对

20. 关于过错推定，以下说法正确的是
    A. 行为人有过错，但行为人能证明自己没有过错的
    B. 行为人有过错，但法律规定可以免除或减轻责任的
    C. 行为人没有过错，但法律规定行为人必须承担责任的
    D. 行为人没有过错，但造成损害后果的
    E. 根据法律规定推定行为人有过错，行为人不能证明自己没有过错的

第四章　献血法律制度

学习目标

1. 掌握临床用血的法律规定、采供血管理。
2. 熟悉我国的无偿献血制度,采供血和原料血浆的管理规定,违反献血法律制度的责任。
3. 了解献血法的概念,献血法制建设,血站的设置、执业许可和监督管理的法律规定,血液制品的概念,血液制品生产经营单位的管理。
4. 能运用所学献血法律知识,正确处理无偿献血、临床用血过程中出现的法律问题。
5. 具有积极参与无偿献血、发扬救死扶伤的人道主义精神。

　　血液(blood)是生命之源,输血已成为现代医疗的重要手段,在临床医学领域中发挥着拯救生命、治疗疾病的重要作用。现阶段人造血液不能广泛应用,而且价格昂贵。因此,医疗临床用血只能依靠公民献血来解决。血液在采集、储存、使用过程中,如果放松管理、放松检测、放任自流,不仅输血安全难以保障,还会给人类带来灾难。因此,贯彻实施献血法律制度,依法管好血用好血,对于保障献血者和用血者的健康与安全,促进我国血液事业的健康有序发展就显得十分必要。

案例 4-1

某县医院非法采输血导致艾滋病群体感染案

　　2003 年 11 月,某市防疫人员在流行病学调查中发现该市有 13 人感染了艾滋病病毒。经调查发现,致病原因在于该市辖区内的某县医院非法自行采血,致使这 13 人直接或间接因输血感染。在该县医院附近的出租屋里,有一支固定的卖血队伍,约 5 人,他们是医院的移动血库。林某是其中一员,此人 47 岁,HIV 检测呈阳性,1998 年至 2000 年间,在该医院先后与 28 名患者做过交叉配血实验,13 名患者接受过其供血。两人在手术不久后死亡,其余 11 人均被证实感染了艾滋病病毒,其中两人的配偶也出现二代传染,成为艾滋病病人。据悉,这是 1998 年 10 月 1 日《中华人民共和国献血法》实施之后,国内发现的首例因院方非法采血而造成输血感染艾滋病的重大医疗事故。

第一节 概　述

历史长廊

世界献血日

为了鼓励更多的人无偿献血，宣传和促进全球血液安全规划的实施，世界卫生组织、红十字会与红新月会国际联合会、国际献血组织联合会、国际输血协会将 2004 年 6 月 14 日定为第一个世界献血者日。

世界献血日之所以选中这一天，是因为 6 月 14 日是发现 ABO 血型系统的诺贝尔奖获得者卡尔·兰德斯坦纳的生日。

首次"世界献血日"的主题是"献血，赠送生命的礼物。感谢您。"其宗旨在于，通过这一特殊的日子感谢那些拯救数百万人生命的自愿无偿献血者，特别是要感谢那些多次定期捐献血液的人，鼓励更多的人尤其是年轻人，成为合格的经常献血者，在需要拯救生命时提供可使用的最安全的血液。

公民献血是一种无私的奉献，是"我为人人、人人为我"的社会共济行为，是履行社会义务、尊重社会公德、发扬救死扶伤人道主义精神的重要体现。献血制度的完善程度，充分体现了一个国家公民的文化程度、道德水准和社会公德水平。

一、献血法的概念

献血法（blood donation law）是指调整保证临床用血需要与安全，保障献血者和用血者身体健康活动中产生的各种社会关系的法律规范的总称。

二、献血法制建设

我国献血法制建设始于 20 世纪 70 年代后期。为了规范公民献血工作，1978 年，国务院批转了卫生部《关于加强输血工作的请示报告》。但是，由于法规调控功能不足和监督机制不完善，医疗临床用血大部分来自有偿供血或卖血。由于个体供血者血液质量不高，容易引起经血液途径传播疾病的蔓延，致使献血者和受血者的安全与健康受到严重威胁。

1997 年 12 月 29 日，为了确保临床用血安全，第八届全国人大常委会第 29 次会议通过了《中华人民共和国献血法》（以下简称《献血法》），自 1998 年 10 月 1 日起正式施行。此后，原卫生部根据《献血法》制定发布了《血站管理办法（暂行）》（1998 年 9 月）、《医疗机构临床用血管理办法（试行）》（1999 年 1 月）、《临床输血技术规范》（2000 年 6 月）、《单采血浆站基本标准》（2000 年 11 月）等规章。1999 年，原卫生部、中国红十字总会颁布了《全国无偿献血表彰奖励办法》。各省、自治区、直辖市也相继出台了《献血法》地方配套法规，很多地方政府都相继成立了以政府主管领导为组长的献血工作领导小组，把推动无偿献血工作作为政府的责任，纳入议事日程。

2005 年 11 月 17 日，为了确保血液安全，规范血站执业行为，促进血站的建设与发展，原卫生部根据《献血法》制定了《血站管理办法》，自 2006 年 3 月 1 日起施行。

《献血法》及其配套法规的颁布与实施,标志着我国血液事业开始进入全面依法管理的新阶段。对于预防和控制经血液途径传播的疾病,保障献血者和用血者的身体健康,保证医疗用血需要,促进临床科学、合理用血和血液事业的发展具有重要意义。《献血法》实施以来,我国无偿献血事业取得了明显的成绩。自愿无偿献血占临床用血的比例已从1998年的5.5%上升到2009年的99%以上。

第二节 无偿献血的法律规定

案例与思考

案例4-2 17岁棒小伙献血遭拒案

看到同学们前往血站献血,为了表达爱心,小张也一起跑到血站,积极要求献血。经查,小张系中专一年级学生,现年17岁,身高183cm,体重100公斤,血型为O型。血站拒绝了小张的献血请求。

请结合本节学习,思考回答:

1. 血站为什么拒绝小张的献血要求?
2. 应怎样有效开展无偿献血宣传教育工作?

为了保证临床用血安全,很好地解决血液来源问题,国际红十字会组织、世界卫生组织、国际输血协会持续致力于探求合乎社会公德、符合临床医学发展需要的供血方式及政策,并力图从法律的角度使之规范化。1946年,国际红十字会与红新月会提出,血液在战时及平时都具有十分重要的作用,特别强调了供血者提供的血液应当是无代价的。这是最初通过的无偿献血原则。1948年第17次红十字会国际委员会议明确提出,医疗用血应该来自无偿献血者,而患者也应该是无偿地使用血液,即采取无偿献血、免费输血的原则。1973年第22届国际红十字大会指出,出于人道主义动机、志愿的献血、不领取任何报酬的无偿献血,才是血液供需最安全、最有效的道路。1974年世界卫生组织与红十字会联合会召开会议,专门研究了世界范围内存在的买卖血浆问题,指出血浆交易的商品化是影响无偿献血建立的严重阻碍之一。1975年第28届世界卫生年会要求成员国在自愿无偿献血的基础上促进各国血液服务的发展,并颁布有效的法律指导规范本国工作。1981年第24届红十字国际委员会会议通过了《献血与输血的道德规范》,提出血液的捐献在任何情况下都必须是自愿的,不允许给献血人员任何压力,不得给献血人员任何经济利益,要始终鼓励自愿无偿献血,要时刻关心献血人员的健康和安全,只有这样,才能保证受血人员得到有效的治疗。1991年红十字会和红新月会国际联合会第8届大会通过的第34号决议,将自愿无偿献血定义为:"出于自愿提供自身的血液、血浆或其他血液成分而不取任何报酬的人被称为自愿无偿献血者。无论是金钱或礼品都可视为金钱的替代,包括休假和旅游等,而小型纪念品和茶点,以及支付交通费则是合理的。"1995年世界卫生组织亚太地区安全输血会议上作出决议,要求各国政府根据世界卫生组织的决议,促进无偿献血工作的开展,制定有关无偿献血及输血服务政策法规,以提高血液质量和输血安全,继续加强无偿献血的宣传教育,以扩大献血者的数量,在两年内取消有偿献血。

一、我国的无偿献血制度

(一)无偿献血的概念

无偿献血(unpaid blood donation)是指公民向血站自愿、无报酬地提供自身血液的行为。《献血法》规定,我国实行无偿献血制度。无偿献血制度是指达到一定年龄的健康公民向血站自愿地提供自身的血液或某种血液成分用于临床,而不索取任何报酬的制度。

> **知识窗**
>
> #### 献血有损健康吗?
>
> 人体内的血液总量约占体重的 8%,一般成人的血液总量为 4000～5000 毫升,而一次献血 200 毫升仅占总血量的 1/20～1/25。在临床医学实践中,一般对失血量在 600 毫升以下的都不主张输血,可见献血 200 毫升决不会影响身体健康。
>
> 人体内的血液并不都参与血液循环,有 20%～25% 的血液贮存在脾、肝、肺、皮肤等"储血库"内。当人体血液循环需要血液时,这些储血器官会连续不断地释放血液进入血管,参与血液循环。
>
> 亿万人的献血实践证明,献血能促进血液的新陈代谢,使机体内产生出更多更具有生命活力的新鲜血细胞,有利于增强体质,并能降低血液黏稠度,降低患心脑血管疾病的危险性。男性献血还可减少癌症的发生率。

(二)无偿献血的主体

《献血法》规定,国家提倡 18～55 周岁的健康公民自愿献血,国家机关、军队、社会团体、企业事业组织、居民委员会、村民委员会,应当动员和组织本单位或者本居住区的适龄公民参加献血。对献血者,发给国务院卫生主管部门制作的无偿献血证书,有关单位可以给予适当补贴。

"适当补贴"原则上是指少量的、必要的误餐、交通等费用。这与 1991 年红十字会和红新月会国际联合会第 34 号决议关于无偿献血定义的精神是一致的。

鼓励国家工作人员、现役军人和高等学校在校学生率先献血,为树立社会新风尚做表率。各级人民政府和红十字会对积极参加献血和在献血工作中做出显著成绩的单位和个人,给予表彰、奖励。

(三)无偿献血工作的组织领导

无偿献血关系到全体公民,涉及面广。《献血法》规定,地方各级人民政府领导本行政区域内的献血工作,统一规划并负责组织、协调有关部门共同做好献血工作。县级以上各级人民政府卫生主管部门监督管理献血工作。各级红十字会依法参与、推动献血工作。

无偿献血最初是由国际红十字组织倡导的。1959 年在雅典举行的第 25 次红十字会和红新月会协会理事会,要求红十字会与政府密切合作,全力排除血液事业中的营利性组织,将献血作为一种人道主义义务向全民宣传。1981 年第 24 届红十字国际委员会会议重申了组织人民群众自觉参加无偿献血是国际红十字运动的义务。从倡导之初到现在,国际红十字会组织一直在为推动无偿献血工作进行着不懈的努力。

1993 年 10 月 31 日,八届人大常委会第四次会议通过的《中华人民共和国红十字会法》规定,中国红十字会是中华人民共和国统一的红十字组织,是从事人道主义工作的社会救助团体；规定县级以上按行政区域建立地方各级红十字会；并且规定红十字会参与输血献血工作，推动无偿献血。所以，各级红十字会组织应当配合各级政府和卫生主管部门进行无偿献血的宣传、动员和组织工作。

（四）无偿献血工作的宣传教育

各级人民政府要采取措施广泛宣传献血的意义，普及献血的科学知识，开展预防和控制经血液途径传播的疾病的教育。

医疗卫生和教育机构应当利用各种形式和宣传工具进行健康教育，通俗易懂地宣传科学献血无损健康的知识和道理，组织卫生技术人员撰写血液科普知识资料，出版献血宣传读物等。在中小学教材中编入血液生理常识和献血知识，使中小学生从小就懂得科学合理献血无损健康，培养他们献血助人的意识和光荣美德。

无偿献血的宣传是社会公益性宣传。无偿献血制度的推行，需要新闻媒体加大宣传力度，使人民群众逐步改变旧观念，树立无偿献血的社会责任感。无偿献血的宣传不能以谋取利益为目的，要注重社会效益。

二、临床用血的法律规定

案例思考 4-1-1

请结合本节的学习，思考回答：

1. 案例 4-1 中，为什么说某县医院采输血是非法的？
2. 案例 4-1 表明，医院临床用血应遵循哪些技术规范和要求？

为了规范、指导医疗机构科学、合理用血，保护血液资源，保障临床用血安全，2000 年 6 月 1 日，卫生部颁发了《临床输血技术规范》。2012 年 3 月 19 日，卫生部审议通过了《医疗机构临床用血管理办法》，并于 2012 年 8 月 1 日起施行。临床用血相关法律法规的实施，对血液资源加以保护和合理应用，避免了浪费，杜绝不必要的输血。

（一）临床用血的概念

临床用血（clinical use of blood）是指用于临床的全血、成分血。医疗机构不得使用原料血浆，除批准的科研项目外，不得使用脐带血。

（二）临床用血的原则

为了最大限度地发挥血液的功效，根据国际上惯用的做法，《献血法》对医疗机构合理、科学用血提出了具体指导原则，即采用成分输血，也就是首先将采集的血液进行分离，分别储存，然后针对不同患者的不同需要输入血液的不同成分，这样就可以使血液能得以充分的利用，同时还可以减少浪费。成分血的广泛使用，将会剩余大量的血浆，剩余的血浆也不得浪费，要充分利用。为了能更加合理、科学地利用血液，国家鼓励临床用血新技术的研究和推广。

（三）临床用血的管理

1. 临床用血的供给　医疗机构的临床用血，由县级以上人民政府卫生主管部门指定的血站供给。医疗机构临床用血应当制定用血计划，遵循合理、科学的原则，不得浪费和滥用血液。

为保证应急用血，医疗机构可以临时采集血液，但应确保采血用血安全。《医疗机构临床用血管理办法》规定，医疗机构应当制订应急用血工作预案。为保证应急用血，医疗机构可以临时采集血液，但必须同时符合以下条件：①危及患者生命，急需输血；②所在地血站无法及时提供血液，且无法及时从其他医疗机构调剂血液，而其他医疗措施不能替代输血治疗；③具备开展交叉配血及乙型肝炎病毒表面抗原、丙型肝炎病毒抗体、艾滋病病毒抗体和梅毒螺旋体抗体的检测能力；④遵守采供血相关操作规程和技术标准。医疗机构应当在临时采集血液后 10 日内将情况报告县级以上人民政府卫生主管部门。

国家提倡并指导择期手术的患者自身储血，动员家庭、亲友、所在单位以及社会互助献血，以满足临床急救用血的需要。自身储血主要是针对可以择期手术的患者而言的。这种患者在手术前先将自己的血液提前抽出并储存起来，待手术时将自己提前献出的血液再输回自己体内。这样既有利于身体的恢复，又可以保证用血的安全。

2. 临床用血的包装、储存、运输 临床用血质量的优劣与血袋的包装、储存、运输有密切的关系，如血袋的包装未标明采血日期、有效期就将影响临床使用疗效，严重者将直接造成患者死亡。《采供血机构和血液管理办法》及《血站基本标准》规定，采供血机构采集血液必须使用有生产单位名称和批准文号的采血器材，发出的血液必须标有供血者姓名、血型、品种、采血日期、有效期、采供血机构的名称及其许可证。新鲜冰冻血浆储存温度 −20℃以下，全血、红细胞的储藏温度应当控制在 2～6℃，血小板储存温度 20～24℃。储血保管人员应当做好血液储藏温度的 24 小时监测记录。储血环境应当符合卫生标准和要求。

3. 临床用血的核查 医疗机构临床用血核查制度是确保用血者身体健康，预防和控制经血液途径传播疾病的重要环节。《献血法》规定，血液质量的检测是由血站来完成的，医疗机构对血站提供的血液不再进行检测，但必须对临床用血进行核查，不得将不符合国家规定标准的血液用于临床。《医疗机构临床用血管理办法》规定，医疗机构要指定医务人员负责血液的收领、发放工作，要认真核查血袋包装，核查内容如下：①血站的名称及其许可证号；②献血者的姓名（或条形码）、血型；③血液品种；④采血日期及时间；⑤有效期及时间；⑥血袋编号（或条形码）；⑦储存条件。

（四）临床用血的费用

《献血法》规定，公民临床用血时只交付用于血液的采集、储存、分离、检验等血液从采集到提供临床用血的一切消耗成本费用；具体收费标准由国务院卫生主管部门会同国务院价格主管部门制定。

无偿献血者临床需要用血时，免交上述费用。主要是指已履行无偿献血义务公民本人需要用血时，不需支付血液采集、储存、分离、检验等费用，凭本人的"无偿献血证"在医疗机构用血，免交费用程序由地方规定。如无偿献血者因病在其他省用血，临床用血的费用先垫付，然后向献血所在地献血办公室结算。

无偿献血者的配偶和直系亲属临床需要用血时，可以按照省、自治区、直辖市人民政府的规定免交或者减交上述费用。主要是指献血者的配偶、直系亲属临床需要用血时，根据各省、自治区、直辖市用血的规定支付费用。

知识窗

公民临床用血为什么要收费？

公民临床用血收费标准由国家卫生、物价等主管部门共同制定，全国统一。众所周知，血液是由爱心人士无偿捐献的。既然是这样，那么为什么医院却要收取费用呢？

血液是献血者爱心的载体，而爱心是无价的。因此，公民临床用血所交费用并不是血液本身的价格，而是对血液进行检验、分离、制备、储存和运输的费用，以及对不合格的血液进行处理的费用。

公民无偿献出的血液，并不是立即就可以给患者使用，而是需要经过严格的检验、分离、制备、储存和运输过程，这一过程需要大量的费用支出。同时，献血者献出的血液并不是100%合格，对不合格的血液也需要进行焚烧处理，这也需要费用支出。这些费用结合在一起，就构成现在的临床用血费用。

（五）临床输血技术规范

1. 输血申请 医疗机构应当建立临床用血申请管理制度。申请输血应由经治医生逐项填写《临床输血申请单》，由主治医师核准签字，连同受血者血样于预定输血日期前送交输血科（血库）备血。除急救用血外，同一患者一天申请备血量少于800ml的，由具有中级以上专业技术职务任职资格的医师提出申请，上级医师核准签发后，方可备血；同一患者一天申请备血量在800ml至1600ml的，由具有中级以上专业技术职务任职资格的医师提出申请，经上级医师审核，科室主任核准签发后，方可备血；同一患者一天申请备血量达到或超过1600ml的，由具有中级以上专业技术职务任职资格的医师提出申请，科室主任核准签发后，报医务部门批准，方可备血。

临床医师和输血医技人员应严格掌握输血适应证，正确应用成熟的临床输血技术和血液保护技术，包括成分输血和自体输血等。决定输血治疗前，经治医师应向患者或家属说明输同种异体血的不良反应和经血液传播疾病的可能性，征得患者或家属的同意，并在《输血治疗同意书》上签字。《输血治疗同意书》入病历。无家属签字的无自主意识患者的紧急输血，应报医院职能部门或主管领导同意、备案，并记入病历。

术前自身储血由输血科（血库）负责采血和储血，经治医师负责输血过程的医疗监护。手术室的自身输血包括急性等溶性血液稀释，术野自身血回输及术中控制性低血压等医疗技术，由麻醉科医师负责实施。

亲友互助献血由经治医师等对患者家属进行动员，在输血科（血库）填写登记表，到血站或卫生主管部门批准的采血点（室）无偿献血，由血站进行血液的初、复检，并负责调配合格血液。

患者治疗性血液成分去除、血浆置换等，由经治医师申请，输血科（血库）或有关科室参加制定治疗方案并负责实施，由输血科（血库）和经治医师负责患者治疗过程的监护。

对于Rh（D）阴性和其他稀有血型患者，应采用自身输血、同型输血或配合型输血。

新生儿溶血病如需要换血疗法的，由经治医师申请，经主治医师核准，并经患儿家属或者监护人签字同意，由血站和医院输血科（血库）提供适合的血液，换血由经治医师和输血科（血库）人员共同实施。

2. 受血者血样采集与送检 确定输血后，医护人员持输血申请单和贴好标签的试管，当面核对患者姓名、性别、年龄、病案号、病室/门诊、床号、血型和诊断，采集血样。并由医护人员或专门人员及时将受血者血样与输血申请单送交输血科（血库），双方进行逐项核对。

3. 送检与交叉配血 受血者配血实验的血标本必须是输血前3天之内的。

输血科（血库）要逐项核对输血申请单、受血者和供血者血样，复查受血者和供血者ABO

血型(正、反定型),并常规检查患者 Rh(D)血型(急诊抢救患者紧急输血时 Rh(D)检查可除外),正确无误时可进行交叉配血。

凡输注全血、浓缩红细胞、红细胞悬液、洗涤红细胞、冰冻红细胞、浓缩白细胞、手工分离浓缩血小板等患者,应进行交叉配血实验。机器单采浓缩血小板应 ABO 血型同型输注。

凡遇有下列情况必须按《全国临床检验操作规程》有关规定做抗体筛选:交叉配血不合时,对有输血史、妊娠史或短期内需要多次输血者。

两人值班时,交叉配血实验由两人互相核对;一人值班时,操作完毕后自己复核,并填写配血实验结果。

4. 发血 配血合格后,由医护人员到输血科(血库)取血。取血与发血的双方必须共同查对患者姓名、性别、病案号、门急诊/病室、床号、血型有效期及配血实验结果以及保存血的外观等,准确无误时,双方共同签字后方可发出。

凡血袋有下列情形之一的,一律不得发出:①标签破损、字迹不清;②血袋有破损、漏血;③血液中有明显凝块;④血浆呈乳糜状或暗灰色;⑤血浆中有明显气泡、絮状物或粗大颗粒;⑥未动摇时血浆层与红细胞的界面不清或交界面上出现溶血;⑦红细胞层呈紫红色;⑧过期或其他需查证的情况。

血液发出后,受血者和供血者的血样保存于 2~6℃冰箱,至少 7 天,以便对输血不良反应追查原因。血液发出后不得退回。

5. 输血 输血前由两名医护人员核对交叉配血报告单及血袋标签各项内容,检验血袋有无破损渗漏,血液颜色是否正常,准确无误方可输血。

输血时,由两名医护人员带病历共同到患者床边核对患者姓名、性别、年龄、病案号、病室/门诊、床号、血型等。确认与配血报告相符,再次核对血液后,用符合标准的输血器进行输血。

取回的血应尽快输用,不得自行贮血。输用前将血袋内的成分轻轻混匀,避免剧烈震荡。血液内不得加入其他药物,如需稀释,只能用静脉注射生理盐水。

输血前后用静脉注射生理盐水冲洗输血管道。连续输用不同供血者的血液时,前一袋血输尽后,用静脉注射生理盐水冲洗输血器,再接下一袋血继续输注。

输血过程中应先慢后快,再根据病情和年龄调整输注速度,并严密观察受血者有无输血不良反应,如出现异常情况应及时处理:①减慢或停止输血,用静脉注射生理盐水维持静脉通路;②立即通知值班医师和输血科(血库)值班人员,及时检查、治疗和抢救,并查找原因,做好记录。

疑为溶血性或细菌污染性输血反应,应立即停止输血,用静脉注射生理盐水维护静脉通路,及时报告上级医师,在积极治疗抢救的同时,认真按照《临床输血技术规范》的有关规定做好核对检查。

输血完毕后,医护人员将输血记录单(交叉配血报告单)贴在病历中,并将血袋送回输血科(血库)至少保存一天。

第三节　血站管理的法律规定

血站(blood stations)是采集、提供临床用血的机构,是不以营利为目的的公益性组织。为了确保血液安全,规范血站执业行为,促进血站的建设与发展,2005 年 11 月 17 日,卫生部根据《献血法》制定颁布了《血站管理办法》，自2006年3月1日起施行。采供血活动具有很强的专业性和责任性，必须在地方各级政府的支持和管理下依法进行。

一、血站的设置和执业许可

（一）血站的设置

各省、自治区、直辖市人民政府卫生主管部门要根据国家卫生和计划生育委员会制定的采供血机构设置规划指导原则，结合本行政区域人口、医疗资源、临床用血需要等实际情况和当地区域卫生发展规划，制定本行政区域血站设置规划。

血站分为一般血站和特殊血站。一般血站包括血液中心、中心血站和中心血库。特殊血站包括脐带血造血干细胞库和国家卫生和计划生育委员会根据医学发展需要批准设置的其他类型血库。

血液中心应当设置在省会市、直辖市、自治区首府，中心血站应当设置在设区的市，中心血库应当设在县及县级市。血液中心或中心血站因采供血需要，经省、自治区、直辖市人民政府卫生主管部门批准，在辖区内可设分站或采血点（室），隶属于血液中心或中心血站。

中心血库设置在中心血站服务覆盖不到的县级综合医院内。其主要职责是，按照省级人民政府卫生主管部门的要求，在规定的范围内开展无偿献血者的招募、血液的采集与制备、临床用血供应以及医疗用血业务指导工作。

同一行政区域内不得重复设置血液中心和中心血站。设立血站向公民采集血液，必须经国务院卫生主管部门或者省、自治区、直辖市人民政府卫生主管部门批准。血液中心、中心血站和中心血库的设置由所在地卫生主管部门初审后，报省、自治区、直辖市人民政府卫生主管部门审核批准。

申请设置脐带血造血干细胞库等特殊血站的，应当按照国家卫生和计划生育委员会规定的条件，向所在地省级卫生主管部门申请。省级人民政府卫生主管部门组织初审后报国家卫生和计划生育委员会，国家卫生和计划生育委员会按照申请的先后次序进行审批。

（二）血站的执业许可

血站开展采供血活动，应当向所在省、自治区、直辖市人民政府卫生主管部门申请办理执业登记，取得《血站执业许可证》。没有取得《血站执业许可证》的，不得开展采供血活动。

血站申请办理执业登记必须填写《血站执业登记申请书》。省级人民政府卫生主管部门在受理血站执业登记申请后，应当组织有关专家或者委托技术部门，根据《血站质量管理规范》和《血站实验室质量管理规范》，对申请单位进行技术审查，并提交技术审查报告。

省级人民政府卫生主管部门应当在接到专家或者技术部门的技术审查报告后二十日内对申请事项进行审核。审核合格的，予以执业登记，发给国家卫生和计划生育委员会统一样式的《血站执业许可证》及其副本。

有下列情形之一的，不予执业登记：①《血站质量管理规范》技术审查不合格的；②《血站实验室质量管理规范》技术审查不合格的；③血液质量检测结果不合格的。执业登记机关对审核不合格、不予执业登记的，将结果和理由以书面形式通知申请人。

《血站执业许可证》注册登记的有效期为三年，有效期满前三个月，血站应当办理再次执业登记，并提交《血站再次执业登记申请书》及《血站执业许可证》。

省级人民政府卫生主管部门应当根据血站业务开展和监督检查情况进行审核，审核合格的，予以继续执业。未通过审核的，责令其限期整改；经整改仍审核不合格的，注销其《血站执业许可证》。

未办理再次执业登记手续或者被注销《血站执业许可证》的血站，不得继续执业。

二、采供血管理

（一）采血管理

课堂讨论

血站能否采集小张的血液？

小张 18 岁生日当天，他去血站无偿献血 400 毫升作为自己的生日礼物。献血图片发到朋友圈里，引来无数好友的点赞，小张感到很自豪。5 个月后，小张学校所在地突发意外事故，大批伤员需要救治，血站 O 型血告急。考虑到距离上次献血还差 15 天就满 6 个月了，再加上自己年轻，身体素质好，小张跑到血站要求再次献血。

讨论：血站能否采集小张的血液？为什么？

采血（blood collected）是以采血器材与人体发生直接接触的活动，对这一活动各个环节进行严格规范和管理，是保障献血者的身体健康，保证血液质量以及用血者用血安全的重要前提。《献血法》规定，血站采血必须严格遵守各项技术操作规程和制度，必须由具有采血资格的医务人员进行。所谓资格是指进行采血的人员必须是经过专业技术培训的，有相关学历文凭和经过资格认定的医务工作者。

血站在采血前，必须对献血者按照《献血者健康检查标准》进行免费健康检查，健康检查不合格的，不得采集其血液。

血站对献血者每次采集血液量一般为 200 毫升，最多不得超过 400 毫升，两次采集间隔期不少于六个月，严禁对献血者超量、频繁采集血液。

血站采集血液后要建立献血档案，记录献血者的姓名、性别、出生日期、血型、献血日期、单位或地址、采血者签字，并加盖该血站采血专用章。严禁采集冒名顶替者的血液。

血站采集血液后，对献血者发给国务院卫生主管部门制作的《无偿献血证》，任何单位和个人不得伪造、涂改、出卖、转让和出售《无偿献血证》。

血站对采集的血液，必须严格按照《献血者健康检查标准》的有关规定进行检验，检验项目不合格的，按照有关规定处理。

血站在采集检验标本、采集血液和成分血分离时，必须使用有生产单位名称、生产标准文号和有效期的一次性注射器和采血器材，用后必须按规定及时销毁并作记录，避免交叉感染。

血站应当根据医疗机构的用血计划，积极开展成分血制备，并指导临床上推广应用成分血。血站不得单采原料血浆。

血站各业务岗位工作记录应当内容真实、项目完整、格式规范、字迹清楚、记录及时，有操作者签名。记录内容需要更改时，应当保持原记录内容清晰可辨，注明更改内容、原因和日期，并在更改处签名。

献血、检测和供血的原始记录必须保存十年。血液检验（复验）的全血标本的保存期应当在全血有效期内，血清标本的保存有效期在全血有效期满后半年。

（二）供血管理

《献血法》规定，无偿献血的血液必须应用于临床，不得买卖。血站、医疗机构不得将无偿献血的血液出售给单采血浆站或者血液制品生产单位。

血站应当保证发出的血液质量符合国家有关标准，其品种、规格、数量、活性、血型无差错；未经检测或者检测不合格的血液，不得向医疗机构提供。

血液的包装、储存、运输必须符合《血站基本标准》的要求。血液包装袋上必须注明：①血站名称及其许可证号；②献血编号或者条形码；③血型；④血液品种；⑤采血日期及时间或者制备日期及时间；⑥有效日期及时间；⑦储存条件。

特殊血型的血液需要从外省、自治区、直辖市调配的，由省级人民政府卫生主管部门批准。

因科研或者特殊需要而进行血液调配的，由省级人民政府卫生主管部门批准。

出于人道主义、救死扶伤的目的，需要向中国境外医疗机构提供血液及特殊血液成分的，应当严格按照有关规定办理手续。

三、监督管理

（一）职责划分

1. 县级以上人民政府卫生主管部门　县级以上人民政府卫生主管部门对采供血活动履行下列职责：①负责制定临床用血储存、配送管理办法，并监督实施；②对下级卫生主管部门履行血站管理职责进行监督检查；③对辖区内血站执业活动进行日常监督检查，并组织开展对采供血质量的不定期抽检；④对辖区内临床供血活动进行监督检查；⑤对违反《血站管理办法》的行为依法进行查处。

2. 省级人民政府卫生主管部门　省级以上人民政府卫生主管部门应当对本辖区内的血站执行有关规定情况和无偿献血比例、采供血服务质量、业务指导、人员培训、综合质量评价技术能力等情况进行评价及监督检查，并按照国家卫生和计划生育委员会的有关规定将结果上报，同时向社会公布。

3. 国家卫生和计划生育委员会　国家卫生和计划生育委员会定期对血液中心执行有关规定情况和无偿献血比例、采供血服务质量、业务指导、人员培训、综合质量评价技术能力等情况以及脐带血造血干细胞库等特殊血站的质量管理状况进行评价及监督检查，并将结果向社会公布。

（二）履职要求

1. 一般要求　卫生主管部门在进行监督检查时，有权索取有关资料，血站不得隐瞒、阻碍或者拒绝。卫生主管部门对血站提供的资料负有保密的义务，法律、行政法规或者部门规章另有规定的除外。

2. 禁止行为　卫生主管部门和工作人员在履行职责时，不得有以下行为：①对不符合法定条件的，批准其设置、执业登记或者变更登记，或者超越职权批准血站设置、执业登记或者变更登记；②对符合法定条件和血站设置规划的，不予批准其设置、执业登记或者变更登记，或者不在法定期限内批准其设置、执业登记或者变更登记；③对血站不履行监督管理职责；④其他违反《血站管理办法》的行为。

第四节 血液制品管理的法律规定

1996年12月30日，为了加强血液制品管理，预防和控制经血液途径传播的疾病，保证血液制品的质量，根据《药品管理法》和《传染病防治法》，国务院制定了《血液制品管理条例》，并于发布之日起施行。

一、血液制品的概念

血液制品（blood products）是特指各种人血浆蛋白制品。血液制品的原料是血浆，人血浆中有92%～93%是水，仅有7%～8%是蛋白质，血液制品就是从这部分蛋白质分离提纯的。

二、原料血浆的管理

原料血浆是指由单采血浆站采集的专用于血液制品生产原料的血浆。国家实行单采血浆站统一规划、设置的制度。

（一）单采血浆站的设置

国务院卫生主管部门根据核准的全国生产用原料血浆的需求，对单采血浆站的布局、数量和规模制定总体规划。省、自治区、直辖市人民政府卫生主管部门根据总体规划制定本行政区域内单采血浆站设置规划和采集血浆的区域规划，并报国务院卫生主管部门备案。

单采血浆站由血液制品生产单位设置或者由县级人民政府卫生主管部门设置，专门从事单采血浆活动，具有独立法人资格。其他任何单位和个人不得从事单采血浆活动。

设置单采血浆站，必须具备下列条件：①符合单采血浆站布局、数量、规模的规划；②具有与所采集原料血浆相适应的卫生专业技术人员；③具有与所采集原料血浆相适应的场所与卫生环境；④具有识别供血浆者的身份识别系统；⑤具有与所采集原料血浆相适应的单采血浆机械及其他设施；⑥具有对所采集原料血浆进行质量检验的技术人员及其必要的仪器设备。

在一个采血浆区域内，只能设置一个单采血浆站。申请设置单采血浆站的，由县级人民政府卫生主管部门初审，经设区的市、自治州人民政府卫生主管部门或者省、自治区人民政府设立的派出机关的卫生主管机构审查同意，报省、自治区、直辖市人民政府卫生主管部门审批；经审查符合条件的，由省、自治区、直辖市人民政府卫生主管部门核发《单采血浆许可证》，并报国务院卫生主管部门备案。

一个单采血浆站只能对省、自治区、直辖市人民政府卫生主管部门划定区域内的供血浆者进行筛查和采集血浆。严禁单采血浆站采集非规定区域内的供血浆者和其他人员的血浆。

（二）原料血浆的采集

1. 健康检查 单采血浆站必须对供血浆者进行健康检查；检查合格的，由县级人民政府卫生主管部门核发《供血浆证》。单采血浆站在采集血浆前，必须对供血浆者进行身份识别并核实其《供血浆证》，确认无误的，方可按照规定程序进行健康检查和血液化验；对检查、化验合格的，按有关技术操作标准及程序采集血浆，并建立供血浆者健康检查及供血浆记录档案；对检查、化验不合格的，由单采血浆站收缴《供血浆证》，并由所在地县级人民政府卫生主管部门监督销毁。严禁采集无《供血浆证》者的血浆。

2. 血浆采集　单采血浆站必须使用单采血浆机采集血浆，严禁手工操作采集血浆。采集的血浆必须按单人份冰冻保存，不得混浆。单采血浆站必须使用有产品批准文号并经国家药品、生物制品检定机构逐批检定合格的体外诊断试剂以及合格的一次性采血浆器材。采集血浆器材等一次性消耗品使用后，必须按照国家有关规定予以销毁，并做好记录。

3. 血浆供应　单采血浆站采集的原料血浆必须按照国家规定的卫生标准和要求进行包装、储存、运输，且只能向一个与其签订质量责任书的血液制品生产单位供应原料血浆，严禁向其他任何单位供应原料血浆。严禁单采血浆站采集血液或者将其所采集的原料血浆用于临床。国家禁止出口原料血浆。

4. 报告制度　单采血浆站应当每半年向所在地的县级人民政府卫生主管部门报告有关原料血浆采集情况，同时抄报设区的市、自治州人民政府卫生主管部门或者省、自治区人民政府设立的派出机关的卫生主管机构及省、自治区、直辖市人民政府卫生主管部门。省、自治区、直辖市人民政府卫生主管部门应当每年向国务院卫生主管部门汇总报告本行政区域内原料血浆的采集情况。

三、血液制品生产经营单位的管理

血液制品生产经营机构必须具备国家规定的条件，才能生产经营血液制品，并在血液制品的生产经营过程中严格遵守《血液制品管理条例》的有关规定。

（一）血液制品生产经营机构的设置

新建、改建或者扩建血液制品生产单位，经国务院卫生主管部门根据总体规划进行立项审查同意后，由省、自治区、直辖市人民政府卫生主管部门依照药品管理法的规定审核批准。

血液制品生产单位必须达到国务院卫生主管部门制定的《药品生产质量管理规范》规定的标准，经国务院卫生主管部门审查合格，并依法向工商行政管理部门申领营业执照后，方可从事血液制品的生产活动。

严禁血液制品经营单位出让、出租、出借以及与他人共用《药品生产企业许可证》和产品批准文号。

开办血液制品经营单位，由省、自治区、直辖市人民政府卫生主管部门审核批准。血液制品经营单位应当具备与所经营的产品相适应的冷藏条件和熟悉所经营品种的业务人员。

（二）血液制品的生产经营管理

血液制品生产单位生产国内已经生产的品种，必须向国务院卫生主管部门申请产品批准文号。国内尚未生产的品种，必须按照国家有关新药审批的程序和要求申报。

严禁血液制品生产单位出让、出租、出借以及与他人共用《药品生产企业许可证》和产品批准文号。

血液制品生产单位不得向无《单采血浆许可证》的单采血浆站或者未签订质量责任书的单采血浆站及其他任何单位收集原料血浆，也不得向其他任何单位供应原料血浆。

血液制品生产单位在原料血浆投料生产前，必须使用有产品批准文号并经国家药品生物制品检定机构逐批检定合格的体外诊断试剂，对每一人份血浆进行全面复检，并作检测记录。

原料血浆经复检不合格的，不得投料生产，并必须在省级药品监督下按照规定程序和方法予以销毁，并作记录。原料血浆经复检发现有经血液途径传播的疾病的，必须通知供应血浆的单采血浆站，并及时上报所在地省、自治区、直辖市人民政府卫生主管部门。

血液制品出厂前，必须经过质量检验；经检验不符合国家标准的，严禁出厂。

血液制品生产经营单位生产、包装、储存、运输、经营血液制品，应当符合国家规定的卫生标准和要求。

（三）血液制品的监督管理

县级以上地方各级人民政府卫生主管部门负责本行政区域内的单采血浆站、供血浆者、原料血浆的采集及血液制品生产经营单位的监督管理。

省、自治区、直辖市人民政府卫生主管部门依照本条例的规定负责本行政区域内的血液制品生产单位的监督管理。

县级以上地方各级人民政府卫生主管部门的监督人员执行职务时，可以按照国家有关规定抽取样品和索取有关资料，有关单位不得拒绝和隐瞒。

省、自治区、直辖市人民政府卫生主管部门每年组织一次对本行政区域内单采血浆站的监督检查并进行年度注册。

设区的市、自治州人民政府卫生主管部门或者省、自治区人民政府设立的派出机关的卫生主管机构每半年对本行政区域内的单采血浆站进行一次检查。

国家药品生物制品检定机构及国务院卫生主管部门指定的省级药品检验机构，应当依法对血液制品生产单位生产的产品定期进行检定。

国务院卫生主管部门负责全国进出口血液制品的审批及监督管理。

第五节 法律责任

案例思考 4-1-2

请结合本节的学习，思考回答：

案例 4-1 中，医院应该承担什么责任？

无偿献血是一种高尚的行为，应当得到社会的肯定和褒扬，所以献血法规定对无偿献血者发给国务院卫生主管部门制作的无偿献血证，并可给予适当的奖励。同时，对违反献血法有关规定的，视情节轻重，分别承担行政责任、民事责任和刑事责任。

一、行政责任

《献血法》规定，有下列行为之一的，由县级以上人民政府卫生主管部门予以取缔，没收违法所得，可以并处 10 万元以下罚款：①非法采集血液的；②血站、医疗机构出售无偿献血的血液的；③非法组织他人出卖血液的。

血站违反有关操作规程和制度采集血液，由县级以上地方人民政府卫生主管部门责令改正；给献血者健康造成损害的，对直接责任的主管人员和其他直接责任人员，依法给予行政处分。

临床用血的包装、储存、运输，不符合国家规定的卫生标准和要求的，由县级以上人民政府卫生主管部门责令改正，给予警告，可以并处 1 万元以下罚款。

血站违反《献血法》规定，向医疗机构提供不合格血液的，由县级以上地方人民政府卫生主管部门责令改正；情节严重，造成经血液途径传播的疾病传播或者有传播危险的，限期整顿,对直接责任的主管人员和其他直接责任人员,依法给予行政处分。

医疗机构违反《献血法》规定,将不符合卫生标准的血液用于患者,给患者造成损害的,对直接责任的主管人员和其他直接责任人员,依法给予行政处分。

卫生主管部门及其工作人员在献血、用血监督管理工作中玩忽职守,尚未构成犯罪的,依法给予行政处分。

二、民事责任

《献血法》规定,血站违反有关操作规程和制度采集血液,给献血者健康造成损害的;医疗机构的医务人员违反《献血法》规定,将不符合国家规定标准的血液用于患者,给患者健康造成损害的,应当依法赔偿。

三、刑事责任

《献血法》规定,非法采集血液的,血站、医疗机构出售无偿献血的血液,非法组织他人出卖血液;血站违反有关操作规程和制度采集血液,给献血者健康造成损害的;血站向医疗机构提供不合格血液,情节严重,造成经血液途径传播的疾病传播或者有传播危险的;医疗机构将不符合卫生标准的血液用于患者,给患者造成损害的;卫生主管部门及其工作人员在献血、用血监督管理工作中玩忽职守构成犯罪的,依法追究刑事责任。

(涂俊礼)

自测题

1. 下列有关献血的说法正确的是
   A. 献血后身体再也不会有以前那么多血液了
   B. 血液可以再生,但需要很长时间
   C. 献血后一般几个小时人的血容量就会达到正常水平
   D. 献血后要注意进补,否则很难恢复
   E. 健康人定期献血,不会影响身体健康

2. 《中华人民共和国献血法》是经第八届全国人大常委会第29次会议通过的,通过的时间是
   A. 1996年12月29日　　　　B. 1997年12月29日
   C. 1997年10月1日　　　　D. 1998年12月29日
   E. 1998年10月1日

3. 对无偿献血者要发给无偿献血证书。负责制作无偿献血证书的部门是
   A. 各省、自治区、直辖市卫生厅(局)　B. 血液中心
   C. 中国输血协会　　　　D. 各省输血协会
   E. 国务院卫生主管部门

4. 国家机关、军队、社会团体、企事业单位、居民委员会和村民委员会应承担的献血动员和组织工作是
   A. 应当按政府有关部门分配的献血指标组织适龄公民参加献血
   B. 应当广泛宣传、号召本单位或者本居住区的适龄公民参加献血

C. 应当动员和组织身边不愿意献血的适龄公民参加献血

D. 应当动员和组织本单位或者本居住区的适龄公民参加献血

E. 应当对本单位或者本居住区的适龄公民进行健康教育

5. 我国在《献血法》实施以后实行的献血制度是

　　A. 个体供血制度　　　　　　　　B. 义务献血制度

　　C. 有偿献血制度　　　　　　　　D. 自愿献血制度

　　E. 无偿献血制度

6. 对有关单位可以给予献血者"适当补贴"的正确理解是

　　A. "适当补贴"指的是可以组织献血者休假、旅游等

　　B. "适当补贴"指的是少量的、必要的误餐、交通等费用

　　C. "适当补贴"指的是单位里没有献血的人凑钱给献血者

　　D. "适当补贴"指的是可以给献血的人发放礼品

　　E. "适当补贴"应视为可以给一定的现金补贴

7. 血站对献血者每次采集的血液量应该是

　　A. 每次采集血液量至少为200ml，一般为400ml

　　B. 每次采集血液量一般为200ml，最高不得超过400ml

　　C. 每次采集血液量至少为400ml，健康状况不佳时可200ml

　　D. 每次采集血液量一般为400ml，最高不得超过600ml

　　E. 每次采集血液量一般为200ml，身体健康者可以超过400ml

8. 血站对献血者两次采集血液（全血）的间隔期是

　　A. 两次采集血液的间隔期不少于1个月

　　B. 两次采集血液的间隔期不少于3个月

　　C. 两次采集血液的间隔期不少于4个月

　　D. 两次采集血液的间隔期不少于5个月

　　E. 两次采集血液的间隔期不少于6个月

9. 国家鼓励部分公民率先献血，为树立社会新风尚作表率。下列属于《献血法》规定的，国家鼓励率先献血公民是

　　A. 参加工作的人员　　　　　　　B. 现役军人

　　C. 在校学生　　　　　　　　　　D. 青壮年

　　E. 中共党员

10. 《献血法》规定的，健康公民自愿献血的年龄段是

　　A. 18周岁至55周岁　　　　　　　B. 18周岁至60周岁

　　C. 18周岁至65周岁　　　　　　　D. 16周岁至55周岁

　　E. 16周岁至60周岁

11. 为保障公民临床急救用血的需要，下列说法正确的是

　　A. 国家提倡并指导择期手术患者自身储血

　　B. 国家要求所有需手术的患者尽量自身储血

　　C. 国家希望家庭、亲友所在单位以及社会为需要手术的患者自愿献血

　　D. 国家要求所有需手术的患者家庭、亲友等互助献血

　　E. 国家动员全体公民互助献血

12. 特殊血站包括

    A. 血液中心   B. 脐带血造血干细胞库

    C. 中心血站   D. 基层血站

    E. 中心血库

13. 有关无偿献血的血液使用问题,下列说法正确有

    A. 无偿献血的血液可用于临床和其他商业用途

    B. 无偿献血的血液用不完的话,可以用来制作血液制品,避免浪费

    C. 无偿献血的血液必须用于临床,不得买卖

    D. 无偿献血的血液经批准可以出售给单采血浆站或者血液制品生产单位

    E. 无偿献血的血液,在不影响本地区临床使用的前提下,血站可以发扬国际主义精神,无偿支援其他国家

14. 献血法律法规要求,血清标本的保存有效期在全血有效期满后

    A. 三个月   B. 半年   C. 一年

    D. 两年   E. 十年

15. 新鲜冰冻血浆储存温度是

    A. $-20℃$ 以下   B. $-70℃$ 以下   C. $20\sim24℃$

    D. $-30℃$ 以下   E. $20℃$ 以下

16. 除急救用血外,申请用血 1600ml 以上正确审批程序是

    A. 患者→经治医师→输血科

    B. 经治医师→科室主任→医务部门

    C. 中级以上任职资格医师→上级医师

    D. 中级以上任职资格医师→上级医师→科室主任

    E. 中级以上职称医师→科室主任→医务部门

17. 为了表达爱心,看到同学们积极前往血站献血,小张也一块跑到血站,结果被拒绝了。经查,小张系中专一年级学生,现年 17 岁,身高 183cm,体重 100 公斤,血型为 O 型。他被血站拒绝的原因是

    A. 未满 18 周岁   B. 年级太低

    C. 体重超标   D. 血站暂不需要 O 型血

    E. 学生身份

18. 患者沈女士,诊断为妊娠 7 月,贫血待查(重度贫血)。输 A 型全血 400ml,无不良反应,自觉输血后头晕、心慌大有好转。夜班医生再给患者输全血 400ml,输入 100ml 左右时,患者诉胸闷、头痛、干咳,坐起来好受些。下列处置**不正确**的是

    A. 停止输血,对症处理

    B. 将输血速度适当加快,以便尽早结束输血

    C. 详细填写输血反应反馈信息卡连同血袋一并送回输血科(血库)保存、备查

    D. 疑为溶血性或细菌污染性输血反应时,应立即停止输血,用静脉注射生理盐水维护静脉通路

    E. 余血送回输血科复查血型、交叉配血、做血培养

19. 2006 年 12 月 3 日早晨,某县农民李某在家人陪同下,来到乡卫生院待产。剖腹产手术结束几分钟之后,患者出现了产后大出血,需要尽快输血。医生张某于当天晚上开了

一张血型化验单。就在这张血型化验单上清清楚楚地写着是 B 型血。但是家属从头到尾都守在手术室的门口，医生和化验员到底是何时进行抽血化验的，他们没看见，也不知道。确定输血后，下列处置措施中存在问题的是

  A. 情况紧急，救命要紧，输血审批能简化程序就简化程序

  B. 由经治医师填写输血申请单，按程序审批

  C. 持输血申请单和贴好标签的试管，当面核对患者姓名、性别、年龄、病案号、病室/门诊、床号、血型和诊断，采集血样

  D. 由医护人员或专门人员及时将受血者血样与输血申请单送交输血科（血库）

  E. 由医护人员或专门人员与输血科（血库）工作人员共同逐项核对受血者血样与输血申请单

  20. 某市防疫人员在流行病学调查中发现该市有 13 人感染了艾滋病病毒。经调查发现，致病原因在于该市辖区内的某县医院非法自行采血，致使这 13 人直接或间接因输血感染。下列有关医疗机构应急用血条件，**不正确**的是

  A. 危及患者生命，急需输血

  B. 所在地血站无法及时提供血液，且无法及时从其他医疗机构调剂血液，而其他医疗措施不能替代输血治疗

  C. 具备开展交叉配血及乙型肝炎病毒表面抗原、丙型肝炎病毒抗体、艾滋病病毒抗体和梅毒螺旋体抗体的检测能力

  D. 遵守采供血相关操作规程和技术标准

  E. 医疗机构应当在临时采集血液后三日内将情况报告县级以上人民政府卫生主管部门

第五章　传染病防治法律制度

学习目标

1. 掌握法定管理的传染病病种，传染病预防和控制以及疫情的报告、通报和公布的法律规定，艾滋病防治原则、预防与控制的法律规定。
2. 熟悉艾滋病防治宣传教育、救助与治疗规定，违反传染病防治法律制度的责任。
3. 了解传染病防治法的概念、立法宗旨、原则和适用范围；传染病防治法监督的法律规定。
4. 能运用传染病防治法律知识向患者和公众进行传染病的防控宣传与教育。
5. 具有传染病防治法律意识，自觉地遵守传染病防治法律法规。

案例 5-1

2014 年广东省出现人感染 H7N9 禽流感死亡案例

患者林大爷，66 岁，现住梅州市梅江区，有严重的肾病综合征病史，2014 年 12 月 3 日死亡。梅州市疾控中心和省疾控中心 12 月 6 日在常规流感监测样本中检出 H7N9 禽流感病毒阳性。按有关诊断标准，对该患者增加补充诊断为人感染 H7N9 禽流感病例。12 月 7 日，广东省卫生与计划生育委员会通报，这是广东省首例 H7N9 死亡病例。

传染病（infectious diseases）是由于病原性细菌、病毒、立克次体和原虫等引起的，能在人与人、动物与动物或人与动物之间互相传播的一类疾病。由于这类疾病具有传染性、流行性和反复性等特点，因而发病率高，对人类的威胁和危害极大。世界历史上曾出现 3 次鼠疫大流行，夺去了 1.4 亿多人的生命，因此加强对传染病的防治事关人类种族的兴衰。

第一节　概　　述

案例思考 5-1-1

请结合本节的学习，思考回答：

案例 5-1 中，人感染 H7N9 禽流感是哪一类传染病？

一、传染病防治法的概念、立法宗旨和原则

（一）传染病防治法的概念

传染病防治法（infectious diseases prevention and control law）是指调整预防、控制和消除传染病的发生与流行、保障人体健康和公共卫生活动中所产生的各种社会关系的法律规范的总和。

为了预防、控制和消灭各类传染病的发生和流行，保障人民身体健康，1989 年 2 月 21 日七届全国人大常委会 6 次会议通过了《中华人民共和国传染病防治法》（以下简称《传染病防治法》），同年 9 月 1 日开始施行；1991 年 12 月 6 日国务院卫生主管部门发布并施行《中华人民共和国传染病防治法实施办法》（以下简称《实施办法》）。2004 年 8 月 8 日十届全国人大常委会 11 次会议修订了《中华人民共和国传染病防治法》，自 2004 年 12 月 1 日起施行。

（二）传染病防治法的立法宗旨和基本原则

1. 立法宗旨 为了预防、控制和消除传染病的发生与流行，保障人体健康和公共卫生。

2. 基本原则 国家对传染病防治实行预防为主的方针，防治结合、分类管理、依靠科学、依靠群众。

各级人民政府领导传染病防治工作。各级疾病预防控制机构承担传染病监测、预测、流行病学调查、疫情报告以及其他预防、控制工作。

二、传染病防治法的适用范围

中华人民共和国领域内的一切单位和个人，必须接受疾病预防控制机构、医疗机构有关传染病的调查、检验、采集样本、隔离治疗等预防控制措施，如实提供有关情况。根据我国法律法规和国际惯例，所有驻中国的外国使、领馆人员必须遵守我国传染病防治法的规定，没有传染病防治方面的豁免权。

三、法定管理的传染病病种

我国将发病率较高、流行面较大，危害严重的 39 种急性和慢性传染病列为法定管理传染病，并根据其传播方式、速度及其对人类危害程度分为甲、乙、丙三类：

（一）甲类传染病

我国法律规定的甲类传染病（A class of infectious disease）是：鼠疫、霍乱。

（二）乙类传染病

我国法律规定的乙类传染病（B class infectious diseases）主要有：传染性非典型肺炎、艾滋病、病毒性肝炎、脊髓灰质炎、人感染高致病性禽流感、麻疹、流行性出血热、狂犬病、流行性乙型脑炎、登革热、炭疽、细菌性和阿米巴性痢疾、肺结核、伤寒和副伤寒、流行性脑脊髓膜炎、百日咳、白喉、新生儿破伤风、猩红热、布鲁菌病、淋病、梅毒、钩端螺旋体病、血吸虫病、疟疾、人感染 H7N9 禽流感。

（三）丙类传染病

我国法律规定的丙类传染病（C class infectious diseases）主要有：流行性感冒、流行性腮腺炎、风疹、急性出血性结膜炎、麻风病、流行性和地方性斑疹伤寒、黑热病、包虫病、丝虫病、除霍乱、细菌性和阿米巴性痢疾、伤寒和副伤寒以外的感染性腹泻病、手足口病。

上述规定以外的其他传染病，根据其暴发、流行情况和危害程度，需要列入乙类、丙类

传染病的,由国务院卫生主管部门决定予以公布。

对乙类传染病中传染性非典型肺炎和炭疽中的肺炭疽,采取本法所称甲类传染病的预防、控制措施。其他乙类传染病和突发原因不明的传染病需要采取甲类传染病的预防、控制措施的,由国务院卫生主管部门及时报经国务院批准后予以公布、实施。省、自治区、直辖市人民政府对本行政区域内常见、多发的其他地方性传染病,可以根据情况,决定按照乙类或者丙类传染病管理予以公布,报国务院卫生主管部门备案。

📖 知识窗

国务院卫生主管部门对法定管理传染病作出调整

2008 年 5 月 2 日卫生部根据《中华人民共和国传染病防治法》有关规定,将手足口病列入《中华人民共和国传染病防治法》规定的丙类传染病进行管理。

2009 年 4 月 30 日卫生部将甲型 H1N1 流感(原称人感染猪流感)纳入《中华人民共和国传染病防治法》规定的乙类传染病,并采取甲类传染病的预防、控制措施。

2013 年 10 月 28 日国家卫生和计划生育委员会根据《中华人民共和国传染病防治法》相关规定,对部分法定传染病病种作出调整:将人感染 H7N9 禽流感纳入法定乙类传染病;将甲型 H1N1 流感从乙类调整为丙类,并纳入现有流行性感冒进行管理;解除对人感染高致病性禽流感采取的传染病防治法规定的甲类传染病预防、控制措施。

第二节　传染病预防和控制的法律规定

🧪 案例思考 5-1-2

请结合本节的学习,思考回答:

1. 案例 5-1 中,如果医疗机构接诊了此类病人,应怎样进行疫情报告?

2. 该案例中,如果医疗机构接诊此类患者后,应怎样进行控制和救治?

3. 该案例中,疾病预防控制部门履行了怎样的法定职责?

一、传染病的预防

我国对传染病坚持预防为主的方针,传染病防治法对传染病预防(prevention of infectious diseases)规定了一系列的措施和办法。

(一)开展健康教育、专业培训普及传染病防治知识

开展健康教育,大力普及传染病防治知识,使群众掌握预防传染病和识别传染病的知识,养成良好的卫生习惯,是减少传染病发生及早发现传染病的重要环节。因此,各级人民政府应组织开展群众性卫生活动,进行预防传染病的健康教育,倡导文明健康的生活方式,提高公众对传染病的防治意识和应对能力。新闻媒体应当无偿开展传染病防治和公共卫生教育的公益宣传。各级各类学校应当对学生进行健康知识和传染病预防知识的教育。

(二)建立传染病监测和预警制度

1. 国家建立传染病监测制度　国务院卫生主管部门制定国家传染病监测规划和方案。

省级卫生主管部门根据国家传染病监测规划和方案,制定本行政区域的传染病监测计划和工作方案。各级疾病预防控制机构对传染病的发生、流行以及影响其发生、流行的因素,进行监测;对国外发生、国内尚未发生的传染病或者国内新发生的传染病,进行监测。

2. 国家建立传染病预警制度 国务院卫生主管部门和省、自治区、直辖市人民政府根据传染病发生、流行趋势的预测,及时发出传染病预警,根据情况予以公布。

(三)建立传染病菌(毒)种管理制度

我国法律关于传染病菌(毒)种(infectious germs[drug])管理的规定,主要有以下内容:

1. 分类管理

一类:鼠疫耶尔森菌、霍乱弧菌;天花病毒、艾滋病病毒。

二类:布氏菌、炭疽菌、麻风杆菌、肝炎病毒、狂犬病毒、出血热病毒、登革热病毒;斑疹伤寒立克次体。

三类:脑膜炎双球菌、链球菌、淋病双球菌、结核杆菌、百日咳嗜血杆菌、白喉棒状杆菌、沙门菌、志贺菌、破伤风梭状杆菌;钩端螺旋体、梅毒螺旋体;乙型脑炎病毒、脊髓灰质炎病毒、流感病毒、流行性腮腺炎病毒、麻疹病毒、风疹病毒。

2. 保藏、携带和运输管理

管理规定有:①菌(毒)种的保藏由国务院卫生主管部门指定的单位负责。②一、二类菌(毒)种的供应由国务院卫生主管部门指定的保藏管理单位供应。三类菌(毒)种由设有专业实验室的单位或者国务院卫生主管部门指定的保藏管理单位供应。③使用一类菌(毒)种的单位,必须经国务院卫生主管部门批准;使用二类菌(毒)种的单位必须经省级政府卫生主管部门批准;使用三类菌(毒)种的单位,应当经县级政府卫生主管部门批准。④一、二类菌(毒)种,应派专人向供应单位领取,不得邮寄;三类菌(毒)种的邮寄必须持有邮寄单位的证明,并按照菌(毒)种出寄与包装的有关规定办理。

(四)消除病媒生物和改善公共卫生状况

1. 灭鼠除虫 组织消除鼠害和蚊、蝇等病媒生物的危害。铁路、交通、民航部门负责组织消除交通工具的鼠害和各种病媒昆虫的危害;农业、林业部门负责组织消除农田、牧场及林区的鼠害;国务院各有关部委消除钉螺危害的分工,按照国务院的有关规定办理。

2. 改善公共卫生状况 有计划地建设和改造公共卫生设施,改善饮用水卫生条件,对污水、污物、粪便进行无害化处置。城市应当按照城市环境卫生设施标准修建公共厕所、垃圾粪便的无害化处理场和污水、雨水排放处理系统等公共卫生设施。农村应当逐步改造厕所,对粪便进行无害化处理,加强对公共生活用水的卫生管理,建立必要的卫生管理制度。饮用水水源附近禁止有污水池、粪堆(坑)等污染源。禁止在饮用水水源附近洗刷便器和运输粪便的工具。

(五)明确各级疾病预防控制机构和医疗机构的法定预防职责

1. 疾病预防控制机构的预防职责

疾病预防控制机构的预防职责有:①实施传染病预防控制规划、计划和方案。②收集、分析和报告传染病监测信息,预测传染病的发生、流行趋势。③开展对传染病疫情和突发公共卫生事件的流行病学调查、现场处理及其效果评价。④开展传染病实验室检测、诊断、病原学鉴定。⑤实施免疫规划,负责预防性生物制品的使用管理。⑥开展健康教育、咨询,普及传染病防治知识。⑦指导、培训下级疾病预防控制机构及其工作人员开展传染病监测工作。⑧开展传染病防治应用性研究和卫生评价,提供技术咨询。

2.医疗机构预防职责

医疗机构必须严格执行国务院卫生主管部门规定的管理制度、操作规范,防止传染病的医源性感染和医院感染。

医疗机构应当确定专门的部门或者人员,承担传染病疫情报告、本单位的传染病预防、控制以及责任区域内的传染病预防工作;承担医疗活动中与医院感染有关的危险因素监测、安全防护、消毒、隔离和医疗废物处置工作。

(六)实行预防接种制度

1.国家实行有计划的预防接种制度 国务院卫生主管部门和省级卫生主管部门,根据传染病预防、控制的需要,制定传染病预防接种规划并组织实施。我国境内的任何人均应按照有关规定接受预防接种。国家免疫规划项目的预防接种实行免费。

2.国家对儿童实行预防接种证制度 适龄儿童应当按照国家有关规定,接受预防接种,家长或者监护人应当及时向医疗保健机构申请办理预防接种证。托幼机构、学校在办理入托、入学手续时,应当查验预防接种证,未按规定接种的儿童应当及时补种。

二、传染病疫情的报告、通报和公布

(一)疫情报告

1.疫情报告人

(1)一般报告人:任何单位和个人发现传染病病人或者疑似传染病病人时,应当及时向附近的疾病预防控制机构或者医疗机构报告。

(2)责任疫情报告人:执行职务的医疗保健人员、卫生防疫人员为责任疫情报告人。

2.疫情报告的要求

(1)疫情报告属地管理原则

任何单位和个人发现传染病病人或者疑似传染病病人时,应当及时向附近的疾病预防控制机构或者医疗机构报告。

军队医疗机构向社会公众提供医疗服务,发现传染病疫情时,应当按照国务院卫生主管部门的规定报告。

港口、机场、铁路疾病预防控制机构以及国境卫生检疫机关发现甲类传染病病人、病原携带者、疑似传染病病人时,应当按照国家有关规定立即向国境口岸所在地的疾病预防控制机构或者所在地县级以上地方人民政府卫生主管部门报告并互相通报。

疾病预防控制机构接到甲类、乙类传染病疫情报告或者发现传染病暴发、流行时,应当立即报告当地卫生主管部门,由当地卫生主管部门立即报告当地人民政府,同时报告上级卫生主管部门和国务院卫生主管部门。

(2)责任疫情报告人员报告的时间要求

责任报告单位和责任疫情报告人发现甲类传染病和乙类传染病中的肺炭疽、传染性非典型肺炎、脊髓灰质炎、人感染高致病性禽流感病人或疑似病人时,或发现其他传染病和不明原因疾病暴发时,应于2小时内将传染病报告卡通过网络报告;未实行网络直报的责任报告单位应于2小时内以最快的通讯方式(电话、传真)向当地县级疾病预防控制机构报告,并于2小时内寄送出传染病报告卡。

对其他乙、丙类传染病病人、疑似病人和规定报告的传染病病原携带者在诊断后,实行网络直报的责任报告单位应于24小时内进行网络报告;未实行网络直报的责任报告单位应于 24 小时内寄送出传染病报告卡。

县级疾病预防控制机构收到无网络直报条件责任报告单位报送的传染病报告卡后,应于 2 小时内通过网络进行直报。

责任疫情报告人不得隐瞒、谎报、缓报传染病疫情。

(二)疫情通报

县级以上地方人民政府卫生主管部门应当及时向本行政区域内的疾病预防控制机构和医疗机构通报传染病疫情以及监测、预警的相关信息。接到通报的疾病预防控制机构和医疗机构应当及时告知本单位的有关人员。

国务院卫生主管部门应当及时向国务院其他有关部门和各省、自治区、直辖市人民政府卫生主管部门通报全国传染病疫情以及监测、预警的相关信息。

毗邻的以及相关的地方人民政府卫生主管部门,应当及时互相通报本行政区域的传染病疫情以及监测、预警的相关信息。

县级以上人民政府有关部门发现传染病疫情时,应当及时向同级人民政府卫生主管部门通报。

中国人民解放军卫生主管部门发现传染病疫情时,应当向国务院卫生主管部门通报。

动物防疫机构和疾病预防控制机构,应当及时互相通报动物间和人间发生的人畜共患传染病疫情以及相关信息。

(三)疫情公布

国家建立传染病疫情信息公布制度,国务院卫生主管部门定期公布全国传染病疫情信息。省、自治区、直辖市人民政府卫生主管部门定期公布本行政区域的传染病疫情信息。传染病暴发、流行时,国务院卫生主管部门负责向社会公布传染病疫情信息,并可以授权省、自治区、直辖市人民政府卫生主管部门向社会公布本行政区域的传染病疫情信息。

三、传染病的控制

传染病控制(control of infectious diseases)是指传染病发生和暴发流行时,为了阻止传染病的扩散和蔓延而采取的措施。

(一)医疗机构应采取的控制措施

1. 发现甲类传染病时采取的措施

(1)对病人、病原携带者:予以隔离治疗,隔离期限根据医学检查结果确定。

(2)对疑似病人:确诊前在指定场所单独隔离治疗。

(3)对医疗机构内的病人、病原携带者、疑似病人的密切接触者:在指定场所进行医学观察和采取其他必要的预防措施。

2. 发现乙类或者丙类传染病时采取的措施 发现乙类或者丙类传染病病人,应当根据病情采取必要的治疗和控制传播措施。

3. 对被传染病病原体污染场所及物品的处理措施 对本单位内被传染病病原体污染的场所、物品以及医疗废物,必须依照法律、法规的规定实施消毒和无害化处置。

4. 对拒绝或不配合隔离治疗者的强制措施 拒绝隔离治疗或者隔离期未满擅自脱离隔离治疗的,可请求公安机关协助采取强制隔离治疗措施。

(二)疾病预防控制机构应采取的控制措施

对传染病疫情进行流行病学调查,根据调查情况提出划定疫点、疫区的建议,对被污染的场所进行卫生处理,对密切接触者,在指定场所进行医学观察和采取其他必要的预防措施,并向卫生主管部门提出疫情控制方案。

传染病暴发、流行时,对疫点、疫区进行卫生处理,向卫生主管部门提出疫情控制方案,并按照卫生主管部门的要求采取措施。

指导下级疾病预防控制机构实施传染病预防、控制措施,组织、指导有关单位对传染病疫情的处理。

(三)县级以上地方人民政府应采取的控制措施

1. 实施隔离措施 对已经发生甲类传染病病例的场所或者该场所内的特定区域的人员实施隔离,并同时向上一级人民政府报告;上级人民政府作出不予批准决定的,应当立即解除隔离措施;为被隔离人员在隔离期间提供生活保障。

2. 为切断传播途径采取紧急措施 传染病暴发、流行时应当立即组织力量,按照预防、控制预案进行防治,切断传染病的传播途径,必要时,报经上一级人民政府决定,可以采取下列紧急措施并予以公告:①限制或者停止集市、影剧院演出或者其他人群聚集的活动。②停工、停业、停课。③封闭或者封存被传染病病原体污染的公共饮用水源、食品以及相关物品。④控制或者扑杀染疫野生动物、家畜家禽。⑤封闭可能造成传染病扩散的场所。

3. 在传染病暴发、流行区域采取综合防控措施 根据传染病疫情控制的需要,组织卫生、医药、公安、工商、交通、水利、城建、农业、商业、民政、邮电、广播电视等部门采取下列预防、控制措施:①对病人进行抢救、隔离治疗。②加强粪便管理,清除垃圾、污物。③加强自来水和其他饮用水的管理,保护饮用水源。④消除病媒昆虫、钉螺、鼠类及其他染疫动物。⑤加强易使传染病传播扩散活动的卫生管理。⑥开展防病知识的宣传。⑦组织对传染病病人、病原携带者、染疫动物密切接触人群的检疫、预防服药、应急接种等。⑧供应用于预防和控制疫情所必需的药品、生物制品、消毒药品、器械等。⑨保证居民生活必需品的供应。

4. 划定及封锁疫区

(1)划定疫区:甲类、乙类传染病暴发、流行时,县级以上地方人民政府报经上一级人民政府决定,可以宣布本行政区域部分或者全部为疫区;国务院可以决定并宣布跨省、自治区、直辖市的疫区。

(2)封锁疫区:省级人民政府可以决定对本行政区域内的甲类传染病疫区实施封锁;但是,封锁大、中城市的疫区或者封锁跨省、自治区、直辖市的疫区,以及封锁疫区导致中断干线交通或者封锁国境的,由国务院决定。

(四)其他相应的控制措施

1. 实施交通卫生检疫 发生甲类传染病时,为了防止该传染病通过交通工具及其乘运的人员、物资传播,可以实施交通卫生检疫。具体办法由国务院制定。

2. 紧急征调人员及相关物资设备 传染病暴发、流行时,根据传染病疫情控制的需要,国务院有权在全国范围或者跨省、自治区、直辖市范围内,县级以上地方人民政府有权在本行政区域内紧急调集人员或者调用储备物资,临时征用房屋、交通工具以及相关设施、设备。

3. 处理相关尸体 患甲类传染病、炭疽死亡的病人尸体,由治疗病人的医疗单位负责消毒处理,处理后应当立即就近火化。患其他传染病死亡的,必要时,应当将尸体进行卫生处理后火化或者按照规定深埋。

4. 有关设备设施的处理 疫区中被传染病病原体污染或者可能被传染病病原体污染的物品,经消毒可以使用的,应当在当地疾病预防控制机构的指导下,进行消毒处理后,方可使用、出售和运输。

5. 保障物资供给 传染病暴发、流行时,药品和医疗器械生产、供应单位应当及时生产、供应防治传染病的药品和医疗器械;铁路、交通、民用航空经营单位必须优先运送处理传染病疫情的人员以及防治传染病的药品和医疗器械;县级以上人民政府有关部门应当做好组织协调工作。

四、传染病的医疗救治

(一)救治体系

县级以上人民政府应当加强和完善传染病医疗救治服务网络的建设,指定具有传染病救治条件和能力的医疗机构承担传染病救治任务,或者根据传染病救治需要设置传染病医院。

医疗机构的基本标准、建筑设计和服务流程,应当符合预防传染病医院感染的要求。医疗机构应当按照规定对使用的医疗器械进行消毒;对按照规定一次使用的医疗器具,应当在使用后予以销毁。

医疗机构应当按照国务院卫生主管部门规定的传染病诊断标准和治疗要求,采取相应措施,提高传染病医疗救治能力。

(二)医疗机构治疗职责及要求

医疗机构应当对传染病病人或者疑似传染病病人提供医疗救护、现场救援和接诊治疗,书写病历记录以及其他有关资料,并妥善保管。

医疗机构应当实行传染病预检、分诊制度;对传染病病人、疑似传染病病人,应当引导至相对隔离的分诊点进行初诊。

医疗机构不具备相应救治能力的,应当将患者及其病历记录复印件一并转至具备相应救治能力的医疗机构。

(三)病患者义务和权益保护

1. 义务 在治愈前或者在排除传染病嫌疑前,不得从事法律、行政法规和国务院卫生主管部门规定禁止从事的易使该传染病扩散的工作。

《实施办法》规定,对患有下列传染病的病人或者病原携带者予以必要的隔离治疗,直至医疗保健机构证明其不具有传染性时,方可恢复工作:①鼠疫、霍乱;②艾滋病、病毒性肝炎、细菌性和阿米巴痢疾、伤寒和副伤寒、炭疽、斑疹伤寒、麻疹、百日咳、白喉、脊髓灰质炎、流行性脑脊髓膜炎、猩红热、流行性出血热、登革热、淋病、梅毒;③肺结核、麻风病、流行性腮腺炎、风疹、急性出血性结膜炎。

2. 权益保护

(1)应得及时救治:国家和社会应当关心、帮助传染病病人、病原携带者和疑似传染病病人,使其得到及时救治。

(2)不受歧视:任何单位和个人不得歧视传染病病人、病原携带者和疑似传染病病人。

(3)隐私保护:医务人员未经县级以上政府卫生主管部门批准,不得将就诊的淋病、梅毒、麻风病、艾滋病病人和艾滋病病原携带者及其家属的姓名、住址和个人病史公开。

第三节 传染病监督的法律规定

一、传染病防治监督管理机关及其职责

（一）监督管理机关

包括各级卫生主管部门和受国务院卫生主管部门委托的其他有关部门（如铁路、交通部门）卫生主管部门。

（二）监督管理机关的职责

传染病防治法规定卫生主管部门在履行监督管理工作中的具体职责为：对下级人民政府卫生主管部门履行本法规定的传染病防治职责进行监督检查；对疾病预防控制机构、医疗机构的传染病防治工作进行监督检查；对采供血机构的采供血活动进行监督检查；对用于传染病防治的消毒产品及其生产单位进行监督检查，并对饮用水供水单位从事生产或者供应活动以及涉及饮用水卫生安全的产品进行监督检查；对传染病菌种、毒种和传染病检测样本的采集、保藏、携带、运输、使用进行监督检查；对公共场所和有关单位的卫生条件和传染病预防、控制措施进行监督检查。省级以上人民政府卫生主管部门负责组织对传染病防治重大事项的处理。

（三）监督管理机关的权力

1. 现场调查权力 县级以上人民政府卫生主管部门在履行监督检查职责时，有权进入被检查单位和传染病疫情发生现场调查取证，查阅或者复制有关的资料和采集样本。被检查单位应当予以配合，不得拒绝、阻挠。

2. 采取措施的权力 县级以上地方人民政府卫生主管部门在履行监督检查职责时，发现被传染病病原体污染的公共饮用水源、食品以及相关物品，如不及时采取控制措施可能导致传染病传播、流行的，可以采取封闭公共饮用水源、封存食品以及相关物品或者暂停销售的临时控制措施，并予以检验或者进行消毒。经检验，属于被污染的食品，应当予以销毁；对未被污染的食品或者经消毒后可以使用的物品，应当解除控制措施。

二、传染病管理监督员及其职责

（一）管理监督员设立

在各级各类卫生监督机构中设传染病管理监督员，设立条件是由合格的卫生专业人员担任，由省级以上政府卫生主管部门聘任并发给证件。

传染病管理监督员的解聘，由原发证机关决定，并通知其所在单位和个人。

（二）管理监督员岗位职责

传染病管理监督员岗位职责有：监督检查《传染病防治法》及《传染病防治法实施办法》的执行情况；进行现场调查，包括采集必需的标本及查阅、索取、翻印复制必要的文字、图片、声像资料等，并根据调查情况写出书面报告；对违法单位或者个人提出处罚建议；执行卫生主管部门或者其他有关部门卫生主管机构交付的任务；及时提出预防和控制传染病措施的建议。

传染病管理监督员执行任务时，有关单位和个人必须给予协助。

三、传染病管理检查员及其职责

（一）管理检查员设立

各级各类医疗保健机构内设立的传染病管理检查员，由本单位推荐，经县级以上政府卫生主管部门或受国务院卫生主管部门委托的其他部门卫生主管机构批准并发给证件。

传染病管理检查员资格的取消，由原发证机关决定，并通知其所在单位和个人。

（二）管理检查员岗位职责

传染病管理检查员岗位职责有：宣传《传染病防治法》及《传染病防治法实施办法》，检查本单位和责任地段的传染病防治措施的实施和疫情报告执行情况；对本单位和责任地段的传染病防治工作进行技术指导；执行卫生主管部门和卫生防疫机构对本单位及责任地段提出的改进传染病防治管理工作的意见；定期向卫生主管部门指定的卫生防疫机构汇报工作情况，遇到紧急情况及时报告。

传染病管理检查员执行任务时，有关单位和个人必须给予协助。

第四节 艾滋病防治法律制度

艾滋病（acquired immune deficiency syndrome，简称 AIDS）全称为获得性免疫缺陷综合征，是由艾滋病病毒引起的，这个病毒的全称是人类免疫缺陷病毒（human immunodeficiency virus，简称 HIV），它能摧毁人类身体内的防御系统。目前还没有治愈艾滋病的办法，患上艾滋病的人因为失去抵御所有疾病的能力，最终因此死去。艾滋病是威胁人类生存和发展的重大疾病，我国政府高度重视和关心艾滋病的防治工作。2006 年 1 月 29 日公布《艾滋病防治条例》，于 2006 年 3 月 1 日正式施行。

> **知识窗**
>
> #### 我国艾滋病疫情
>
> 截至 2013 年 9 月 30 日，全国共报告现存活艾滋病病毒感染者和艾滋病病人约 43.4 万例。2013 年 1～9 月新发现艾滋病病毒感染者约 7.0 万例。目前，经性途径传播已成为我国主要的传播途径。2013 年 1～9 月新发现的艾滋病病毒感染者和病人中经性传播比例为 89.9%（其中经异性传播比例为 69.1%、经同性传播为 20.8%）、经静脉注射吸毒传播和经母婴传播的比例分别为 7.6% 和 0.9%。

一、艾滋病防治原则

艾滋病防治（AIDS prevention and treatment）工作坚持预防为主、防治结合的方针，建立政府组织领导、部门各负其责、全社会共同参与的机制，加强宣传教育，采取行为干预和关怀救助等措施，实行综合防治。

二、宣传教育

有效的宣传教育是艾滋病防控的重要基础和途径，《艾滋病防治条例》把宣传教育纳入各级政府和有关组织机构职责范围，以营造良好的艾滋病防治社会环境。

1．地方各级人民政府和政府有关部门的职责任务　组织开展艾滋病防治以及关怀和不歧视艾滋病病毒感染者、艾滋病病人及其家属的宣传教育，提倡健康文明的生活方式，营造良好的艾滋病防治的社会环境。

在公共场所和公共交通工具显著位置，设置固定的艾滋病防治广告牌或者张贴艾滋病防治公益广告，组织发放艾滋病防治宣传材料。

对有关部门、组织和个人开展艾滋病防治的宣传教育工作提供技术支持。在医疗卫生机构开通艾滋病防治咨询服务电话，向公众提供艾滋病防治咨询服务和指导。

指导、督促高等院校、中等职业学校和普通中学将艾滋病防治知识纳入有关课程，开展有关课外教育活动。

利用计划生育宣传和技术服务网络，组织开展艾滋病防治的宣传教育。

组织对进城务工人员加强艾滋病防治的宣传教育。

采取措施，鼓励和支持有关组织和个人对有易感染艾滋病病毒危险行为的人群开展艾滋病防治的咨询、指导和宣传教育。

2．其他组织和机构的职责任务

（1）医疗卫生机构：组织工作人员学习有关艾滋病防治的法律、法规、政策和知识；医务人员在开展艾滋病、性病等相关疾病咨询、诊断和治疗过程中，应当对就诊者进行艾滋病防治的宣传教育。

（2）高等院校、中等职业学校和普通中学：组织学生学习艾滋病防治知识。

（3）计划生育技术服务机构：向育龄人群提供计划生育技术服务和生殖健康服务时，应当开展艾滋病防治的宣传教育。

（4）出入境检验检疫机构：在出入境口岸加强艾滋病防治的宣传教育工作，对出入境人员有针对性地提供艾滋病防治咨询和指导。

（5）妇女联合会、红十字会：将艾滋病防治的宣传教育纳入妇女儿童工作内容，提高妇女预防艾滋病的意识和能力，组织红十字会会员和红十字会志愿者开展艾滋病防治的宣传教育。

（6）广播、电视、报刊、互联网等新闻媒体：开展艾滋病防治的公益宣传。

（7）机关、团体、企事业单位、个体经济组织：组织本单位从业人员学习有关艾滋病防治的法律、法规、政策和知识，支持本单位从业人员参与艾滋病防治的宣传教育活动。

三、预防与控制

1．国家建立健全艾滋病监测网络

（1）国务院卫生主管部门：制定国家艾滋病监测规划和方案。

（2）省、自治区、直辖市人民政府卫生主管部门：根据国家艾滋病监测规划和方案，制定本行政区域的艾滋病监测计划和工作方案，组织开展艾滋病监测和专题调查，掌握艾滋病疫情变化情况和流行趋势。

（3）疾病预防控制机构：对艾滋病发生、流行以及影响其发生、流行的因素开展监测活动。

（4）出入境检验检疫机构：对出入境人员进行艾滋病监测，并将监测结果及时向卫生主管部门报告。

2. 采取相应保护措施

（1）艾滋病自愿咨询和检测：国家实行艾滋病自愿咨询和自愿检测制度。县级以上地方人民政府卫生主管部门指定的医疗卫生机构，为自愿接受艾滋病咨询、检测的人员免费提供咨询和初筛检测。

（2）保护隐私：未经本人或者其监护人同意，任何单位或者个人不得公开艾滋病病毒感染者、艾滋病病人及其家属的姓名、住址、工作单位、肖像、病史资料以及其他可能推断出其具体身份的信息。

（3）不得歧视：任何单位和个人不得歧视艾滋病病毒感染者、艾滋病病人及其家属；艾滋病病毒感染者、艾滋病病人及其家属享有的婚姻、就业、就医、入学等合法权益受法律保护。

3. 采取必要的行为干预措施

是指能够有效减少艾滋病传播的各种措施，包括：①针对经注射吸毒传播艾滋病的美沙酮维持治疗等措施。②针对经性传播艾滋病的安全套推广使用措施，以及规范、方便的性病诊疗措施。③针对母婴传播艾滋病的抗病毒药物预防和人工代乳品喂养等措施。④早期发现感染者和有助于危险行为改变的自愿咨询检测措施。⑤健康教育措施。⑥提高个人规范意识以及减少危险行为的针对性同伴教育措施。

4. 明确艾滋病病毒感染者和艾滋病病人的义务

艾滋病病毒感染者和艾滋病病人应当履行下列义务：①接受疾病预防控制机构或者出入境检验检疫机构的流行病学调查和指导。②将感染或者发病的事实及时告知与其有性关系者。③就医时，将感染或者发病的事实如实告知接诊医生。④采取必要的防护措施，防止感染他人。不得以任何方式故意传播艾滋病。

四、救助与治疗

（一）救助

1. 艾滋病防治关怀、救助　①向农村艾滋病病人和城镇经济困难的艾滋病病人免费提供抗艾滋病病毒治疗药品。②对农村和城镇经济困难的艾滋病病毒感染者、艾滋病病人适当减免抗机会性感染治疗药品的费用。③向接受艾滋病咨询、检测的人员免费提供咨询和初筛检测。④向感染艾滋病病毒的孕产妇免费提供预防艾滋病母婴传播的治疗和咨询。

2. 未成年人救助　生活困难的艾滋病病人遗留的孤儿和感染艾滋病病毒的未成年人接受义务教育的，应当免收杂费、书本费；接受学前教育和高中阶段教育的，应当减免学费等相关费用。

3. 生活困难救助　县级以上地方人民政府应当对生活困难并符合社会救助条件的艾滋病病毒感染者、艾滋病病人及其家属给予生活救助。

4. 就业救助　县级以上地方人民政府有关部门应当创造条件，扶持有劳动能力的艾滋病病毒感染者和艾滋病病人，从事力所能及的生产和工作。

（二）治疗

医疗机构应当为艾滋病病毒感染者和艾滋病病人提供艾滋病防治咨询、诊断和治疗服务；医疗机构不得因就诊的病人是艾滋病病毒感染者或者艾滋病病人，推诿或者拒绝对其其他疾病进行治疗。

第五节　违反传染病防治法的法律责任

案例思考 5-1-3

请结合本节的学习,思考回答:

1. 案例 5-1 中,医疗机构如果不按规定报告将会承担什么样的法律责任?

2. 该案例中,如果疾病预防控制部门没有检测发现该病例,将会承担什么样的法律责任?

一、行政责任

(一)疾病预防控制机构及其有关人员的行政责任

1. **违法行为**　有下列情形之一:①未依法履行传染病监测职责的;②未依法履行传染病疫情报告、通报职责,或者隐瞒、谎报、缓报传染病疫情的;③未主动收集传染病疫情信息,或者对传染病疫情信息和疫情报告未及时进行分析、调查、核实的;④发现传染病疫情时,未依据职责及时采取传染病防治法规定的措施的;⑤故意泄露传染病病人、病原携带者、疑似传染病病人、密切接触者涉及个人隐私的有关信息、资料的。

2. **违法责任**　由县级以上人民政府卫生主管部门责令限期改正,通报批评,给予警告;对负有责任的主管人员和其他直接责任人员,依法给予降级、撤职、开除的处分,并可以依法吊销有关责任人员的执业证书。

(二)医疗机构及其有关人员的行政责任

1. **违法行为**　有:①未按照规定承担本单位的传染病预防、控制工作、医院感染控制任务和责任区域内的传染病预防工作的;②未按照规定报告传染病疫情,或者隐瞒、谎报、缓报传染病疫情的;③发现传染病疫情时,未按照规定对传染病病人、疑似传染病病人提供医疗救护、现场救援、接诊、转诊的,或者拒绝接受转诊的;④未按照规定对本单位内被传染病病原体污染的场所、物品以及医疗废物实施消毒或者无害化处置的;⑤未按照规定对医疗器械进行消毒,或者对按照规定一次使用的医疗器具未予销毁,再次使用的;⑥在医疗救治过程中未按照规定保管医学记录资料的;⑦故意泄露传染病病人、病原携带者、疑似传染病病人、密切接触者涉及个人隐私的有关信息、资料的。

2. **违法责任**　由县级以上人民政府卫生主管部门责令改正、通报批评、给予警告,严重者可依法吊销有关责任人员的执业证书;造成传染病传播、流行或者其他严重后果的,对负有责任的主管人员和其他直接责任人员,依法给予降级、撤职、开除的行政处分。

(三)采供血机构的行政责任

1. **违法行为**　未按照规定报告传染病疫情,或者隐瞒、谎报、缓报传染病疫情,或者未执行国家有关规定,导致因输入血液引起经血液传播疾病发生。

2. **违法责任**　由县级以上人民政府卫生主管部门责令改正,通报批评,给予警告;造成传染病传播、流行或者其他严重后果的,对负有责任的主管人员和其他直接责任人员,依法给予降级、撤职、开除的处分,并可以依法吊销采供血机构的执业许可证。

（四）地方各级人民政府的行政责任

1. **违法行为**　未依照本法的规定履行报告职责，或者隐瞒、谎报、缓报传染病疫情，或者在传染病暴发、流行时，未及时组织救治、采取控制措施。

2. **违法责任**　由上级人民政府责令改正，通报批评。

（五）县级以上人民政府卫生主管部门的行政责任

1. **违法行为**　违反本法规定，有下列情形之一：①未依法履行传染病疫情通报、报告或者公布职责，或者隐瞒、谎报、缓报传染病疫情的；②发生或者可能发生传染病传播时未及时采取预防、控制措施的；③未依法履行监督检查职责，或者发现违法行为不及时查处的；④未及时调查、处理单位和个人对下级卫生主管部门不履行传染病防治职责的举报的；⑤违反本法的其他失职、渎职行为。

2. **违法责任**　由本级人民政府、上级人民政府卫生主管部门责令改正，通报批评；造成传染病传播、流行或者其他严重后果的，对负有责任的主管人员和其他直接责任人员，依法给予行政处分。

（六）铁路、交通、民用航空经营单位的行政责任

1. **违法行为**　未依照本法的规定优先运送处理传染病疫情的人员以及防治传染病的药品和医疗器械的。

2. **违法责任**　由有关部门责令限期改正，给予警告；造成严重后果的，对负有责任的主管人员和其他直接责任人员，依法给予降级、撤职、开除的处分。

（七）其他单位及个人的行政责任

1. **违法行为**　有以下行为之一：①集中式供水单位供应的饮用水不符合国家规定的《生活饮用水卫生标准》的，或单位自备水源未经批准与城镇供水系统连接的；②未按城市环境卫生设施标准修建公共卫生设施致使垃圾、粪便、污水不能进行无害化处理的；③对被传染病病原体污染的污水、污物、粪便不按规定进行消毒处理的；④对被甲类和乙类传染病病人、病原携带者、疑似传染病病人污染的场所、物品未按照卫生防疫机构的要求实施必要的卫生处理的；⑤造成传染病的医源性感染、医院内感染、实验室感染和致病性微生物扩散的；⑥生产、经营、使用消毒药剂和消毒器械、卫生用品、卫生材料、一次性医疗器材、隐形眼镜、人造器官等不符合国家卫生标准，可能造成传染病的传播、扩散或者造成传染病的传播、扩散的；⑦准许或者纵容传染病病人、病原携带者和疑似传染病病人，从事国务院卫生行政部门规定禁止从事的易使该传染病扩散的工作的；⑧传染病病人、病原携带者故意传播传染病，造成他人感染的；⑨甲类传染病病人、病原携带者或者疑似传染病病人，乙类传染病中艾滋病、肺炭疽病人拒绝进行隔离治疗的；⑩违章养犬或者拒绝、阻挠捕杀违章犬，造成咬伤他人或者导致人群中发生狂犬病的。

2. **违法责任**　由县级以上政府卫生行政部门责令限期改正，可以处5千元以下的罚款；情节较严重的，可以处5千元以上2万元以下的罚款，对主管人员和直接责任人员由其所在单位或者上级机关给予行政处分。

二、刑事责任

违反传染病防治法承担刑事责任主要有以下几种情况：

（一）妨害传染病防治罪

主体：有关单位或个人。

行为：违反传染病防治法的规定，有下列情形之一，引起甲类传染病传播或者有传播严重危险的：①供水单位供应的饮用水不符合国家规定的卫生标准的。②拒绝按照卫生防疫机构提出的卫生要求，对传染病病原体污染的污水、污物、粪便进行消毒处理的。③准许或者纵容传染病病人、病原携带者和疑似传染病病人从事国务院卫生主管部门规定禁止从事的易使该传染病扩散的工作的。④拒绝执行卫生防疫机构依照传染病防治法提出的预防、控制措施的。

责任：处三年以下有期徒刑或者拘役；后果特别严重的，处三年以上七年以下有期徒刑；单位犯罪的，对单位判处罚金，并对其直接负责的主管人员和其他直接责任人员，按以上规定处罚。

（二）传染病菌种、毒种扩散罪

主体：从事实验、保藏、携带、运输传染病菌种、毒种的人员。

行为：违反国务院卫生主管部门的有关规定，造成传染病菌种、毒种扩散，后果严重。

责任：处三年以下有期徒刑或者拘役；后果特别严重的，处三年以上七年以下有期徒刑。

（三）妨害国境卫生检疫罪

主体：有关单位或个人。

行为：违反国境卫生检疫规定，引起检疫传染病传播或者有传播严重危险。

责任：处三年以下有期徒刑或者拘役，并处或单处罚金。单位犯罪的，对单位判处罚金，并对其直接负责的主管人员和其他直接责任人员，按以上规定处罚。

（四）传染病防治失职罪

主体：从事传染病防治的政府卫生主管部门的工作人员。

行为：严重不负责任，导致传染病传播或者流行，情节严重。

责任：处三年以下有期徒刑或者拘役。

（五）传播性病罪

主体：已满十六周岁、具有刑事责任能力，且患有梅毒、淋病等严重性病的人。

行为：明知自己患有梅毒、淋病等严重性病卖淫、嫖娼的。

责任：处5年以下有期徒刑、拘役或者管制，并处罚金。

三、民事责任

《传染病防治法》规定，单位和个人违反本法规定，导致传染病传播、流行，给他人人身、财产造成损害的，应当依法承担民事责任。

（李家福）

自测题

1. 2004 年修订的《传染病防治法》开始实施的时间为
   A. 2004 年 8 月 28 日　　　　　　B. 2004 年 12 月 1 日
   C. 2005 年 1 月 1 日　　　　　　　D. 2005 年 5 月 1 日
   E. 2005 年 10 月 1 日

2. 下列有关国家对传染病防治的方针与办法最恰当的提法是
   A. 预防为主、防治结合、统一管理　　B. 预防为主、防治结合、分类管理

C. 预防为主、防治结合、分级管理　　　D. 预防为主、防治结合、分片管理

E. 预防为主、防治结合、层级管理

3. 下列乙类传染病的防控措施应按甲类传染病处理的是

A. 流行性出血热　　　　　　　　　　　B. 流行性乙型脑炎

C. 肺炭疽　　　　　　　　　　　　　　D. 流行性脑脊髓膜炎

E. 布氏杆菌病

4. 下列乙类传染病的防控措施应按甲类传染病处理的是

A. 流行性出血热　　　　　　　　　　　B. 流行性乙型脑炎

C. 人感染 H7N9 禽流感　　　　　　　　D. 传染性非典型肺炎

E. 甲型 H1N1 流感

5.《传染病防治法》规定的甲类传染病是指

A. 鼠疫、霍乱

B. 鼠疫、传染性非典型肺炎

C. 霍乱、传染性非典型肺炎

D. 传染性非典型肺炎、人感染高致病性禽流感

E. 流行性出血、艾滋病

6.《传染病防治法》规定了传染病疫情通报制度，下列**不属于**通报规定的是

A. 国务院卫生主管部门向国务院其他有关部门

B. 国务院卫生主管部门向国务院

C. 国务院卫生主管部门向省、自治区、直辖市人民政府卫生主管部门

D. 解放军卫生主管部门向国务院卫生主管部门

E. 地方人民政府卫生行政部门向毗邻的地方人民政府卫生行政部门

7. 医疗机构对发现的甲类传染病应采取的防控措施。下列各项中**错误**的提法是

A. 对病人、病原携带者，予以隔离治疗，隔离期限根据医学检验结果确定

B. 对疑似病人，确诊前在指定场所单独隔离治疗

C. 对医疗机构的病人、病原携带者、疑似病人的密切接触者，在指定场所进行医学观察

D. 隔离期未满、不想继续隔离治疗的，应尊重个人意见，写保证书后可出院

E. 对本医疗机构内被传染病病原体污染的物品，必须实施消毒和无公害处理

8. 医疗机构发现了疑似甲类传染病病人在明确诊断前，应

A. 转回社区卫生服务中心观察　　　　　B. 留急诊室观察

C. 在指定场所单独隔离治疗　　　　　　D. 收住院进行医学观察

E. 转其他医院

9. 医疗机构本单位内被传染病病原体污染的场所、物品、医疗废物应依法

A. 封闭场所并消毒物品　　　　　　　　B. 强制隔离治疗

C. 实施消毒和无公害处理　　　　　　　D. 报上级卫生主管部门处理

E. 报卫生防疫部门处理

10.《传染病防治法》规定，在传染病暴发、流行时，当地政府可报上级政府决定采取必要的紧急措施。下列措施中该法律中**没有**规定的是

A. 限制或停止集市、集会、影剧院演出或者其他人群聚集的活动

B. 停工、停业、停课

C. 单位控制不出差、个人少外出

D. 封闭可能造成传染病扩散的场所

E. 封闭被传染病病原污染的公共饮用水源、食物等

11.《传染病防治法》规定,传染病暴发、流行时,县级以上地方人民政府应当

A. 立即组织力量进行防治,切断传染病的传播途径

B. 公告限制或者停止集市、集会等人群聚集活动

C. 公告停业、停工、停课

D. 封闭可能造成传染病扩散的场所

E. 宣布为疫区

12.《传染病防治法》规定,对某些传染病可由公安部门协助采取强制隔离治疗下列传染病中属于此类的为

A. 流行性出血   B. 梅毒

C. 艾滋病   D. 肺炭疽

E. 麻风病

13. 传染性非典型性肺炎病人或疑似病人以及密切接触者及其他有关单位和人员,拒绝配合疾病预防控制机构和医疗机构采取预防控制的,可依法予以协助强制执行的机构是

A. 民政机关   B. 司法机关

C. 公安机关   D. 监察机关

E. 审计机关

14.《艾滋病防治条例》明确规定了对艾滋病病毒感染者或者艾滋病病人及其家属的有关信息应当予以保密的范围,下列各项中正确的规定是

A. 姓名、住址、工作单位、肖像、病史资料、婚姻、职业、电话

B. 姓名、住址、工作单位、肖像、病史资料、婚姻、职业

C. 姓名、住址、肖像、病史资料、婚姻、职业、电话

D. 姓名、住址、工作单位、肖像、病史资料

E. 姓名、住址、病史资料

15. 根据《艾滋病防治条例》规定,国家对艾滋病监测与咨询所实行的制度的正确提法是

A. 实行自愿义务咨询和自愿义务检测

B. 实行自愿免费咨询和自愿有偿检测

C. 实行自愿免费咨询和义务有偿检测

D. 实行义务咨询和义务检测

E. 实行自愿咨询和自愿检测

16. 根据《艾滋病防治条例》规定,下列**不属于**艾滋病病毒感染者或者艾滋病病人应当履行的义务是

A. 接受疾病预防机构或者出入境检疫机构的流行病学调查和指导

B. 将感染或者发病的事实及时告知与其有性关系者

C. 就医时,将感染或者发病的事实如实告知接诊医生

D. 采取必要的防护措施,防止感染他人

E. 医生应对感染者或病人的隐私予以保密

17. 甲类、乙类传染病暴发、流行时，可以宣布本行政区域部分或者全部为疫区的部门是
    A. 县级以上地方人民政府报经上一级人民政府决定
    B. 市级以上地方人民政府
    C. 省级以上地方人民政府
    D. 国务院
    E. 省级以上卫生主管部门

18. 医疗机构对甲类传染病病人、病原携带者，予以隔离治疗，隔离期限确定的依据是
    A. 医学检查结果　　　　　　　　B. 病原携带者未出现临床症状
    C. 病人病情好转　　　　　　　　D. 由上级卫生主管部门决定
    E. 由县级以上人民政府决定

19. 《传染病防治法》将传染病分为
    A. 二类　　　　　　B. 三类　　　　　　C. 四类
    D. 五类　　　　　　E. 六类

20. 患鼠疫、霍乱和炭疽死亡的，其尸体应
    A. 立即消毒，就近深埋　　　　　B. 立即火化
    C. 立即深埋　　　　　　　　　　D. 立即消毒，就近火化
    E. 立即冰冻

第六章　预防接种及突发公共卫生事件应急法律制度

学习目标

1. 掌握疫苗的概念和分类，免疫规划，疫苗接种规定及异常反应的处理；突发公共卫生事件的概念与特征、突发公共卫生事件应急工作方针与原则、报告与信息发布以及应急处理。
2. 熟悉违反法律规定的责任。
3. 了解疫苗流通的规定，疫苗流通和接种的监督管理；突发公共卫生事件的预防与应急准备。
4. 能遵守相关法律法规，依法实施护理任务。
5. 具有运用法律知识分析问题、解决问题的能力。

第一节　疫苗预防接种法律制度

案例与思考

案例6-1　保健所擅自组织学生接种甲肝疫苗导致数百人出现异常反应案

2005年6月16—17日，安徽省泗县镇卫生防疫保健所，在未经过该县卫生、教育主管部门和镇政府同意的情况下，擅自与学校联系，组织数名乡村医生，组成8个接种组，对该镇17个村19所学校接种了甲肝疫苗，导致数百人出现异常反应，被紧急送往县人民医院、县中医院和镇医院治疗。

请结合本节的学习，思考回答：

1. 这起事件违反了什么法律？如果你是接诊护士，应该采取哪些措施？
2. 保健所是否要承担责任？承担何种责任？

为了加强对疫苗流通和预防接种的管理，预防、控制传染病的发生、流行，保障人体健康，根据《中华人民共和国药品管理法》和《中华人民共和国传染病防治法》，国务院制定了《疫苗流通和预防接种管理条

边学边练

实训3　参观预防接种门诊

例》(以下简称《条例》)。

2005年3月16日,国务院第83次常务会议通过了该《条例》。2005年3月24日,中华人民共和国国务院令第434号,公布了该《条例》,自2005年6月1日起施行。

一、概述

(一)疫苗的概念和分类

本条例所称疫苗(vaccine),是指为了预防、控制传染病的发生、流行,用于人体预防接种的疫苗类预防性生物制品。

疫苗分为两类,即第一类疫苗和第二类疫苗。

第一类疫苗,是指政府免费向公民提供,公民应当依照政府的规定受种的疫苗。具体包括三类:①国家免疫规划确定的疫苗;②省、自治区、直辖市人民政府在执行国家免疫规划时增加的疫苗;③县级以上人民政府或者其卫生主管部门组织的应急接种或者群体性预防接种所使用的疫苗。

一类疫苗具体是:卡介苗、脊髓灰质炎疫苗(脊灰糖丸)、麻疹疫苗、白百破三联疫苗、乙肝疫苗。接种该类疫苗由政府承担费用。

第二类疫苗,是指由公民自费并且自愿受种的其他疫苗。接种该类疫苗由受种者或者其监护人承担费用。第二类疫苗,如B型嗜血流感杆菌疫苗、灭活脊灰疫苗、水痘疫苗、肺炎疫苗、口服轮状病毒疫苗等。有些自费的麻腮风、百白破、流脑结合疫苗等可以替代一类疫苗使用。

> **知识窗**
>
> **我国免疫规划的"五苗防七病"**
>
> 我国现行免疫规划中,一类疫苗共5种,共预防7种疾病。"四苗防六病"指的是:卡介苗,防结核病;脊灰糖丸,防脊髓灰质炎(小儿麻痹症);麻疹疫苗,预防麻疹;白百破三联疫苗,预防白喉、百日咳和破伤风。再加上乙肝疫苗,预防乙型病毒性肝炎。一共是五种疫苗,防七种疾病。

(二)免疫规划

1. **概念** 免疫规划(immunization programmes)是指根据国家传染病防治规划,使用有效疫苗对易感人群进行预防接种所制定的规划、计划和策略。免疫规划其内涵和外延比计划免疫更宽泛,一方面要不断将安全有效的疫苗纳入国家免疫规划,另一方面要扩大预防接种的受益人群。因此,免疫规划是对儿童计划免疫的完善与发展,有利于更好地控制我国疫苗可预防的传染病。

按照国家或者省、自治区、直辖市确定的疫苗品种、免疫程序或者接种方案,在人群中有计划地进行预防接种,以预防和控制特定传染病的发生和流行,通过国家免疫规划的实施,提高群众健康水平和卫生文明水平。

2. **免疫规划的制定** 国务院卫生主管部门根据全国范围内的传染病流行情况、人群免疫状况等因素,制定国家免疫规划,会同国务院财政部门拟订纳入国家免疫规划的疫苗种类,报国务院批准后公布。

省、自治区、直辖市人民政府在执行国家免疫规划时,根据本行政区域的传染病流行情况、人群免疫状况等因素，可以增加免费向公民提供的疫苗种类，并报国务院卫生主管部门备案。

3．我国免疫规划疫苗种类　当前，我国将预防 15 种传染病的疫苗纳入国家免疫规划，包括：乙肝疫苗、卡介苗、无细胞百白破疫苗、脊髓灰质炎疫苗、麻疹疫苗、白破疫苗、麻风腮疫苗、流脑 A 群疫苗、流脑 A+C 群疫苗、乙脑减毒活疫苗、甲肝减毒活疫苗、钩端螺旋体疫苗、流行性出血热疫苗、炭疽疫苗。这些疫苗可用于预防：乙型肝炎、结核病、百日咳、白喉、破伤风、脊髓灰质炎、麻疹、风疹、腮腺炎、流行性脑脊髓膜炎、流行性乙型脑炎、甲型肝炎、钩端螺旋体病、流行性出血热、炭疽等 15 种传染病。其中，有一部分是局部的，在流行区才接种，如：钩端螺旋体疫苗、流行性出血热疫苗、炭疽疫苗等；其他疫苗在全国范围都接种。

二、疫苗流通

（一）疫苗经营单位条件

药品批发企业依照本《条例》的规定，经批准后可以经营疫苗。药品零售企业不得从事疫苗经营活动。

药品批发企业申请从事疫苗经营活动的，应当具备下列条件：①具有从事疫苗管理的专业技术人员；②具有保证疫苗质量的冷藏设施、设备和冷藏运输工具；③具有符合疫苗储存、运输管理规范的管理制度。

取得疫苗经营资格的药品批发企业（以下称疫苗批发企业），应当对其冷藏设施、设备和冷藏运输工具进行定期检查、维护和更新，以确保其符合规定要求。

（二）一类疫苗的流通

疫苗生产企业或者疫苗批发企业应当按照政府采购合同的约定，向省级疾病预防控制机构或者其指定的其他疾病预防控制机构供应第一类疫苗，不得向其他单位或者个人供应。

省级疾病预防控制机构应当做好分发第一类疫苗的组织工作，并按照使用计划将第一类疫苗组织分发到设区的市级疾病预防控制机构或者县级疾病预防控制机构。县级疾病预防控制机构应当按照使用计划将第一类疫苗分发到接种单位和乡级医疗卫生机构。

医疗卫生机构不得向其他单位或者个人分发第一类疫苗，分发第一类疫苗，不得收取任何费用。乡级医疗卫生机构应当将第一类疫苗分发到承担预防接种工作的村医疗卫生机构。

传染病暴发、流行时，县级以上地方人民政府或者其卫生主管部门需要采取应急接种措施的，设区的市级以上疾病预防控制机构可以直接向接种单位分发第一类疫苗。

（三）二类疫苗的流通

疫苗生产企业可以向疾病预防控制机构、接种单位、疫苗批发企业销售本企业生产的第二类疫苗。疫苗批发企业可以向疾病预防控制机构、接种单位、其他疫苗批发企业销售第二类疫苗。

县级疾病预防控制机构可以向接种单位供应第二类疫苗。设区的市级以上疾病预防控制机构不得直接向接种单位供应第二类疫苗。

三、疫苗接种

疫苗接种（vaccination）是预防传染病的重要手段，做好预防接种是我国卫生保健工作的基本要求。

（一）接种单位及其要求

接种单位应当具备下列条件：①具有医疗机构执业许可证件；②具有经过县级人民政府卫生主管部门组织的预防接种专业培训并考核合格的执业医师、执业助理医师、护士或者乡村医生；③具有符合疫苗储存、运输管理规范的冷藏设施、设备和冷藏保管制度。

接种单位应当承担责任区域内的预防接种工作，并接受所在地的县级疾病预防控制机构的技术指导。承担预防接种工作的城镇医疗卫生机构，应当设立预防接种门诊。

接种单位应当根据预防接种工作的需要，制定第一类疫苗的需求计划和第二类疫苗的购买计划，并向县级人民政府卫生主管部门和县级疾病预防控制机构报告。接种单位接收第一类疫苗或者购进第二类疫苗，应当建立并保存真实、完整的接收、购进记录。

接种单位应当按照国家免疫规划对居住在其责任区域内需要接种第一类疫苗的受种者接种，并达到国家免疫规划所要求的接种率。接种单位应当依照国务院卫生主管部门的规定对接种情况进行登记，并向所在地的县级人民政府卫生主管部门和县级疾病预防控制机构报告。

接种单位接种第一类疫苗不得收取任何费用。接种单位接种第二类疫苗可以收取服务费、接种耗材费，具体收费标准由所在地的省、自治区、直辖市人民政府价格主管部门核定。

（二）预防接种制度

国家支持、鼓励单位和个人参与预防接种工作。各级人民政府应当完善有关制度，方便单位和个人参与预防接种工作的宣传、教育和捐赠等活动。居民委员会、村民委员会应当配合有关部门开展与预防接种有关的宣传、教育工作，并协助组织居民、村民受种第一类疫苗。

1. 有计划的预防接种制度　国家实行有计划的预防接种制度（vaccination system）。需要接种第一类疫苗的受种者应当依照本《条例》规定受种。受种者为未成年人的，其监护人应当配合有关的疾病预防控制机构和医疗机构等医疗卫生机构，保证受种者及时受种。

2. 儿童预防接种证制度　国家对儿童实行预防接种证制度。在儿童出生后 1 个月内，其监护人应当到儿童居住地承担预防接种工作的接种单位为其办理预防接种证。接种单位对儿童实施接种时，应当查验预防接种证，并做好记录。

儿童入托、入学时，托幼机构、学校应当查验预防接种证，发现未依照国家免疫规划受种的儿童，应当向所在地的县级疾病预防控制机构或者儿童居住地承担预防接种工作的接种单位报告，并配合疾病预防控制机构或者接种单位督促其监护人在儿童入托、入学后及时到接种单位补种。

3. 群体性预防接种制度　县级以上地方人民政府卫生主管部门根据传染病监测和预警信息，为了预防、控制传染病的暴发、流行，需要在本行政区域内部分地区进行群体性预防接种的，应当报经本级人民政府决定，并向省、自治区、直辖市人民政府卫生主管部门备案。需要在省、自治区、直辖市行政区域全部范围内进行群体性预防接种的，应当由省、自治区、直辖市人民政府卫生主管部门报经本级人民政府决定，并向国务院卫生主管部门备案。需要在全国范围或者跨省、自治区、直辖市范围内进行群体性预防接种的，应当由国务院卫生主管部门决定。

任何单位或者个人不得擅自进行群体性预防接种。

（三）预防接种要求

接种单位接种疫苗，应当遵守预防接种工作规范、免疫程序、疫苗使用指导原则和接种方案,并在其接种场所的显著位置公示第一类疫苗的品种和接种方法。

医疗卫生人员在实施接种前,应当告知受种者或者其监护人所接种疫苗的品种、作用、禁忌、不良反应以及注意事项,询问受种者的健康状况以及是否有接种禁忌等情况,并如实记录告知和询问情况。受种者或者其监护人应当了解预防接种的相关知识,并如实提供受种者的健康状况和接种禁忌等情况。

医疗卫生人员应当对符合接种条件的受种者实施接种,并依照国务院卫生主管部门的规定,填写并保存接种记录。对于因有接种禁忌而不能接种的受种者,医疗卫生人员应当对受种者或者其监护人提出医学建议。

四、异常反应的处理

(一)异常反应的概念

预防接种异常反应(vaccination abnormal reaction),是指合格的疫苗在实施规范接种过程中或者实施规范接种后造成受种者机体组织器官、功能损害,相关各方均无过错的药品不良反应。

下列情况不属于预防接种异常反应:①因疫苗本身特性引起的接种后一般反应;②因疫苗质量不合格给受种者造成的损害;③因接种单位违反预防接种工作规范、免疫程序、疫苗使用指导原则、接种方案给受种者造成的损害;④受种者在接种时正处于某种疾病的潜伏期或者前驱期,接种后偶合发病;⑤受种者有疫苗说明书规定的接种禁忌,在接种前受种者或者其监护人未如实提供受种者的健康状况和接种禁忌等情况,接种后受种者原有疾病急性复发或者病情加重;⑥因心理因素发生的个体或者群体的心因性反应。

(二)处理

1. 及时处理并报告　疾病预防控制机构和接种单位及其医疗卫生人员发现预防接种异常反应、疑似预防接种异常反应或者接到相关报告的,应当依照预防接种工作规范及时处理,并立即报告所在地的县级人民政府卫生主管部门、药品监督管理部门。接到报告的卫生主管部门、药品监督管理部门应当立即组织调查处理。

2. 损害的补偿和赔偿　因预防接种异常反应造成受种者死亡、严重残疾或者器官组织损伤的,应当给予一次性补偿。因接种第一类疫苗引起预防接种异常反应需要对受种者予以补偿的,补偿费用由省、自治区、直辖市人民政府财政部门在预防接种工作经费中安排。因接种第二类疫苗引起预防接种异常反应需要对受种者予以补偿的,补偿费用由相关的疫苗生产企业承担。

因疫苗质量不合格给受种者造成损害的,依照药品管理法的有关规定处理。因接种单位违反预防接种工作规范、免疫程序、疫苗使用指导原则、接种方案给受种者造成损害的,依照《医疗事故处理条例》的有关规定处理。

3. 争议的处理　预防接种异常反应争议发生后,接种单位或者受种方可以请求接种单位所在地的县级人民政府卫生主管部门处理。预防接种异常反应的鉴定参照《医疗事故处理条例》执行。

五、疫苗流通和接种的监督管理

1. 监督管理主体及职责

(1)卫生主管部门:国务院卫生主管部门负责全国预防接种的监督管理工作。县级以上地方人民政府卫生主管部门负责本行政区域内预防接种的监督管理工作，具体监督检查职责为：①对医疗卫生机构实施国家免疫规划的情况进行监督检查；②对疾病预防控制机构开展与预防接种相关的宣传、培训、技术指导等工作进行监督检查；③对医疗卫生机构分发和购买疫苗的情况进行监督检查。

（2）药品监督管理部门：国务院药品监督管理部门负责全国疫苗的质量和流通的监督管理工作。省、自治区、直辖市人民政府药品监督管理部门负责本行政区域内疫苗的质量和流通的监督管理工作。

2. 监管要求

（1）药品监督管理部门监管的要求：药品监督管理部门依照药品管理法及其实施条例的有关规定，对疫苗在储存、运输、供应、销售、分发和使用等环节中的质量进行监督检查，并将检查结果及时向同级卫生主管部门通报。药品监督管理部门根据监督检查需要对疫苗进行抽查检验的，有关单位和个人应当予以配合，不得拒绝。

药品监督管理部门在监督检查中，对有证据证明可能危害人体健康的疫苗及其有关材料可以采取查封、扣押的措施，并在 7 日内作出处理决定；疫苗需要检验的，应当自检验报告书发出之日起 15 日内作出处理决定。

药品监督管理部门接到疾病预防控制机构、接种单位、疫苗生产企业、疫苗批发企业发现假劣或者质量可疑的疫苗的报告，应当对假劣或者质量可疑的疫苗依法采取查封、扣押等措施。

药品监督管理部门的工作人员依法履行监督检查职责时，不得少于 2 人，并出示证明文件；对被检查人的商业秘密应当保密。

发现疫苗质量问题和预防接种异常反应以及其他情况时，应当及时通报卫生主管部门。

（2）卫生主管部门监管的要求：卫生主管部门应当主要通过对医疗卫生机构依照本条例规定所做的疫苗分发、储存、运输和接种等记录进行检查，履行监督管理职责；必要时，可以进行现场监督检查。对监督检查情况应当予以记录，发现违法行为的，应当责令有关单位立即改正。

卫生主管部门接到疾病预防控制机构、接种单位、疫苗生产企业、疫苗批发企业发现假劣或者质量可疑的疫苗的报告，应当立即组织疾病预防控制机构和接种单位采取必要的应急处置措施，同时向上级卫生主管部门报告。

卫生主管部门的工作人员依法履行监督检查职责时，不得少于 2 人，并出示证明文件；对被检查人的商业秘密应当保密。

发现疫苗质量问题和预防接种异常反应以及其他情况时，应当及时通报药品监督管理部门。

（3）疾病预防控制机构、接种单位、疫苗生产企业、疫苗批发企业监管的要求：以上单位发现假劣或者质量可疑的疫苗，应当立即停止接种、分发、供应、销售，并立即向所在地的县级人民政府卫生主管部门和药品监督管理部门报告，不得自行处理。

3. 举报及其处理　任何单位和个人有权向卫生主管部门、药品监督管理部门举报违反本条例规定的行为，有权向本级人民政府、上级人民政府有关部门举报卫生主管部门、药品监督管理部门未依法履行监督管理职责的情况。接到举报的有关人民政府、卫生主管部门、药品监督管理部门对有关举报应当及时核实、处理。

第二节　突发公共卫生事件应急法律制度

案例与思考

案例6-2　某卫校23名学生参加毕业聚餐疑似食物中毒案

2013年6月28日晚，某省一所卫生学校的一个班级46名学生，在毕业前夕，来到校外一家餐馆进行毕业会餐。餐后，23名学生出现了不同程度的呕吐、腹泻、腹痛等不适，3名学生出现了昏迷，被紧急送往当地医院救治。

请结合本节的学习，思考回答：

1. 这是一起什么事件？为什么？

2. 如果你是接诊护士，应该采取哪些措施？

为了有效预防、及时控制和消除突发公共卫生事件的危害，保障公众身体健康与生命安全，维护正常的社会秩序，依据《中华人民共和国传染病防治法》和其他相关法律法规，国务院制定了《突发公共卫生事件应急条例》（以下简称《条例》）。

2003年5月7日，国务院第7次常务会议通过了该《条例》。2003年5月9日，中华人民共和国国务院令第376号，公布了该《条例》，自公布之日起施行。《条例》的颁布实施，标志着我国突发公共卫生事件应急处理工作走上了法制化管理轨道，也标志着突发公共卫生事件应急处理机制的建立和进一步完善。

一、概述

（一）突发公共卫生事件的概念与特征

本条例所称突发公共卫生事件（A public health emergency）（以下简称突发事件），是指突然发生，造成或者可能造成社会公众健康严重损害的重大传染病疫情、群体性不明原因疾病、重大食物和职业中毒以及其他严重影响公众健康的事件。

突发事件具备以下三个特征：

1. 突发性　突发事件具有突发性。它是突然发生的，是突如其来的，一般来讲，是不易预测的事件。例如2003年在我国一些地方发生的非典型肺炎，就是突如其来的公共卫生事件。

2. 公共卫生属性　突发事件具有公共卫生的属性，它针对的不是特定的人，而是不特定的社会群体。它的范围包括：重大的传染病疫情、群体性不明原因疾病、重大食物和职业中毒以及其他严重影响公众健康的事件。

重大的传染病疫情，是指传染病在集中的时间、地点发生，导致大量的传染病病人出现，其发病率远远超过平常的发病水平。

群体性不明原因的疾病，是指在一定时间内，某个相对集中的区域内同时或者相继出现多个共同临床表现患者，又暂时不能明确诊断的疾病。这种疾病可能是传染病，也可能是某种中毒。

中毒，是指由于吞服、吸入有毒物质，或有毒物质与人体接触所产生的有害影响。重大食物和职业中毒事件，是指由于食物和职业的原因而发生的人数众多或者伤亡较重的中毒事件。

3. 严重损害性 突发事件对公众健康的损害和影响要达到一定的程度。我们判断一个发生了的事件是否为突发事件，除了要看其是否具备前两个特征外，还要看该事件是不是属于已经对社会公众健康造成严重损害的事件，或者从发展的趋势看，属于可能对公众健康造成严重影响的事件。

（二）应急指挥部的设立

突发事件发生后，国务院设立全国突发事件应急处理指挥部，由国务院有关部门和军队有关部门组成，国务院主管领导人担任总指挥，负责对全国突发事件应急处理的统一领导、统一指挥。国务院卫生主管部门和其他有关部门，在各自的职责范围内做好突发事件应急处理的有关工作。

突发事件发生后，省、自治区、直辖市人民政府成立地方突发事件应急处理指挥部，省、自治区、直辖市人民政府主要领导人担任总指挥，负责领导、指挥本行政区域内突发事件应急处理工作。县级以上地方人民政府卫生主管部门，具体负责组织突发事件的调查、控制和医疗救治工作。县级以上地方人民政府有关部门，在各自的职责范围内做好突发事件应急处理的有关工作。

（三）突发事件应急工作方针与原则

1. 方针 突发事件应急工作，应当遵循预防为主、常备不懈的方针。这是减少各类突发事件的保证，是有效应对突发事件的前提。这不仅是对各级卫生主管部门的要求，也是对各级人民政府及其有关部门的要求。

（1）预防为主：这是我国卫生工作的基本原则，是我们在许多工作中总结出来的成功经验。突发事件是突然发生的，很多具有不可预见性，但是突发事件并不是完全不可以预防的。防重于治，不仅仅是针对突发事件发生后的处置，更重要的是防止、避免突发事件的发生。

（2）常备不懈：这是说，对突发事件的防范，不是一朝一夕的事，不能临时抓抓，而是必须坚持时时抓，常抓不懈，才能奏效。

2. 原则 突发事件应急工作，应当贯彻统一领导、分级负责、反应及时、措施果断、依靠科学、加强合作的原则。这一原则，是根据党中央、国务院在抗击非典型肺炎斗争中提出的要求加以规定的。

（1）统一领导、分级负责：突发事件应急处理实行国家和省级地方人民政府两级负责，国务院或省、自治区、直辖市人民政府成立突发事件应急处理指挥部。各有关部门要在突发事件应急处理指挥部的统一领导和指挥下，按照应急预案规定的工作方案以及应急处理指挥部根据突发事件的具体情况作出的部署，开展各项与本部门有关的应急工作。

（2）反应及时、措施果断：这是有效控制突发事件事态的前提，是控制突发事件扩散蔓延的关键。突发事件发生后，有关人民政府及其有关部门应当及时作出反应，采取正确的、果断的措施，处理所发生的事件，应该积极主动地作出反应，立即了解情况，组织调查，采取必要的控制措施。

（3）依靠科学、加强合作：要积极开展突发事件防范和处理的相关科学研究工作，为突发事件应急处理提供先进的、完备的、科学的技术保障，同时要加强国际间的科研合作和交流，引进国际应对突发事件的先进技术和方法。

知识窗

突发事件的分级

突发事件实行分级管理，根据突发事件的性质、危害程度、涉及范围，突发事件分为一般（Ⅳ级）、较重（Ⅲ级）、严重（Ⅱ级）、特别严重（Ⅰ级）四级，依次用蓝色、黄色、橙色和红色进行预警。

二、预防与应急准备

（一）突发公共卫生事件应急预案

突发事件应急预案（public health emergency contingency plans）分为全国突发事件应急预案和省、自治区、直辖市突发事件应急预案。国务院卫生主管部门按照分类指导、快速反应的要求，制定全国突发事件应急预案，报请国务院批准。省、自治区、直辖市人民政府根据全国突发事件应急预案，结合本地实际情况，制定本行政区域的突发事件应急预案。

应急预案应当包括以下主要内容：①突发事件应急处理指挥部的组成和相关部门的职责；②突发事件的监测与预警；③突发事件信息的收集、分析、报告、通报制度；④突发事件应急处理技术和监测机构及其任务；⑤突发事件的分级和应急处理工作方案；⑥突发事件预防、现场控制，应急设施、设备、救治药品和医疗器械以及其他物资和技术的储备与调度；⑦突发事件应急处理专业队伍的建设和培训。

突发事件应急预案应当根据突发事件的变化和实施中发现的问题及时进行修订、补充。

（二）预防控制体系

国家建立统一的突发事件预防控制体系。

县级以上地方人民政府应当建立和完善突发事件监测与预警系统。县级以上各级人民政府卫生主管部门，应当指定机构负责开展突发事件的日常监测，并确保监测与预警系统的正常运行。

监测与预警工作应当根据突发事件的类别，制定监测计划，科学分析、综合评价监测数据。对早期发现的潜在隐患以及可能发生的突发事件，应当依照本条例规定的报告程序和时限及时报告。

（三）急救医疗服务网络建设

县级以上各级人民政府应当加强急救医疗服务网络的建设，配备相应的医疗救治药物、技术、设备和人员，提高医疗卫生机构应对各类突发事件的救治能力。

设区的市级以上地方人民政府应当设置与传染病防治工作需要相适应的传染病专科医院，或者指定具备传染病防治条件和能力的医疗机构承担传染病防治任务。

县级以上地方人民政府卫生主管部门，应当定期对医疗卫生机构和人员开展突发事件应急处理相关知识、技能的培训，定期组织医疗卫生机构进行突发事件应急演练，推广最新知识和先进技术。

国务院有关部门和县级以上地方人民政府及其有关部门，应当根据突发事件应急预案的要求，保证应急设施、设备、救治药品和医疗器械等物资储备。

三、报告与信息发布

（一）应急报告制度

国家建立突发事件应急报告制度（public health emergencies emergency reporting system）。国务院卫生主管部门制定突发事件应急报告规范，建立重大、紧急疫情信息报告系统。

下列情形需要应急报告：①发生或者可能发生传染病暴发、流行的；②发生或者发现不明原因的群体性疾病的；③发生传染病菌种、毒种丢失的；④发生或者可能发生重大食物和职业中毒事件的。

突发事件监测机构、医疗卫生机构和有关单位发现需要报告的突发事件，应当在 2 小时内向所在地县级人民政府卫生主管部门报告；接到报告的卫生主管部门应当在 2 小时内向本级人民政府报告，并同时向上级人民政府卫生主管部门和国务院卫生主管部门报告。

县级人民政府应当在接到报告后 2 小时内向设区的市级人民政府或者上一级人民政府报告；设区的市级人民政府应当在接到报告后 2 小时内向省、自治区、直辖市人民政府报告；省、自治区、直辖市人民政府应当在接到报告 1 小时内，向国务院卫生主管部门报告。

任何单位和个人对突发事件，不得隐瞒、缓报、谎报或者授意他人隐瞒、缓报、谎报。接到报告的地方人民政府、卫生主管部门依照本条例规定报告的同时，应当立即组织力量对报告事项调查核实、确证，采取必要的控制措施，并及时报告调查情况。

（二）通报制度

1. 纵向通报 国务院卫生主管部门应当根据发生突发事件的情况，及时向各省、自治区、直辖市人民政府卫生主管部门通报。接到通报的省、自治区、直辖市人民政府卫生主管部门，必要时应当及时通知本行政区域内的医疗卫生机构。

2. 横向通报 国务院卫生主管部门应当根据发生突发事件的情况，及时向国务院有关部门以及军队有关部门通报。突发事件发生地的省、自治区、直辖市人民政府卫生主管部门，应当及时向毗邻省、自治区、直辖市人民政府卫生主管部门通报。县级以上地方人民政府有关部门，已经发生或者发现可能引起突发事件的情形时，应当及时向同级人民政府卫生主管部门通报。

（三）举报制度

国家建立突发事件举报制度，公布统一的突发事件报告、举报电话。

任何单位和个人有权向人民政府及其有关部门报告突发事件隐患，有权向上级人民政府及其有关部门举报地方人民政府及其有关部门不履行突发事件应急处理职责，或者不按照规定履行职责的情况。接到报告、举报的有关人民政府及其有关部门，应当立即组织对突发事件隐患、不履行或者不按照规定履行突发事件应急处理职责的情况进行调查处理。

（四）信息发布制度

国家建立突发事件的信息发布制度。国务院卫生主管部门负责向社会发布突发事件的信息。必要时，可以授权省、自治区、直辖市人民政府卫生主管部门向社会发布本行政区域内突发事件的信息。

信息发布应当及时、准确、全面。

四、应急处理

（一）突发事件应急预案的启动

突发事件发生后，卫生主管部门应当组织专家对突发事件进行综合评估，初步判断突发事件的类型，提出是否启动突发事件应急预案的建议。在全国范围内或者跨省、自治区、直辖市范围内启动全国突发事件应急预案，由国务院卫生主管部门报国务院批准后实施。省、自治区、直辖市启动突发事件应急预案，由省、自治区、直辖市人民政府决定，并向国务院报告。

应急预案启动前，县级以上各级人民政府有关部门应当根据突发事件的实际情况，做好应急处理准备，采取必要的应急措施。应急预案启动后，突发事件发生地的人民政府有关部门，应当根据预案规定的职责要求，服从突发事件应急处理指挥部的统一指挥，立即到达规定岗位，采取有关的控制措施。医疗卫生机构、监测机构和科学研究机构，应当服从突发事件应急处理指挥部的统一指挥，相互配合、协作，集中力量开展相关的科学研究工作。

（二）突发事件应急处理措施

国务院卫生主管部门对新发现的突发传染病，根据危害程度、流行强度，依照《中华人民共和国传染病防治法》的规定及时宣布为法定传染病；宣布为甲类传染病的，由国务院决定。对新发现的突发传染病、不明原因的群体性疾病、重大食物和职业中毒事件，国务院卫生主管部门应当尽快组织力量制定相关的技术标准、规范和控制措施。省级以上人民政府卫生主管部门或者其他有关部门指定的突发事件应急处理专业技术机构，负责突发事件的技术调查、确证、处置、控制和评价工作。

突发事件发生后，国务院有关部门和县级以上地方人民政府及其有关部门，应当保证突发事件应急处理所需的医疗救护设备、救治药品、医疗器械等物资的生产、供应；铁路、交通、民用航空行政主管部门应当保证及时运送。

根据突发事件应急处理的需要，突发事件应急处理指挥部有权紧急调集人员、储备的物资、交通工具以及相关设施、设备；必要时，对人员进行疏散或者隔离，并可以依法对传染病疫区实行封锁；根据突发事件应急处理的需要，可以对食物和水源采取控制措施。

县级以上地方人民政府卫生主管部门应当对突发事件现场等采取控制措施，宣传突发事件防治知识，及时对易受感染的人群和其他易受损害的人群采取应急接种、预防性投药、群体防护等措施。

（三）医疗卫生机构在应急处理中的职责

医疗卫生机构应当对因突发事件致病的人员提供医疗救护和现场救援，对就诊病人必须接诊治疗，并书写详细、完整的病历记录，对需要转送的病人，应当按照规定将病人及其病历记录的复印件转送至接诊的或者指定的医疗机构。

医疗卫生机构内应当采取卫生防护措施，防止交叉感染和污染；应当对传染病病人密切接触者采取医学观察措施，传染病病人密切接触者应当予以配合。

医疗机构收治传染病病人、疑似传染病病人，应当依法报告所在地的疾病预防控制机构。

（四）传染病暴发、流行时采取的措施

传染病暴发、流行时，街道、乡镇以及居民委员会、村民委员会应当组织力量，团结协作，群防群治，协助卫生主管部门和其他有关部门、医疗卫生机构做好疫情信息的收集和报告、人员的分散隔离、公共卫生措施的落实工作，向居民、村民宣传传染病防治的相关知识。

对传染病暴发、流行区域内流动人口,突发事件发生地的县级以上地方人民政府应当做好预防工作,落实有关卫生控制措施,对传染病病人和疑似传染病病人,应当采取就地隔离、就地观察、就地治疗的措施,对需要治疗和转诊的,应当依照本条例的相关规定执行。

有关部门、医疗卫生机构应当对传染病做到早发现、早报告、早隔离、早治疗,切断传播途径,防止扩散。在突发事件中需要接受隔离治疗、医学观察措施的病人、疑似病人和传染病病人密切接触者,在卫生主管部门或者有关机构采取医学措施时应当予以配合;拒绝配合的,由公安机关依法协助强制执行。

第三节 法律责任

一、违反《疫苗流通和预防接种管理条例》的法律责任

(一)县级以上人民政府违反规定的法律责任

县级以上人民政府未依照本条例规定履行预防接种保障职责的,由上级人民政府责令改正,通报批评;造成传染病传播、流行或者其他严重后果的,对直接负责的主管人员和其他直接责任人员依法给予行政处分;构成犯罪的,依法追究刑事责任。

(二)卫生主管部门、药品监督管理部门违反规定的法律责任

县级以上人民政府卫生主管部门、药品监督管理部门违反本条例规定,有下列情形之一的:①未依照本条例规定履行监督检查职责,或者发现违法行为不及时查处的;②未及时核实、处理对下级卫生主管部门、药品监督管理部门不履行监督管理职责的举报的;③接到发现预防接种异常反应或者疑似预防接种异常反应的相关报告,未立即组织调查处理的;④擅自进行群体性预防接种的;⑤违反本条例的其他失职、渎职行为。

由本级人民政府、上级人民政府卫生主管部门、药品监督管理部门责令改正,通报批评;造成受种者人身损害,传染病传播、流行或者其他严重后果的,对直接负责的主管人员和其他直接责任人员依法给予行政处分;构成犯罪的,依法追究刑事责任。

(三)疾病预防控制机构违反规定的法律责任

疾病预防控制机构有下列情形之一的:①未按照使用计划将第一类疫苗分发到下级疾病预防控制机构、接种单位、乡级医疗卫生机构的;②设区的市级以上疾病预防控制机构违反本条例规定,直接向接种单位供应第二类疫苗的;③未依照规定建立并保存疫苗购进、分发、供应记录的。

由县级以上人民政府卫生主管部门责令改正,通报批评,给予警告;有违法所得的,没收违法所得;拒不改正的,对主要负责人、直接负责的主管人员和其他直接责任人员依法给予警告、降级的处分。

(四)接种单位及医疗卫生人员违反规定的法律责任

接种单位有下列情形之一的:①未依照规定建立并保存真实、完整的疫苗接收或者购进记录的;②未在其接种场所的显著位置公示第一类疫苗的品种和接种方法的;③医疗卫生人员在接种前,未依照本条例规定告知、询问受种者或者其监护人有关情况的;④实施预防接种的医疗卫生人员未依照规定填写并保存接种记录的;⑤未依照规定对接种疫苗的情况进行登记并报告的。

由所在地的县级人民政府卫生主管部门责令改正,给予警告;拒不改正的,对主要负责

人、直接负责的主管人员依法给予警告、降级的处分，对负有责任的医疗卫生人员责令暂停3个月以上6个月以下的执业活动。

（五）疾病预防控制机构、接种单位违反规定的法律责任

疾病预防控制机构、接种单位有下列情形之一的：①从不具有疫苗经营资格的单位或者个人购进第二类疫苗的；②接种疫苗未遵守预防接种工作规范、免疫程序、疫苗使用指导原则、接种方案的；③发现预防接种异常反应或者疑似预防接种异常反应，未依照规定及时处理或者报告的；④擅自进行群体性预防接种的。

由县级以上地方人民政府卫生主管部门责令改正，给予警告；有违法所得的，没收违法所得；拒不改正的，对主要负责人、直接负责的主管人员和其他直接责任人员依法给予警告、降级的处分；造成受种者人身损害或者其他严重后果的，对主要负责人、直接负责的主管人员依法给予撤职、开除的处分，并由原发证部门吊销负有责任的医疗卫生人员的执业证书。

疾病预防控制机构、接种单位在疫苗分发、供应和接种过程中违反本条例规定收取费用的，由所在地的县级人民政府卫生主管部门监督其将违法收取的费用退还给原缴费的单位或者个人，并由县级以上人民政府价格主管部门依法给予处罚。

二、违反《突发公共卫生事件应急条例》的法律责任

（一）县级以上人民政府及其卫生主管部门、有关部门违反规定的法律责任

1．未履行报告职责　　县级以上人民政府及其卫生主管部门未依照本条例的规定履行报告职责，对突发事件隐瞒、缓报、谎报或者授意他人隐瞒、缓报、谎报的，对政府主要领导人及其卫生主管部门主要负责人，依法给予降级或者撤职的行政处分；造成传染病传播、流行或者对社会公众健康造成其他严重危害后果的，依法给予开除的行政处分；构成犯罪的，依法追究刑事责任。

2．未履行调查、控制、医疗救治职责　　县级以上各级人民政府卫生主管部门和其他有关部门在突发事件调查、控制、医疗救治工作中玩忽职守、失职、渎职的，由本级人民政府或者上级人民政府有关部门责令改正、通报批评、给予警告；对主要负责人、负有责任的主管人员和其他责任人员依法给予降级、撤职的行政处分；造成传染病传播、流行或者对社会公众健康造成其他严重危害后果的，依法给予开除的行政处分；构成犯罪的，依法追究刑事责任。

3．拒不履行应急处理职责　　县级以上各级人民政府有关部门拒不履行应急处理职责的，由同级人民政府或者上级人民政府有关部门责令改正、通报批评、给予警告；对主要负责人、负有责任的主管人员和其他责任人员依法给予降级、撤职的行政处分；造成传染病传播、流行或者对社会公众健康造成其他严重危害后果的，依法给予开除的行政处分；构成犯罪的，依法追究刑事责任。

4．未履行物资的生产、供应、运输和储备职责　　国务院有关部门、县级以上地方人民政府及其有关部门未依照本条例的规定，完成突发事件应急处理所需要的设施、设备、药品和医疗器械等物资的生产、供应、运输和储备的，对政府主要领导人和政府部门主要负责人依法给予降级或者撤职的行政处分；造成传染病传播、流行或者对社会公众健康造成其他严重危害后果的，依法给予开除的行政处分；构成犯罪的，依法追究刑事责任。

（二）医疗机构违反规定的法律责任

医疗卫生机构有下列行为之一的：①未依照本《条例》的规定履行报告职责，隐瞒、缓报或者谎报的；②未依照本《条例》的规定及时采取控制措施的；③未依照本《条例》的规定履

行突发事件监测职责的；④拒绝接诊病人的；⑤拒不服从突发事件应急处理指挥部调度的。

由卫生主管部门责令改正、通报批评、给予警告；情节严重的，吊销《医疗机构执业许可证》；对主要负责人、负有责任的主管人员和其他直接责任人员依法给予降级或者撤职的纪律处分；造成传染病传播、流行或者对社会公众健康造成其他严重危害后果，构成犯罪的，依法追究刑事责任。

(李顺见)

自测题

1. 我国疫苗分为
   A. 2 类　　　　　　　B. 3 类　　　　　　　C. 4 类
   D. 5 类　　　　　　　E. 6 类

2. **不属于**第一类疫苗的是
   A. 政府免费向公民提供的疫苗
   B. 公民自愿、自费受种的疫苗
   C. 卫生主管部门组织的应急接种所使用的疫苗
   D. 县级以上人民政府组织的群体性预防接种所使用的疫苗
   E. 国家免疫规划确定的疫苗

3. 疫苗批发企业可以将第二类疫苗销售给
   A. 卫生主管部门　　　　　　　B. 疾病预防控制机构
   C. 药品批发企业　　　　　　　D. 疫苗零售企业
   E. 药品零售企业

4. 可以向接种单位供应第二类疫苗的是
   A. 疫苗零售企业　　　　　　　B. 设区的市级以上疾病预防控制机构
   C. 县级疾病预防控制机构　　　D. 市级卫生主管部门
   E. 县级卫生主管部门

5. 属于第一类疫苗特征的是
   A. 免费，自愿受种　　　　　　B. 自费，自愿受种
   C. 适当收费，按规定受种　　　D. 适当收费，自愿受种
   E. 免费，按规定受种

6. 因接种第二类疫苗引起预防接种异常反应需要对受种者予以补偿的，补偿费用的承担者是
   A. 财政部门　　　　　　　　　B. 疫苗零售企业
   C. 接种单位　　　　　　　　　D. 相关的疫苗生产企业
   E. 疾控预防机构

7. 因接种第一类疫苗引起预防接种异常反应需要对受种者予以补偿的，补偿费用的承担者是
   A. 财政部门　　　　　　　　　B. 疫苗零售企业
   C. 接种单位　　　　　　　　　D. 疫苗生产企业
   E. 疾控预防机构

8.《疫苗流通和预防接种管理条例》的施行日期是

    A. 2005 年 3 月 16 日　　　　　　　　B. 2005 年 5 月 1 日

    C. 2005 年 6 月 1 日　　　　　　　　　D. 2005 年 7 月 1 日

    E. 2005 年 10 月 1 日

9. 突发公共卫生事件应急工作应当遵循的方针是

    A. 统一领导、分级负责　　　　　　　　B. 反应及时、措施果断

    C. 预防为主、常备不懈　　　　　　　　D. 依靠科学、加强合作

    E. 统一指挥、高效合作

10. 医疗机构发现突发公共卫生事件,应当在一段时间内向所在地县级人民政府卫生主管部门报告,该段时间是

    A. 1 小时　　　　　　　B. 2 小时　　　　　　　C. 4 小时

    D. 6 小时　　　　　　　E. 8 小时

11. 省级人民政府接到突发事件报告后,应当在一段时间内,向国务院卫生主管部门报告,该段时间是

    A. 1 小时　　　　　　　B. 2 小时　　　　　　　C. 4 小时

    D. 6 小时　　　　　　　E. 8 小时

12. 对新发现的突发传染病,卫生部根据危害程度、流行强度,依法及时宣布为

    A. 甲类传染病　　　　　　　　　　　　B. 乙类传染病

    C. 丙类传染病　　　　　　　　　　　　D. 丁类传染病

    E. 法定传染病

13. 根据《突发公共卫生事件应急条例》,全国突发公共卫生事件应急预案应该由

    A. 国务院有关部门制定　　　　　　　　B. 国务院卫生主管部门制定发布

    C. 国务院制定发布　　　　　　　　　　D. 国务院卫生主管部门制定,国务院批准

    E. 有关省级人民政府制定,国务院批准

14. 医疗机构应当对传染病做到

    A. 早发现、早报告、早隔离、早治疗　　B. 早报告、早隔离、早康复、早治疗

    C. 早隔离、早保密、早康复、早治疗　　D. 早康复、早预防、早报告、早隔离

    E. 早治疗、早保密、早报告、早预防

15. 突发公共卫生事件的信息发布应当

    A. 主动、准确、及时　　　　　　　　　B. 准确、积极、及时

    C. 准确、全面、及时　　　　　　　　　D. 及时、主动、积极

    E. 积极、保密、准确

16. 任何单位和个人对突发公共卫生事件,**不得**

    A. 隐瞒、谎报、误报　　　　　　　　　B. 隐瞒、缓报、谎报

    C. 隐瞒、迟报、缓报　　　　　　　　　D. 误报、迟报、缓报

    E. 谎报、迟报、缓报

17. 突发公共卫生事件应急工作的方针和原则,**不包括**

    A. 统一领导、分级负责　　　　　　　　B. 预防为主、常备不懈

    C. 反应及时、措施果断　　　　　　　　D. 依靠科学、加强合作

    E. 统一指挥、高效合作

18. 负责向社会发布突发公共卫生事件信息的是

    A. 国务院   B. 国务院卫生主管部门

    C. 省级人民政府卫生主管部门   D. 设区的市级人民政府

    E. 县级人民政府

19. 根据突发公共卫生事件应急处理的需要，突发事件应急处理指挥部**不可以**采取的措施是

    A. 对食物和水源采取控制措施   B. 紧急调集人员、储备的物资

    C. 对人员进行疏散或隔离   D. 限制人身自由

    E. 对传染病疫区进行封锁

20. 医疗卫生机构应当对因突发公共卫生事件致病的人员提供

    A. 免费体检和生活指导   B. 生活补贴和医疗费补贴

    C. 现场救援和医疗救护   D. 预防接种和免费诊疗

    E. 医疗费补贴和交通费补贴

第七章 母婴保健法律制度

保障母亲和儿童的健康权利是全世界各国共同关心的社会问题,"儿童优先,母亲安全"已成为国际社会的共识。在我国,保障妇女儿童的合法权益和身心健康,一直受到党和政府的高度重视。为了保障妇女儿童的健康,提高出生人口素质,我国于 1994 年 10 月 27 日颁布了《中华人民共和国母婴保健法》,并自 1995 年 6 月 1 日起实施。2001 年 6 月 20 日国务院颁布了《中华人民共和国母婴保健法实施办法》。此外,国家还颁行了一系列专门的法规及规章。这些法律、法规和规范性文件组成了我国母婴保健的法律制度体系,它们的颁布与实施,对于发展我国妇幼卫生事业,保障妇女儿童健康,提高人口出生素质,促进家庭幸福、民族兴旺和社会进步发挥了积极作用。

第一节 概　　述

一、母婴保健法的概念、调整对象及立法意义

(一) 母婴保健法的概念

母婴保健(maternal and infant health care)是指医疗保健机构运用医学科学技术,为公民提供婚前保健、孕产期保健和婴儿保健服务,以保障母亲和婴儿健康、提高出生人口素质的一种活动。

母婴保健法(maternal and infant health care law)是调整保障母亲和婴儿健康,提高出生人口素质活动中产生的各种社会关系的法律规范的总称。它泛指《中华人民共和国母婴保健法》及与其相配套实施的法规、规章和规范性文件。

(二) 母婴保健法的调整对象

《母婴保健法》的调整对象既包括从事母婴保健服务的机构及其工作人员,也包括母婴

保健服务的对象和当事人。母婴保健法规定了各级人民政府及其相关部门领导和管理母婴保健事业的职责，明确了对医疗保健机构以及母婴保健技术人员的要求，同时也赋予了母婴保健对象和当事人一定的权利和义务。

（三）母婴保健法的立法意义

《母婴保健法》是新中国成立以来第一部保护妇女儿童健康的法律，是宪法对妇女、儿童保护原则规定的具体化，是我国妇幼卫生史上的一个里程碑。

《母婴保健法》强调各级人民政府应当采取措施，加强母婴保健工作，提高医疗保健水平，将母婴保健这一经常性、基础性的工作法制化。

《母婴保健法》的颁布与实施，充分显示了党和政府对广大妇女儿童身心健康的重视和关怀，它对于加强政府对母婴保健工作的领导，发展母婴保健事业，保障妇女儿童健康，提高人口出生素质，促进家庭幸福、民族兴旺和社会进步，都具有重要意义。

二、母婴保健法的适用范围

《母婴保健法》适用范围包括三大类：

（一）受母婴保健法保护的育龄妇女、孕产妇和新生儿

主要是引导她们主动按医疗保健人员的建议自觉地接受婚前保健、孕产期保健服务。

（二）医疗保健机构及其工作人员

这是法律适用范围的主体部分，母婴保健法规定了医务人员的任务、职责、职能及应承担的法律责任。

（三）地方各级人民政府和卫生主管部门

《母婴保健法》明确规定了各级人民政府在母婴保健工作中的领导职责，确立了各级卫生主管部门是执法的管理机构。

三、母婴保健法制建设

在我国，保障妇女和儿童的健康权利，一直受到党和政府的重视。1949年发表的《共同纲领》明确规定"保护母亲、婴儿和儿童的健康"。我国宪法中明确了保护母亲和儿童的规定。为了贯彻宪法的规定，《婚姻法》《妇女权益保障法》《未成年保护法》对保护妇女和儿童的健康都作出了规定。

为了保障母亲和婴儿健康、提高出生人口素质，1994年10月27日，第八届全国人大常委会第十次会议通过了《中华人民共和国母婴保健法》（以下简称《母婴保健法》），自1995年6月1日起施行。这是我国第一部保护母婴健康的法律，是宪法对人民的健康和对妇女、儿童保护原则规定的具体化。2001年6月，国务院颁布了《中华人民共和国母婴保健法实施办法》（简称《母婴保健法实施办法》）。卫生部先后颁布了《产前诊断技术管理办法》《新生儿疾病筛查管理办法》等规章和《婚前保健工作规范》《孕前保健服务工作管理办法》《孕产期保健工作规范》《母婴保健医学技术鉴定管理办法》《关于禁止非医学需要的胎儿性别鉴定和选择性别的人工终止妊娠的规定》等规范性文化。

2012年2月，卫生部在《贯彻2011—2020年中国妇女儿童发展纲要实施方案》中提出，实施母婴安全行动，着力保障母婴安全，降低孕产妇和婴儿死亡率；实施出生缺陷综合防治行动，加强出生缺陷综合防治，减少先天残疾的发生；实施妇女儿童疾病防治行动，加强乳腺癌、宫颈癌、白血病、贫血等重大疾病防治；实施妇幼卫生服务体系建设行动，加强妇幼

卫生体系建设,满足广大妇女儿童日益增长的健康需求等四大妇女儿童健康行动。

历史长廊

新中国成立前的母婴保健工作

历朝来,直至新中国成立,孕妇生产主要由当地旧产婆接生,或自包自接。农村缺医少药,产妇死于大出血、难产、产褥热,新生儿死于破伤风,比较普遍,真是"生得多,死得也多"听天由命。1947年,民国政府卫生工作中,也曾提及"改造旧产婆,提倡新接生",开展妇婴保健,但实际未付之实施。

来源:慈溪市草编之乡长河史志

第二节 母婴保健技术服务的法律制度

案例与思考

案例7-1 因婚检引发的赔偿纠纷案

小吴与男友于1998年10月2日到某中心卫生院做婚前医学检查,并按规定交付了检查费用。婚检工作人员向小吴男友询问既往病史时,其均答"无",该中心卫生院当天就出具了"能结婚"的婚检证明。小吴与男友结了婚。1999年7月10日,小吴的丈夫在当地另一家医院就医时被确诊为肝癌。事后,小吴从婚检部门得知:"肝脏是影响结婚和生育的重要器官,肝脏疾病史是婚检部门婚前检查的主要疾病之一。"现据其丈夫病历记载"患乙肝病史7年,肝硬化腹水4年。"而该中心卫生院没有对其丈夫进行肝脏疾病检查,就出具了"能结婚"的医学证明,严重掩盖了其身患绝症的事实,给小吴生活上带来极大的困难,身心也受到严重的伤害,导致了小吴婚姻的不幸。小吴将该中心卫生院告上了法庭,要求被告赔偿其损失。

结合本节的学习,思考回答:

1. 该卫生院出具的婚前医学检查证明是否合适?为什么?

2. 法律对婚前医学检查有哪些规定?

母婴保健服务事关种族的繁衍,事关国民素质的提升,事关社会文明的进程。正是母婴保健服务工作的重要性,促使世界上许多国家极为重视母婴保健工作的法制建设工作。我国以《母婴保健法》为基本法,制定了一系列的法规、规章,构成了我国母婴保健服务的法律制度。

一、母婴保健技术服务

《母婴保健法实施办法》规定,母婴保健技术服务(maternal and infant health care services)主要包括下列内容和事项:①有关母婴保健的科普宣传、教育和咨询;②婚前医学检查;③产前诊断和遗传病诊断;④助产技术;⑤实施医学上需要的节育手术;⑥新生儿疾病筛查;⑦有关生育、节育、不育的其他生殖保健服务。

二、婚前保健法律规定

婚前保健服务（pre-marital health care services），是指对准备结婚的男女双方在结婚登记前所进行的婚前卫生指导、婚前卫生咨询和婚前医学检查服务。

根据母婴保健法及其实施办法的规定，医疗保健机构应当为公民提供婚前保健服务，对准备结婚的男女双方提供与结婚和生育有关的生殖健康知识，并根据需要提出医学指导意见。

通过婚前保健服务，一方面对准备结婚男女双方进行婚前卫生指导，提供婚前卫生咨询；另一方面通过婚前医学检查能及时发现可能影响结婚和生育的疾病，并及时采取相应措施，预防和减少严重先天病残儿的出生。

（一）婚前保健服务的内容

1. 婚前卫生指导（pre-marital health instruction） 是指对准备结婚的男女双方进行的以生殖健康为核心，与结婚和生育有关的生殖保健知识的宣传教育。婚前卫生指导包括：①有关性卫生的保健和教育；②新婚避孕知识及计划生育指导；③受孕前的准备、环境和疾病对后代影响等孕前保健知识；④遗传病的基本知识；⑤影响婚育的有关疾病的基本知识；⑥其他生殖健康知识。

2. 婚前卫生咨询（pre-marital health consultation） 是受过专业培训的医师与服务对象面对面地交谈，针对服务对象提出的具体问题进行解答、交换意见、提供信息，对有关婚配、生育保健等问题提供医学意见，就婚育不当可能产生的后果进行说明，并提出适当的建议，以帮助其作出合适的决定。

3. 婚前医学检查（pre-marital medical examination） 医疗保健机构对准备结婚的男女双方可能会影响结婚和生育的疾病进行医学检查。

（二）婚前医学检查

1. 承担机构 婚前医学检查由县级以上妇幼保健院或经设区的市级以上卫生主管部门指定的医疗保健机构承担，不宜生育的严重遗传性疾病的诊断由省级卫生主管部门指定的医疗保健机构负责。

2. 检查内容 婚前医学检查的项目有询问病史、体格检查、生殖器及第二性征检查。婚前医学检查的疾病主要包括严重遗传性疾病、指定传染病、有关精神病和其他与婚育有关的疾病。

3. 出具证明 经婚前医学检查，医疗保健机构应当向接受婚前医学检查的当事人出具《婚前医学检查证明》，并注明医学意见的内容。接受婚前医学检查的当事人对检查结果持有异议时，可以申请医学技术鉴定，取得医学鉴定证明。

4. 检查意见 经婚前医学检查，对患有指定传染病在传染期内或者有关精神病在发病期内的，对诊断患医学上认为不宜生育的严重遗传性疾病的，医师应当向男女双方说明情况，提出医学意见。同时医师应当向当事人说明情况，提出预防、治疗及采取相应医学措施的建议，并在《婚前医学检查证明》"医学意见"栏内根据不同的检查结果分别注明不同的医学意见：

（1）建议不宜结婚：主要是双方为直系血亲、三代以内旁系血亲关系以及医学上认为不宜结婚的疾病，如发现一方或双方患有重度、极重度智力低下，不具有婚姻意识能力；重型精神病，在发病期有攻击危害行为。

（2）建议不宜生育：发现医学上认为不宜生育的严重遗传性疾病或者其他重要脏器疾病，以及医学上认为不宜生育的疾病的。

（3）建议暂缓结婚：发现指定传染病在传染期内，有关精神病在发病期内或其他医学上认为应暂缓结婚的疾病的。

（4）可以结婚：未发现医学上不宜结婚的情形，即未发现前述（1）（2）（3）类情况。

婚检医师在提出"不宜结婚"、"不宜生育"和"暂缓结婚"等任何一种医学意见时，应当充分尊重服务对象的意愿，耐心、细致地讲明科学道理，对可能产生的后果给予重点解释，并由受检双方在体检表上签署知情意见。

对于婚检发现的可能会终生传染的不再发病期的传染病患者或病原体携带者，在出具婚前检查医学意见时，应向受检者说明情况，提出预防、治疗及采取其他医学措施的意见。若受检者坚持结婚，应当充分尊重受检双方的意愿。

知识窗

关于"婚检"，你知道吗？

婚姻当事人自愿选择进行婚前医学检查。婚前医学检查以科学为依据，对促进婚姻美满、家庭幸福，预防和减少严重先天病残儿的出生十分重要。2003年国务院颁布的《婚姻登记条例》，取代了过去的《婚姻登记管理条例》。其中规定婚前检查实行自愿原则，登记机关不再检查当事人的《婚前医学检查证明》。婚前检查由强制改为由当事人自愿选择。

《婚姻登记条例》虽然取消了强制婚检的规定，但是并未降低对婚姻登记的要求。结婚登记的男女双方仍然要证明不患有法律禁止结婚的疾病。婚前医学检查应当成为婚姻当事人的自觉行为。对结婚当事人而言，婚前医学检查将有利于以后婚姻的幸福；对国家而言，婚前医学检查是实现优生优育的保证。

三、孕产期保健法律规定

我国《母婴保健法》第十四条规定，医疗保健机构应当为育龄妇女和孕产妇提供孕产期保健服务。医疗保健机构开展母婴保健指导、孕产期保健、胎儿保健和新生儿保健服务，可以防止或者减少出生缺陷，提高出生婴儿健康水平。

孕产期保健（care of pregnant childbirth period），是指各级各类医疗保健机构为准备妊娠至产后42天的妇女及胎婴儿提供全程系列的医疗保健服务。

《母婴保健法》及其实施办法规定，医疗保健机构应当为育龄妇女和孕产妇提供孕产期保健服务。孕产期保健服务包括下列内容：①母婴保健指导，对孕育健康后代，以及严重遗传性疾病和碘缺乏病等地方病的发病原因、治疗和预防方法提供医学意见；②孕妇、产妇保健，为孕妇、产妇提供卫生、营养、心理等方面的咨询和指导以及产前定期检查等医疗保健服务；③胎儿保健，为胎儿生长发育进行监护，提供咨询和医学指导；④新生儿保健，为新生儿生长发育、哺乳和护理提供医疗保健服务。

根据2011年卫生部发布的《孕产期保健工作管理方法》。孕产期保健应当以保健母婴安全为目的，遵循保健与临床相结合的工作方针。

（一）孕前保健

孕前保健（before pregnancy care），是指为准备妊娠的夫妇提供以健康教育与咨询、孕前医学检查、健康状况评估和健康指导为主要内容的系列保健服务。孕前保健是婚前保健的延续。《孕前保健服务工作规范（试行）》规定孕前保健服务的内容主要有以下几个方面：

1. 健康教育与咨询 包括：①生理的心理健康知识；②有关生育的基本知识（如生命的孕育过程的）；③生活方式、孕前及孕期运动方式、饮食营养和环境因素等对生命的影响；④出生缺陷及遗传性疾病的防治等。

医师发现或者怀疑患严重遗传性疾病的育龄夫妻，应当提出医学意见，限于现有医疗技术水平难以确诊的，应当向当事人说明情况。育龄夫妻可以选择避孕、节育、不孕等相应的医学措施。

2. 健康状况检查 通过咨询和孕前医学检查、对准备怀孕夫妇的健康状况作出初步评估。针对存在的可能影响生育的健康问题，提出建议。孕前医学检查（包括体格检查、实验室和影像等辅助检查）应在之前选择的基础上进行，同时应保护服务对象的隐私。

生育过严重遗传性疾病或者严重缺陷患儿的，再次妊娠前，夫妻双方应当按照国家有关规定到医疗、保健机构进行医学检查。医疗保健机构应当向当事人介绍有关遗传性疾病的知识，给予咨询、指导。对诊断患有医学上认为不宜生育的严重遗传性疾病的，医师应当向当事人说明情况，并提出医学意见。

3. 健康指导 根据一般情况了解和孕前医学检查结果对孕前保健对象的健康状况进行综合评估。遵循普遍性指导和个性化指导相结合的原则，对计划怀孕的夫妇进行怀孕前、孕早期及预防出生缺陷的指导等。

医疗保健机构对患有严重疾病或者接触致畸物质，妊娠可能危及孕妇生命安全或者严重影响孕妇健康和胎儿正常发育的，应当给予医学指导。

（二）孕期保健

1. 孕期保健要求 孕期保健（health care during pregnancy），是指确定妊娠之日开始至临产前，为孕妇及胎儿提供的系列保健服务。孕期保健服务包括：建立孕产期保健册（卡）、提供产前检查、筛查危险因素、诊治妊娠合并症和并发症、提供心理、营养和卫生指导等，在整个妊娠期间至少提供 5 次产前检查，发现异常应当酌情增加检查次数。根据不同妊娠时期确定各期保健重点。对高危孕妇进行专案管理，密切观察并及时处理危险因素。

2. 孕期医学指导和检查 医疗、保健机构发现孕妇患有以下严重疾病或者接触物理、化学、生物等有毒有害因素，可能危及孕妇生命安全或者可能严重影响孕妇健康和胎儿正常发育的，应当对孕妇进行医学指导和必要的医学检查：①严重的妊娠合并症或者并发症；②严重的精神性疾病；③国务院卫生主管部门规定的严重影响生育的其他疾病。

（三）产前诊断

1. 产前诊断的概念 产前诊断（before delivery of medical diagnosis），是指对胎儿进行先天性缺陷和遗传性疾病的诊断，包括相应的筛查。产前诊断技术项目包括遗传咨询、医学影像、生化免疫、细胞遗传和分子遗传。

2. 产前诊断服务的要求 原卫生部颁行的《产前诊断技术管理办法》对开展产前诊断进行了规范要求。

（1）确定产前诊断重点疾病的条件：确定产前诊断重点疾病，应当符合下列条件：①疾病发生率较高；②疾病危害严重，社会、家庭和个人疾病负担大；③疾病缺乏有效的临床治疗方法；④诊断技术成熟、可靠、安全和有效。

（2）诊断目的要求：产前诊断技术的应用应当以医疗为目的，符合国家有关法律规定和伦理原则，由经资格认定的医务人员在经许可的医疗保健机构中进行。医疗保健机构和医务人员不得实施任何非医疗目的的产前诊断技术。

（3）诊断工作要求

1）明确诊断的情形：医疗保健机构在发现孕妇有下列情形之一的，应当对其进行产前诊断：①羊水过多或者过少；②胎儿发育异常或者胎儿可能有畸形；③孕早期接触过可能导致胎儿先天缺陷的物质；④有遗传病家族史或者曾经分娩过先天性严重缺陷的婴儿；⑤年龄超过35周岁的初产妇；⑥省级以上卫生主管部门规定的其他情形的。

2）坚持知情选择：对一般孕妇实施产前筛查以及应用产前诊断技术坚持知情选择。孕妇自行提出进行产前诊断的，经治医师可根据其情况提供医学咨询，由孕妇决定是否实施产前诊断技术。

3）履行告知义务：经治医师应本着科学、负责的态度，向孕妇或家属告知产前诊断技术及诊断结果技术的安全性、有效性和风险性，使孕妇或家属理解技术可能存在的风险和结果的不确定性。

4）规范诊断报告：医疗保健机构出具的产前诊断报告，应当由2名以上经资格认证的执业医师签发。

5）健全技术档案：开展产前诊断技术的医疗保障机构应当建立健全技术档案管理和追踪观察制度。

（四）终止妊娠

终止妊娠（termination of pregnancy）是指母体承受胎儿在其体内发育成长的过程的终止。经产前检查和产前诊断有下列情形之一的，医师应当向夫妻双方说明情况，并提出终止妊娠的医学意见：①胎儿患有严重遗传性疾病的；②胎儿有严重缺陷的；③因患严重疾病，继续妊娠可能危及孕妇生命安全或者严重危害孕妇健康的。

终止妊娠应当经本人同意，并签署意见。本人无行为能力的，应当经其监护人同意，并签署意见。依照母婴保健法实施终止妊娠的，接受免费服务。

（五）住院分娩

1. 住院分娩的规定　国家提倡住院分娩（in the hospital childbirth）。医疗保健机构应当按照国务院卫生主管部门制定的技术操作规范，实施消毒接生和新生儿复苏，预防产伤及产后出血等产科并发症，降低孕产妇及围产儿发病率、死亡率。高危孕妇应当在医疗保健机构住院分娩。

2. 不能住院分娩的规定　没有条件住院分娩的，应当由经县级地方人民政府卫生部门许可并取得家庭接生员技术证书的人员接生。对因地理环境等因素不能住院分娩的，有条件的地区应当由医疗保健机构派出具有执业资质的医务人员进行家庭接生；无条件的地区，应当由依法取得家庭接生员技术合格证书的接生员实施家庭接生；发现异常情况的应当及时与当地医疗保健机构联系并进行转诊。

（六）分娩期保健

1. 分娩期保健　分娩期保健（care during childbirth）是指从临产开始到胎儿胎盘娩出期间的各种保健和处理。这段时间虽短，但很重要且复杂，是保证母婴生命安全的关键。包括对产妇的健康情况进行全面了解和动态评估，加强对产妇与胎儿的全产程监护，积极预防和处理分娩期并发症,及时诊治妊娠合并症等系列保健服务。

2. 分娩期保健服务的内容　主要包括:①对产妇的健康状况及产科情况进行全面了解和动态评估;②严密观察产程进展,正确绘制产程图,尽早发现产程异常,及时诊治或转诊;③鼓励阴道分娩,在具备医学指征的情况下实施剖宫产;④规模应用助产技术,正确使用缩宫素;⑤加强分娩室的规范管理,严格无菌操作,预防和控制医源性感染;⑥分娩后产妇需在分娩室内观察 2 小时,预防产后出血;⑦预防新生儿窒息,对窒息新生儿及时进行复苏;⑧对新生儿进行全面体检和评估,做好出生缺陷诊断与报告;⑨按照规定对新生儿进行预防接种。

知识窗

并发症与合并症的区别

学者对并发症的定义有以下几种:①并发症是指一种疾病在发展过程中引起另一种疾病或症状的发生,后者即为前者的并发症,如消化性溃疡可能有幽门梗阻、胃穿孔或大出血等并发症。②并发症是指在诊疗护理过程中,病人由患一种疾病合并发生了与这种疾病有关的另一种或几种疾病。合并症是指在特殊的生理状况下或者一种疾病在发展过程中,合并发生了另外一种或几种疾病,后一种疾病不是特殊的生理状况或前一种疾病引起的。如妊娠合并原发性高血压、糖尿病合并乙型肝炎等。并发症与合并症的区别在于前后两种疾病之间有无因果关系。有因果关系的就是并发症,无因果关系的就是合并症。

(七)产褥期保健

医疗机构应当对产妇及新生儿提供产褥期保健(puerperium care)。包括为孕妇及新生儿进行健康评估,开展母乳喂养、产后营养、心理、卫生及避孕指导,为新生儿进行预防接种和新生儿疾病筛查等。

新生儿保健的主要内容包括:①按照国家有关规定开展新生儿先天性、遗传性代谢病筛查、诊断、治疗和检测;②对新生儿进行访视,建立儿童保健手册(卡),定期对其进行健康检查,提供有关预防疾病、合理膳食、促进智力发育等科学知识,做好婴儿多发病、常见疾病预防等医疗保健服务;③按照规定的程序和项目对婴儿进行预防接种;④推行母乳喂养。医疗保健机构应当为实施母乳喂养提供技术指导,为住院分娩的产妇提供必要的母乳喂养条件。

(八)出具新生儿出生医学证明

医疗保健机构和从事家庭接生的人员按照国务院卫生主管部门的规定,出具统一制发的新生儿出生医学证明;有产妇和婴儿死亡以及新生儿出生缺陷情况的,应当向卫生主管部门报告。《出生医学证明》是新生儿申报户口的证明。

四、新生儿疾病筛查法律规定

(一)概念

新生儿疾病筛查(neonatal disease screening)是指在新生儿期对严重危害新生儿健康的先天性、遗传性疾病施行专项检查,提供早期诊断和治疗的母婴保健技术。

新生儿疾病筛查是提高出生人口素质,减少出生缺陷的预防措施之一。各级各类医疗机构和医务人员应当在工作中开展新生儿疾病筛查的宣传教育工作。

（二）筛查病种

《新生儿疾病筛查管理办法》规定，全国新生儿疾病筛查病种包括：①先天性甲状腺功能减低症；②苯丙酮尿酸症等新生儿遗传代谢病；③听力障碍。

国务院卫生主管部门根据需要对全国新生儿疾病筛查病种进行调查。省、自治区、直辖市人民政府卫生主管部门可以根据本行政区域的医疗资源、群众需求、疾病发生率等实际情况，增加本行政区域内新生儿疾病筛查病种，并报卫生部备案。

（三）筛查原则和程序

1．原则　新生儿疾病筛查遵循自愿和知情选择的原则。医疗机构在实施新生儿疾病筛查前，应当将新生儿疾病筛查的项目、条件、方式、灵敏度和费用等情况如实告知新生儿的监护人，并取得签字同意。

2．程序　新生儿遗传代谢病筛查程序包括血片采集、送检、实验室检测、阳性病例确诊和治疗。新生儿听力筛查程序包括初筛、复筛、阳性病例确诊和治疗。

（四）筛查机构及工作要求

1．新生儿疾病筛查中心　新生儿疾病筛查中心应当开展以下工作：①开展新生儿遗传代谢疾病筛查的实验室检测、阳性病例确诊和治疗或者听力筛查阳性病例确诊、治疗；②掌握本地区新生儿疾病筛查、诊断、治疗、转诊情况；③负责本地区新生儿疾病筛查人员培训、技术指导、质量管理和相关的健康宣传教育；④承担本地区新生儿疾病筛查有关信息的收集、统计、分析、上报和反馈工作。开展新生儿疾病筛查的医疗机构应当及时提供病例信息，协助新生儿疾病筛查中心做好上述工作。

新生儿遗传代谢病筛查中心发现新生儿遗传代谢病阳性病例时，应当及时通知新生儿监护人进行确诊。开展新生儿听力初筛、复筛的医疗机构发现新生儿疑似听力障碍的，应当及时通知新生儿监护人到新生儿听力筛查中心进行听力确诊。医疗机构发现新生儿患有遗传代谢病和听力障碍的，应当及时告知其监护人，并提出治疗和随诊建议。

从事新生儿疾病筛查的医疗机构和人员，应当严格执行新生儿疾病筛查技术规范，保证筛查质量。

2．医疗机构　诊疗科目中设有产科或者儿科的医疗机构，应当按照新生儿疾病筛查规范的要求，开展新生儿遗传代谢病血片采集及送检、新生儿听力初筛及复筛工作。不具备开展新生儿疾病筛查血片采集、新生儿听力初筛和复筛服务条件的医疗机构，应当告知新生儿监护人到有条件的医疗机构进行新生儿疾病筛查血片采集和听力筛查。

五、婴儿保健法律规定

（一）婴儿的疾病预防与控制

医疗、保健机构应当按照国家有关规定开展新生儿先天性、遗传性代谢病筛查、诊断、治疗和监测。应当按照规定进行新生儿访视，建立儿童保健手册（卡），定期对其进行健康检查，提供有关预防疾病、合理膳食、促进智力发育等科学知识，做好婴儿多发病、常见病防治等医疗保健服务。应当按照规定的程序和项目对婴儿进行预防接种，婴儿的监护人应当保证婴儿及时接受预防接种。

（二）推行母乳喂养

国家推行母乳喂养。医疗、保健机构应当为实施母乳喂养提供技术指导，为住院分娩的产妇提供必要的母乳喂养条件，不得向孕产妇和婴儿家庭宣传、推荐母乳代用品。

妇女享有国家规定的产假,有不满1周岁婴儿的妇女,所在单位应当在劳动时间内为其安排一定的哺乳时间。

六、技术鉴定法律规定

(一)概念

母婴保健医学技术鉴定(maternal and infant health care medical technical appraisement)是指接受母婴保健服务的公民或者提供母婴保健服务的医疗保健机构,对婚前医学检查、遗传病诊断、产前诊断的结果或医学技术鉴定结论持有异议所进行的医学技术鉴定。母婴保健医学技术鉴定工作必须坚持实事求是,尊重科学,公正鉴定,保守秘密的原则。

(二)医学技术鉴定机构

1. 医学技术鉴定委员会 根据《母婴保健医学技术鉴定管理办法》规定,县级以上地方人民政府可以设立母婴保健医学技术鉴定委员会,负责对本行政区域内有异议的婚前医学检查、遗传病诊断、产前诊断结果和有异议的下一级医学技术鉴定结论进行医学技术鉴定。母婴保健医学技术鉴定委员会分为省、市、县三级。

2. 医学技术鉴定委员会组成 医学技术鉴定委员会应当由妇产科、儿科、妇女保健、儿童保健、生殖保健、医学保健、神经病学、精神病学、传染病学等医学专家组成。从事医学技术鉴定的人员,必须由具有以下条件的人员担任:①具有认真负责的精神和良好的医德风尚;②具有丰富医疗保健实践经验和相关学科理论知识;③县级应具有主治医师以上的专业技术职务;市级应具有副主任以上的专业技术职务;省级应具有主任或教授技术职务。医学技术鉴定委员会的组成人员,由卫生主管部门提名,同级人民政府聘任,组成人员任期4年,可以连任。

(三)医学技术鉴定的程序

1. 鉴定的提起 公民对许可的医疗保健机构出具的婚前医学检查、遗传病诊断、产前诊断结果持有异议的,可在接到诊断结果证明之日起15日内,向当地医学技术鉴定委员会办事机构提出书面申请,同时填写《母婴保健医学技术鉴定申请表》,提供与鉴定有关的材料。

2. 鉴定要求 医学技术鉴定委员会应当在接到《母婴保健医学技术鉴定申请表》之日起30日内作出医学技术鉴定结论,如有特殊情况,最长不得超过90日。如鉴定有困难,可向上一级医学技术鉴定委员会提出鉴定申请,上级鉴定委员会在接到鉴定申请后30日内作出鉴定结论。如省级技术鉴定有困难,可转至有条件的医疗保健机构进行检查确诊,出具检查报告,由省级医学技术鉴定委员会作出鉴定结论。

医学技术鉴定委员会进行医学技术鉴定时必须有5个以上相关专业医学技术鉴定委员会成员参加。参加鉴定人员中与当事人有利害关系的,应当回避。医学鉴定技术委员会在发表鉴定意见前,可以要求当事人及有关人员到会陈述理由和事实经过,当事人应当如实回答提出的询问。当事人无正当理由不到会的,鉴定仍可照常进行。医学技术鉴定委员会成员发表医学技术鉴定意见时,当事人应当回避。鉴定委员会成员应当在鉴定结论上署名;不同意见应当如实记录。鉴定委员会根据鉴定结论向当事人出具鉴定意见书。

3. 鉴定结果异议处理 当事人对鉴定结果有异议的,可在接到《母婴保健医学技术鉴定证明》之日起15日内向以上一级医学技术鉴定委员会申请重新鉴定。省级医学鉴定委员会的医学技术鉴定结论,为最终鉴定结论。

第三节　母婴保健监管的法律制度

不孕不育门诊擅自施行引产术引发的赔偿纠纷案

王女士自己经营化妆品生意，丈夫在一家事业单位上班，已经生有1个女儿，后又再次怀孕。王女士想再生一个儿子，怀孕5个多月时，到某民营不孕不育门诊找医生范某为其检查，范医生检查后告诉她，可能是一个女孩，于是王女士打算不要孩子，决定做引产手术。不孕不育门诊的范医生与雷护士（均有执业资格证书并在该门诊注册）为其实施了引产术，引产过程中致使王女士大出血，当日下午被送入市第一人民医院救治，在该院实施了子宫次全切术。经查该不孕不育门诊未取得《母婴保健技术服务执业许可证》，范医生与雷护士也未取得《母婴保健技术考核合格证书》。事后王女士从其丈夫处得知，打掉的胎儿是个男孩，于是王女士越想越觉得这次亏大了，便以不孕不育门诊处置不当造成她大出血并被做子宫次全切术为由，将门诊告上法院，要求赔偿损失。

母婴保健工作是一项技术性很强的工作，而且直接涉及公民的健康权、生育权以至生命权，因此母婴保健法对各级人民政府卫生主管部门、医疗保健机构、母婴保健工作人员、母婴保健监督管理人员的职责和法定地位作了明确的规定，对母婴保健工作提出了更高的要求，实现了母婴保健服务及监督管理工作的规范化。

请结合本节的学习，思考回答：

1. 案例 7-2 中，不孕不育门诊错误何在？王女士的诉求是否有可能得到支持？
2. 从事母婴保健技术服务机构怎样才能执业？

一、母婴保健机构及其人员的监管规定

（一）母婴保健机构及执业许可规定

1. **概念**　母婴保健机构（maternal and infant health care institutions），是指依据母婴保健法开展母婴保健业务的各级妇幼保健机构以及其他开展母婴保健技术服务的机构。

2. **母婴保健机构执业许可**　母婴保健机构依法开展婚前医学检查、遗传病诊断、产前诊断以及施行结扎手术和终止妊娠手术的，必须符合国务院卫生主管部门规定的条件和技术标准，并经县级以上地方人民政府卫生主管部门许可，取得《母婴保健技术服务执业许可证》。

开展母婴保健技术服务的机构，必须同时具备下列条件：①符合当地医疗保健机构设置规划；②取得《医疗机构执业许可证》；③符合《母婴保健专项技术服务基本标准》；④符合审批机关规定的其他条件。

国家对开展婚前医学检查和产前诊断服务的机构还做了特别规定，具体要求为：

（1）开展婚前医学检查的许可要求：母婴保健机构开展婚前医学检查，应当具备以下条

件：①分别设置专用的男女婚前医学检查室，配备常规检查和专科检查设备；②设置婚前生殖健康宣传教育室；③具有符合条件的进行男、女婚前医学检查的执业医师。经设区的市级以上卫生主管部门审批，取得母婴保健技术服务执业许可证。

（2）开展产前诊断的许可要求：母婴保健机构开展产前诊断，必须符合下列所有条件：①设有妇产科诊疗科目；②具有与所开展技术相适应的卫生专业技术人员；③具有与所开展技术相适应的技术条件和设备；④设有医学伦理委员会；⑤符合《开展产前诊断技术医疗保健机构的基本条件》及相关技术规范。经省级卫生主管部门审批，取得《母婴保健技术服务执业许可证》。

《母婴保健技术服务执业许可证》的有效期为3年，期满后继续开展母婴保健技术服务的，由原发证机关重新审核认可。

（二）母婴保健服务技术人员执业许可

1. 从事产前诊断人员执业许可　从事产前诊断的卫生专业技术人员应符合以下所有条件：①从事临床工作的，应取得执业医师资格；②从事辅助工作的，应取得相关卫生专业技术职称；③符合从事产前诊断卫生专业技术人员的基本条件；④经省级卫生主管部门批准，取得从事产前诊断的母婴保健技术考核合格证书。从事产前诊断的人员不得在未许可开展产前诊断技术的医疗保健机构中从事相关工作。

2. 从事婚前医学检查、施行结扎手术和终止妊娠手术人员和从事家庭接生人员的执业许可　依据《母婴保健法》规定，在母婴保健机构从事婚前医学检查、施行结扎手术和终止妊娠手术等母婴保健技术服务的人员和从事家庭接生的人员，其执业应当参加卫生主管部门组织的《母婴保健法》知识培训和业务培训，凡符合卫生主管部门规定的技术人员标准，经过县级以上地方人民政府卫生主管部门考核合格，取得《母婴保健技术考核合格证》和《家庭接生技术合格证书》后方可从事母婴保健技术工作。

考核发证负责部门如下：

（1）遗传病诊断和产前诊断人员的考核发证：由省、自治区、直辖市卫生主管部门负责。

（2）婚前医学检查人员考核发证：由设区的市级以上地方卫生主管部门负责。

（3）结扎手术和终止妊娠手术人员的考核发证：由县级以上的地方卫生主管部门负责。

（4）从事家庭接生的人员的考核发证：由县级卫生主管部门负责。

以上各类许可证的有效期为3年，期满后继续开展母婴保健技术服务的，由原发证机关重新审核认可。

（三）对胎儿性别鉴定的监管

1. 胎儿性别鉴定的禁止与例外规定　国家明令禁止非医学需要的胎儿性别鉴定，《母婴保健法》规定，严禁采用技术手段对胎儿进行性别鉴定，但医学上确有需要的除外。《产前诊断技术管理办法规定》规定，开展产前诊断技术的医疗保健机构不得擅自进行胎儿的性别鉴定。《关于禁止非医学需要的胎儿性别鉴定和选择性别的人工终止妊娠的规定》规定，禁止非医学需要的胎儿性别鉴定和选择性别的人工终止妊娠，未经卫生和计划生育主管部门批准，任何机构和个人不得开展胎儿性别鉴定和人工终止妊娠手术，法律法规另有规定的除外。

医学上确有需要的胎儿性别鉴定，是指怀疑胎儿可能为伴性遗传病，需要进行性别鉴定。医学上确有需要的胎儿性别鉴定，由省级卫生主管部门指定的医疗保健机构按照国务院卫生主管部门的规定进行鉴定。

2. 监督管理机构　县级以上人民政府计划生育、卫生和食品药品监督管理等行政部门，按照各自职责，对本行政区域内的胎儿性别鉴定和施行终止妊娠手术工作实施监督管理。

3. 医疗保健机构和技术人员的管理　市（地）级人民政府卫生主管部门负责初步审查实施医学需要的胎儿性别鉴定的医疗保健机构，报省、自治区、直辖市人民政府卫生主管部门批准，并通报同级人民政府计划生育行政部门。

县级以上人民政府卫生、计生主管部门应当制定对妊娠妇女使用超声诊断仪和染色体检测进行胎儿性别鉴定的管理制度，明确规定对妊娠妇女使用超声诊断仪和染色体检测专用设备的技术人员的资格条件及操作要求。医疗保健和计划生育技术服务机构应制定相关管理制度，切实加强对有关人员的法制教育和职业道德教育。

承担施行终止妊娠手术的医务人员，应在手术前查验、登记受术者身份证，以及规定的医学诊断结果或相应的证明。

4. 实施医学需要的胎儿性别鉴定和非医学需要的终止妊娠手术的审批　实施医学需要的胎儿性别鉴定，应当由实施机构3人以上的专家组集体审核。经诊断，确需终止妊娠的，由实施机构为其出具医学诊断结果，并通报县级人民政府计划生育主管部门。

符合省、自治区、直辖市人口与计划生育条例规定生育条件，已领取生育服务证，拟实行中期以上（妊娠14周以上）非医学需要的终止妊娠手术的，需经县级人民政府计划生育行政部门或所在乡（镇）人民政府、街道办事处计划生育工作机构批准，并取得相应的证明。

5. 终止妊娠药品的使用　终止妊娠药品（不包括避孕药品），仅限于在获准施行终止妊娠手术的医疗保健机构和计划生育技术服务机构使用。终止妊娠的药品，必须在医生指导和监护下使用。禁止药品零售企业销售终止妊娠药品。药品生产、批发企业不得将终止妊娠药品销售给未获得施行终止妊娠手术资格的机构和个人。

二、母婴保健监管机构和监督人员的规定

（一）母婴保健监管机构及其职责

1. 国务院卫生主管部门及其职责　中华人民共和国国家卫生和计划生育委员会主管全国母婴保健工作，其主要职责是：①指定母婴保健法及其实施办法的配套规章及技术规范；②按照分级分类指导原则指定全国母婴保健工作发展规划和实施步骤；③组织推广母婴保健适宜技术；④对母婴保健工作进行监督管理。

2. 县级以上地方人民政府卫生主管部门及其职责　县级以上地方人民政府卫生主管部门负责本行政区域内的母婴保健监督管理工作，履行下列监督管理职责：①依照母婴保健法和母婴保健法实施办法以及国务院卫生主管部门规定的条件和技术标准，对从事母婴保健工作的机构和人员实施许可，并核发相应的许可证书；②对母婴保健法及其实施办法的执行情况进行监督检查；③对违反母婴保健法及其实施办法的行为，依法给予行政处罚；④负责母婴保健工作监督管理的其他事项。

（二）母婴保健监督员及职责

县级以上地方人民政府卫生主管部门根据需要可以设立母婴保健监督员。母婴保健监督员从卫生主管部门和妇幼保健院中聘任，由同级人民政府卫生主管部门审核发证，并报上一级卫生主管部门备案。其主要职责是：①监督检查母婴保健法及其实施办法的执行情况；②对违反母婴保健法及其实施办法的单位和个人提出处罚意见；③提出改进母婴保健工作的建议；④完成卫生主管部门交给的其他监督检查任务。

第四节 违反母婴保健法的法律责任

案例思考 7-2-2

请结合合本节的学习,思考回答:
案例 7-2 中,不孕不育门诊承担什么样的法律责任?

一、擅自从事母婴保健技术服务的法律责任

《母婴保健法》规定,未取得国家颁发的有关资格证书,有下列行为之一的,县级以上地方人民政府卫生主管部门应当予以制止,并可根据情节给予警告或者处以罚款:①从事婚前医学检查、遗传病诊断或者医学技术鉴定的;②施行终止妊娠手术的;③出具法律规定的有关医学证明的。同时,违法出具的医学证明视为无效。

《母婴保健法实施办法》规定,母婴保健机构或者人员未取得母婴保健技术许可,擅自从事婚前医学检查、遗传病诊断、产前诊断、终止妊娠手术和医学技术鉴定或者出具有关医学证明的,由卫生主管部门给予警告,责令停止违法行为,没收违法所得;违法所得 5000 元以上的,并处违法所得 3 倍以上 5 倍以下的罚款;没有违法所得或者违法所得不足 5000 元的,并处 5000 元以上 2 万元以下的罚款。

《母婴保健法》规定,未取得国家颁发的有关资格证书,施行终止妊娠手术或者采取其他方法终止妊娠,致人死亡、残疾、丧失或者基本丧失劳动能力的,依照刑法有关规定追究刑事责任。《刑法》第 336 条规定,未取得医师执业资格擅自为他人进行节育复通手术、假节育手术、终止妊娠手术或者摘取宫内节育器,情节严重的,处 3 年以下有期徒刑、拘役或者管制,并处或者单处罚金;严重损害就诊人身体健康的,处 3 年以上 10 年以下有期徒刑,并处罚金;造成就诊人死亡的,处 10 年以上有期徒刑,并处罚金。

二、出具虚假医学证明文件的法律责任

从事母婴保健技术服务的人员出具虚假医学证明文件的,依法给予行政处分;有下列情形之一的,由原发证部门撤销相应的母婴保健技术执业资格或者医师执业证书:①因延误诊治造成严重后果的;②给当事人身心健康造成严重后果的;③造成其他严重后果的。

三、违反规定进行胎儿性别鉴定的法律责任

违反母婴保健法及其实施办法规定进行胎儿性别鉴定的,由卫生主管部门给予警告,责令停止违法行为;对母婴保健机构直接负责的主管人员和其他直接责任人员,依法给予行政处分。进行胎儿性别鉴定 2 次以上的或者以盈利为目的进行胎儿性别鉴定的,并由原发证机关撤销相应的母婴保健技术职业资格或者医师执业证书。

四、造成医疗损害的法律责任

母婴保健机构及其工作人员在母婴保健工作中,违反医疗卫生管理法律、行政法规、部门规章和诊疗护理规范、常规、过失造成患者人身损害的,应根据《医疗事故处理条例》的有

关规定,承担相应的民事责任。

根据母婴保健法规定,取得相应资格证书的从事母婴保健工作人员由于严重不负责任,造成就诊人员死亡或者严重损害就诊人身体健康的,依照《刑法》第335条"医疗事故罪"追究刑事责任。

未取得国家颁布的相应资格证书,施行终止妊娠手术或者采取其他方法终止妊娠,致人死亡、残疾、丧失或者基本丧失劳动能力的,依照《刑法》第336条"非法进行节育手术罪"的规定追究刑事责任。

（韦 岸）

自测题

1.《中华人民共和国母婴保健法》的实施时间是
A. 1994年6月1日　　　　　　　B. 1994年10月27日
C. 1995年6月1日　　　　　　　D. 1995年10月27日
E. 2001年6月20日

2. 母婴保健法的立法目的是
A. 保障母亲和婴儿健康　　　　　B. 控制人口数量
C. 提高我国人口素质　　　　　　D. 加强妇幼卫生管理
E. 保障医患关系

3. 母婴保健法的适用范围**不包括**
A. 育龄妇女、孕产妇　　　　　　B. 新生儿
C. 医疗保健机构及其工作人员　　D. 各级人民政府和卫生主管部门
E. 学龄前儿童

4. 婚前保健服务**不包括**
A. 婚前卫生指导　　　　　　　　B. 母婴保健指导
C. 婚前卫生咨询　　　　　　　　D. 新婚避孕知识及计划生育指导
E. 婚前医学检查

5. 如发现双方为直系血亲、三代以内旁系血亲关系的,应当给出下列意见中的
A. 禁止结婚　　　　B. 禁止生育　　　　C. 暂缓结婚
D. 不宜结婚　　　　E. 可以结婚

6. 产前诊断的工作要求**不包括**
A. 明确诊断情形　　　　　　　　B. 坚持知情选择
C. 合理收取费用　　　　　　　　D. 规范诊断报告
E. 履行告知义务

7. 当事人对医学鉴定结果有异议的,可在接到《母婴保健医学技术鉴定证明》之日起一段时间内向以上一级医学技术鉴定委员会申请重新鉴定,该段时间长度是
A. 10日　　　　　　B. 15日　　　　　　C. 20日
D. 25日　　　　　　E. 30日

8. 根据《母婴保健法》规定,下面选项中**不正确**的是
A. 除医学上确有需要外,严禁采用技术手段对胎儿进行性别鉴定

B. 医师根据《母婴保健法》提出意见，当事人必须无条件执行

C. 医师依法施行终止妊娠手术或者结扎手术需经当事人同意并签署意见

D. 有产妇死亡及新生儿出生缺陷情况应向卫生行政部门报告

E. 进行母婴保健服务的医疗机构必须取得《母婴保健技术服务执业许可证》

9. 《出生医学证明》可以作为

A. 出生人口血亲关系证明   B. 国籍证明文件

C. 入学证明文件   D. 出生人口申报户籍的依据

E. 依法获得保健服务的凭据

10. 《母婴保健法》规定孕产期保健**不包括**下列选项中的

A. 母婴保健指导   B. 儿童预防接种

C. 胎儿保健   D. 婴儿保健

E. 孕产妇保健

11. 下列选项中**不是**确定产前诊断重点疾病条件的是

A. 疾病发生率较高

B. 疾病危害严重，社会、家庭和个人疾病负担大

C. 疾病缺乏有效的临床治疗方法

D. 诊断技术成熟、可靠、安全和有效

E. 容易造成难产

12. 严禁采用技术手段对胎儿进行以下鉴定中的

A. 月份   B. 预产期   C. 发育情况

D. 胎位   E. 性别

13. 进行胎儿性别鉴定一定数量以上的，由原发证机关撤销相应的母婴保健技术职业资格或者医师执业证书，这个数量是

A. 1次   B. 2次   C. 3次

D. 4次   E. 5次

14. 医学技术鉴定委员会进行医学技术鉴定时必须有一定数量以上相关专业医学技术鉴定委员会成员参加，这个数量是

A. 3个   B. 4个   C. 5个

D. 6个   E. 7个

15. 母婴保健医学技术鉴定委员会分为三级，分别是

A. 国家、省、市   B. 省、市、县

C. 市、县、乡   D. 县、乡、村

E. 市、县、自治县

16. 母婴保健医学技术鉴定工作必须的原则**不包括**

A. 利益至上   B. 实事求是

C. 尊重科学   D. 公正鉴定

E. 保守秘密

17. 下列选项中，**不是**开展产前诊断的许可要求的是

A. 设有妇产科诊疗科目

B. 具有与所开展技术相适应的卫生专业技术人员和技术条件、设备

C. 设有药事委员会

D. 设有医学伦理委员会

E. 符合《开展产前诊断技术医疗保健机构的基本条件》及相关技术规范

18. 分娩后产妇需在分娩室内观察一段时间,预防产后出血,这个时间是

A. 1 小时   B. 1.5 小时   C. 2 小时

D. 2.5 小时   E. 3 小时

19. 依照母婴保健法实施终止妊娠的,接受下列服务中的

A. 志愿   B. 有偿   C. 免费

D. 打折   E. 分期付款

20. 年龄超过 35 周岁的初产妇,应当对其进行

A. 心电监护   B. 产前诊断   C. 产前检查

D. 终止妊娠   E. 剖宫产

第八章 人口与计划生育法律制度

我国是人口大国。在社会主义初级阶段，人口多、底子薄是我国的基本国情。为了实现人口与经济、社会、资源、环境的协调发展，我国把实行计划生育作为一项基本国策。贯彻实施人口与计划生育法律制度，是控制人口数量、提高人口素质的重要手段。

第一节 概 述

我国的人口与计划生育立法起步较晚。长期以来，开展计划生育工作一直依据地方性法规。2001 年 12 月 29 日，第九届全国人大常委会第 25 次会议审议通过了《中华人民共和国人口与计划生育法》（以下简称《人口与计划生育法》），于 2002 年 9 月 1 日施行。

一、人口与计划生育法制建设

计划生育（family planning）是指国家对人口的出生增长实行计划调节和控制，育龄夫妇有计划地在适当年龄生育合理数量的子女，并养育健康的下一代，以增进家庭幸福，促进人口与经济、社会、资源、环境协调发展和可持续发展。从社会层面看，是在一定社会范围内（如国家或地区）有计划地安排人口出生的数量和确定生育对象，即对人口发展进行有计划的调节，使人口发展同经济、社会的发展相协调。从公民角度看，是一个家庭或一对育龄夫妇有计划地安排生育孩子的时间和数量，以适应家庭和社会的需要。我国人口与计划生育法制建设，经历了一个曲折的过程。

（一）计划生育的提出与实行（1953—1977 年）

在 20 世纪 50 年代初，著名学者马寅初经过三年的调查研究发现中国人口的增长率太高，在其著作《新人口论》中指出控制人口刻不容缓。1953 年 8 月，当时的政务院副总理邓小平指示卫生部改变限制节育的态度和做法,帮助群众节育,并且批准了卫生部修订的避孕及人工流产办法。1957年10月,我国正式公布了《一九五六年到一九六七年全国农业发展纲要》(修正草案),其中第二十九条提出:除了少数民族的地区以外,在一切人口稠密的地方,宣传和推广节制生育,提倡有计划地生育子女。1962年12月,中共中央、国务院发出《关于认真提倡计划生育的指示》,指出"在城市和人口稠密的农村提倡节制生育,适当控制人口自然增长率,使生育问题由毫无计划的状态逐渐走向有计划的状态,这是我国社会主义建设中既定的政策。"说明党中央和国务院已对实施节制生育的人口政策有了明确的认识。

1963年至"文革"之前,毛泽东、周恩来等党和国家领导人多次对节制生育问题作出指示。1964年1月,国务院成立计划生育委员会,下设办公室,卫生部妇幼卫生司负责计划生育技术指导工作。1965—1966年,毛泽东多次提出:"计划生育必须在抓城市的同时,以抓农村为重点。"随后,席卷全国的"文革"使计划生育工作受到干扰和破坏,我国人口也在无控制状态下急剧膨胀,1971年,中国人口超过8亿。面对严峻的人口形势,1974年底,毛泽东在国家计划委员会《关于一九七五年国民经济计划的报告》上批示:"人口非控制不可。"在这一时期,党和政府将控制人口增长指标纳入国家计划,制订了生育政策。

(二)计划生育的立法与发展(1978年至今)

1978年3月5日,在全国人大五届一次会议上通过的《中华人民共和国宪法》第五十三条规定:"国家提倡和推行计划生育。"这是新中国成立以来第一次把计划生育纳入国家的根本大法,使人口与计划生育工作的实现有了坚实的法律保障。

1982年,党的十二大报告提出"在我国经济和社会的发展中,人口问题始终是极为重要的问题。实行计划生育,是我国的一项基本国策"。同年12月4日,全国人大五届五次会议通过的《宪法》第二十五条规定"国家推行计划生育,使人口的增长同经济和社会发展计划相适应"。第四十九条规定"夫妻双方有实行计划生育的义务"。至此,"实行计划生育,控制人口数量,提高人口素质"被确立为我国的基本国策。这项基本国策依靠国家方针、政策和地方立法推行。《地方各级人民代表大会和地方各级人民政府组织法》第59条、第61条,《民族区域自治法》第44条,《婚姻法》第2条、第6条、第16条,《妇女权益保护法》第25条、26条、35条、42条、46条、47条、50条、51条,《劳动法》第61条、62条、63条,《收养法》第3条、8条、19条,《母婴保健法》第4条、32条、33条、37条,《村民委员会组织法》第30条,《居民委员会组织法》第3条,《刑法》第280条、335条、336条、382条、384条、385条、387条、388条、397条、402条都涉及计划生育管理的相关事项。

自1982年,"国家推行计划生育"被写入宪法以来,计划生育的立法趋势就锐不可当,各地计划生育条例陆续颁布。1998年,我国着手起草、制定《人口与计划生育法》。2002年9月1日,这项法律正式实施,使推行了20年之久的基本国策终于以国家立法的形式予以确认,开始了依法推进人口与计划生育工作的历史。

为了更好地贯彻实施《人口与计划生育法》,国务院先后颁布了三部行政法规,全国各省、自治区、直辖市完成了地方人口与计划生育条例的制定修订工作。同时,根据实际工作需要,原国家计划生育委员会制定了《计划生育技术服务机构执业管理办法》《计划生育技术服务管理条例实施细则》《关于禁止非医学需要的胎儿性别鉴定和选择性别的人工终止妊娠的规定》《流动人口计划生育管理和服务工作若干规定》《节育并发症鉴定办法》等规章,原卫生部制定了《女性节育手术并发症诊断标准》《男性节育手术并发症诊断标准》等规章。

"一法三规"的颁布实施以及各省（区、市）计划生育地方性法规的进一步修改完善，标志着我国人口与计划生育工作法制体系的框架基本建立。

知识窗

人口与计划生育"一法三规"

我国现行的计划生育法律法规包括"一法三规"。其中，"一法"是《人口与计划生育法》，自2002年9月1日起施行，至今没有修改；"三规"分别是自2002年9月1日起施行的《社会抚养费征收管理办法》、2004年12月10日修订的《计划生育技术服务管理条例》和自2009年10月1日起施行的《流动人口计划生育工作条例》。这"一法三规"是现阶段我国开展人口与计划生育工作的基本法律法规依据。

二、《人口与计划生育法》颁布实施的意义

（一）是我国人口与计划生育事业发展史上一个重要的里程碑

《人口与计划生育法》是我国人口与计划生育工作领域的一部基本法律。它首次以国家法律的形式把计划生育作为我国的基本国策，将具有中国特色的人口治理方面的成功经验上升为国家的法律制度，把国家推行计划生育的基本方针、政策、制度、措施用法律的形式固定下来，为进一步做好人口与计划生育工作，综合治理人口问题，实现人口与经济、社会的全面、协调、可持续发展提供了法律依据。对于加快人口与计划生育法制建设，全面提高人口与计划生育工作的管理服务水平，保障人口与计划生育事业持续、稳定、健康发展必将产生重大而深远的影响。

（二）是我国实行依法治国的客观要求

《人口与计划生育法》依法规范了国家机关及其工作人员开展人口与计划生育工作的行政行为，明确规定了公民有实行计划生育的权利和义务。为构建以《中华人民共和国宪法》为依据，以《人口与计划生育法》为基本法律，以行政法规、地方性法规为主体，以部门规章和地方性规章相配套的具有中国特色的人口与计划生育工作法制体系奠定了坚实的基础，结束了长期以来主要依靠政策和地方法规开展人口与计划生育工作的历史。

（三）为促进我国人口与计划生育事业的持续健康发展提供了不竭的动力

《人口与计划生育法》确立了以人为本、以人的全面发展为中心的指导思想，进一步强化了人民群众在人口与计划生育工作中的主人翁地位，使人口与计划生育工作更加符合人民群众的根本利益，从而调动广大人民群众参与计划生育的积极性，稳定低生育水平，为促进家庭幸福、民族繁荣与社会进步，促进人口与计划生育事业的持续健康发展提供了不竭动力。

第二节　人口与计划生育法律规定的主要内容

人口与计划生育法是调整人口与经济、社会、资源、环境的协调发展，推行计划生育，维护公民的合法权益，促进家庭幸福、民族繁荣与社会进步的法律规范的总称。人口与计划生育法主要包括人口发展规划的制定与实施、生育调节、奖励与社会保障、计划生育技术服务、法律责任等内容。我国是人口众多的国家，实行计划生育是国家的基本国策。国家采

取综合措施,控制人口数量,提高人口素质。国家依靠宣传教育、科学技术进步、综合服务、建立健全奖励和社会保障制度,开展人口与计划生育工作。

案例与思考

案例 8-1 离异再婚生育案

河南汉族男青年小李和女青年小张,两人各生育有一个孩子,小李离婚时孩子判给本人抚养,小张离婚时孩子判给原配偶抚养。两人 2013 年 1 月登记结婚,并于 2014 年 5 月生育了一个女孩。

结合本节的学习,思考回答:

该夫妇的生育行为是否合法?为什么?

一、人口发展规划的制定与实施

人口发展规划(population development planning)是依据人口现状和未来发展趋势,结合未来经济社会的发展变化而制定的人口发展具体目标和要求,是国民经济和社会发展规划的重要组成部分。在人口与计划生育工作中,人口发展规划具有重要的导向和督促作用,有利于明确各级政府每个时期控制人口增长的具体任务,有利于把人口与计划生育工作纳入经济和社会发展的总体规划,综合治理人口问题,是我国控制人口增长的有效手段。按规划的时间范围,人口发展规划可分为年度计划、五年计划和远景(长期)规划;按规划的区域范围分为基层人口发展规划、地区人口发展规划和全国人口发展规划。

(一)我国人口发展规划的目标

国务院编制人口发展规划,并将其纳入国民经济和社会发展计划。县级以上地方各级人民政府根据全国人口发展规划以及上一级人民政府人口发展规划,结合当地实际情况编制本行政区域的人口发展规划,并将其纳入国民经济和社会发展计划。人口与计划生育实施方案应当规定控制人口数量,加强母婴保健,提高人口素质的措施。

2011 年 11 月 23 日,国务院下发了《国家人口发展"十二五"规划》,阐明了"十二五"时期国家人口发展的总体思路、发展目标和工作重点,是各级政府和部门全面做好人口工作的重要依据。

1. 人口总量目标 低生育水平保持稳定,"十二五"期间,人口年均自然增长率控制在 7.2‰ 以内,全国总人口控制在 13.9 亿人以内。

2. 人口素质目标 教育普及水平进一步提高,15 岁以上国民平均受教育年限达到 9.3 年,新增劳动力平均受教育年限达到 13.3 年;在职人员培训覆盖面进一步扩大,劳动力素质明显提高,人才队伍进一步壮大。婴儿死亡率降到 12‰,孕产妇死亡率降到 22/10 万,严重多发致残的出生缺陷发生率降低,人均预期寿命达到 74.5 岁。

3. 人口结构目标 出生人口性别结构得到有效改善,全国出生人口性别比下降至 115 以下。

4. 人口分布目标 城镇化率提高约 4 个百分点,限制开发区域内人口更多地集聚在县城和中心镇,禁止开发区域内人口总量有所减少,人口空间分布趋于合理。流动人口基本公共服务均等化初步实现。

5. 民生保障目标 社会就业更加充分,城镇登记失业率控制在 5% 以内,城乡居民收入大幅提高,家庭发展能力得到增强。覆盖城乡居民的社会保障体系建设加快推进,社会养老服务体系基本建立,养老服务能力明显提升。贫困人口显著减少,残疾人社会保障体系和服务体系框架基本建立,生活状况得到进一步改善。

（二）编制人口发展规划的基本原则

编制、制定人口发展规划,应当既体现严格控制人口增长的要求,又是经过最大努力可以实现的。编制人口发展规划应遵循以下原则:①要与国家经济社会发展的总体规划和要求相一致,为国家整体发展战略目标服务。②要体现控制人口数量、提高人口素质、改善人口结构的根本要求。③要同法律、法规的规定相一致,要有利于现行生育政策的稳定和贯彻落实。④要体现实事求是、分类指导的原则。⑤国家、省、市、县四级的人口发展长期规划与中期和年度人口计划之间要协调一致。

> **知识窗**
>
> ### 国家人口发展"十二五"规划的要求
>
> 国务院下发的《国家人口发展"十二五"规划》提出要坚持以人为本、统筹协调、科学指导、创新发展的原则,把促进人的全面发展作为处理好人口与发展关系的出发点和落脚点。主张在解决人口问题的过程中,注重保障和改善民生,提高家庭发展能力。号召强化人口的基础地位,注意把握人口各要素之间、人口与经济社会及资源环境之间的互动关系,构建有利于促进人口长期均衡发展的政策体系。把握好人口与经济社会发展的阶段性特点,适时完善人口发展政策,指导地方积极探索统筹解决人口问题的有效方法和途径。不断推进人口工作的理论创新、管理创新、服务创新、科技创新,通过体制机制创新,着力解决人口发展中出现的新情况、新问题。

（三）实施人口发展规划的主体及职责

落实计划生育国策,实施人口发展规划,需要社会各级各类机构和组织的参与。《人口与计划生育法》对实施人口发展规划的主体及其职责任务作出了明确的规定。

1. 县级以上各级人民政府 根据人口发展规划,制定人口与计划生育实施方案并组织实施。

2. 县级以上各级人民政府卫生主管部门 负责实施人口与计划生育实施方案的日常工作。

3. 乡、民族乡、镇的人民政府和城市街道办事处 负责本管辖区域内的人口与计划生育工作,贯彻落实人口与计划生育实施方案。

4. 村民委员会、居民委员会 应当依法做好计划生育工作。

5. 机关、部队、社会团体、企业事业组织 应当做好本单位的计划生育工作。

（四）实施人口发展规划的宣传教育

《人口与计划生育法》要求,卫生和计划生育、教育、科技、文化、民政、新闻出版、广播电视等部门应当组织开展人口与计划生育宣传教育。大众传媒负有开展人口与计划生育的社会公益性宣传的义务。学校应当在学生中,以符合受教育者特征的适当方式,有计划地开展生理卫生教育、青春期教育或者性健康教育。

（五）实施人口发展规划的经费保障

《人口与计划生育法》要求,国家根据国民经济和社会发展状况逐步提高人口与计划生育经费投入的总体水平。各级人民政府应当保障人口与计划生育工作必要的经费。各级人民政府应当对贫困地区、少数民族地区开展人口与计划生育工作给予重点扶持。国家鼓励社会团体、企业事业组织和个人为人口与计划生育工作提供捐助。任何单位和个人不得截留、克扣、挪用人口与计划生育工作费用。

（六）流动人口计划生育综合管理规定

为了加强流动人口计划生育工作，寓管理于服务之中，维护流动人口的合法权益，稳定低生育水平，国务院第60次常务会议通过的《流动人口计划生育工作条例》，自2009年10月1日起施行。

1. 管理对象　流动人口，是指离开户籍所在地的县、市或者市辖区，以工作、生活为目的异地居住的成年育龄人员。但是，下列人员除外：①因出差、就医、上学、旅游、探亲、访友等事由异地居住、预期将返回户籍所在地居住的人员。②在直辖市、设区的市行政区域内区与区之间异地居住的人员。

2. 职责范围　流动人口计划生育工作由流动人口户籍所在地和现居住地的人民政府共同负责，以现居住地人民政府为主，户籍所在地人民政府予以配合。

国务院人口和计划生育部门主管全国流动人口计划生育工作，具体包括：①制定流动人口计划生育工作规划并组织实施。②建立流动人口计划生育信息管理系统，实现流动人口户籍所在地和现居住地计划生育信息共享，并与相关部门有关人口的信息管理系统实现信息共享。

县级以上地方人民政府人口和计划生育部门主管本行政区域内流动人口计划生育工作，具体包括：①落实本级人民政府流动人口计划生育管理和服务措施。②组织实施流动人口计划生育工作检查和考核。③建立流动人口计划生育信息通报制度，汇总、通报流动人口计划生育信息。④受理并及时处理与流动人口计划生育工作有关的举报，保护流动人口相关权益。

县级以上人民政府公安、民政、人力资源社会保障、住房城乡建设、卫生、价格等部门和县级以上工商行政管理部门在各自职责范围内，负责有关的流动人口计划生育工作。

乡（镇）人民政府、街道办事处负责本管辖区域内流动人口计划生育工作，具体包括：①对流动人口实施计划生育管理，开展计划生育宣传教育。②组织从事计划生育技术服务的机构指导流动人口中的育龄夫妻（以下称育龄夫妻）选择安全、有效、适宜的避孕节育措施，依法向育龄夫妻免费提供国家规定的基本项目的计划生育技术服务。

3. 机构保障　县级以上地方人民政府领导本行政区域内流动人口计划生育工作，具体包括：①将流动人口计划生育工作纳入本地经济社会发展规划，并提供必要的保障。②建立健全流动人口计划生育工作协调机制，组织协调有关部门对流动人口计划生育工作实行综合管理。③实行目标管理责任制，对有关部门承担的流动人口计划生育工作进行考核、监督。流动人口现居住地的地方各级人民政府和县级以上地方人民政府有关部门应当采取措施，落实流动人口计划生育服务和奖励、优待。流动人口户籍所在地的地方各级人民政府和县级以上地方人民政府有关部门应当依法落实法律、法规和规章规定的流动人口计划生育服务和奖励、优待。流动人口计划生育工作所需经费，按照国家有关规定予以保障。

4. 婚育证明　婚育证明应当载明成年育龄妇女的姓名、年龄、公民身份号码、婚姻状况、配偶信息、生育状况、避孕节育情况等内容。

（1）在离开户籍所在地前婚育证明的办理：流动人口中的成年育龄妇女应当凭本人居

民身份证到户籍所在地的乡（镇）人民政府或者街道办事处办理婚育证明；已婚的，办理婚育证明还应当出示结婚证。

（2）在到达现居住地之后婚育证明的交验：成年育龄妇女应当自到达现居住地之日起30日内提交婚育证明。成年育龄妇女可以向现居住地的乡（镇）人民政府或者街道办事处提交婚育证明，也可以通过村民委员会、居民委员会向现居住地的乡（镇）人民政府或者街道办事处提交婚育证明。

（3）流动人口婚育证明相关管理部门职责：具体包括：①流动人口户籍所在地的乡（镇）人民政府、街道办事处应当及时出具婚育证明。②流动人口现居住地的乡（镇）人民政府、街道办事处应当查验婚育证明，督促未办理婚育证明的成年育龄妇女及时补办婚育证明；告知流动人口在现居住地可以享受的计划生育服务和奖励、优待，以及应当履行的计划生育相关义务。③村民委员会、居民委员会应当协助乡（镇）人民政府、街道办事处开展上述工作，做好流动人口婚育情况登记。④流动人口现居住地的县级人民政府公安、民政、人力资源社会保障、卫生等部门和县级工商行政管理部门应当结合部门职责，将流动人口计划生育工作纳入相关管理制度；及时向所在地同级人口和计划生育部门通报在办理有关登记和证照等工作中了解的流动人口婚育证明办理情况等计划生育信息。⑤接到通报的人口和计划生育部门应当及时会同乡（镇）人民政府、街道办事处落实流动人口计划生育管理和服务措施。

二、生育调节

我国是人口众多的国家，实行计划生育是国家的基本国策。其中，生育调节是控制人口数量，提高人口素质的一项重要措施。

（一）生育调节的概念

生育调节（fertility regulation）是国家在公民生育权利义务方面的法律规定，是利用经济、行政、法律、医学等手段对生育行为的干预和调节。

《人口与计划生育法》规定了我国计划生育的基本生育政策并授权各省制定具体的生育政策，同时规定了公民实行计划生育、落实避孕节育措施的义务以及实行计划生育的育龄夫妻享有免费服务的权利。这些规定对于引导群众自觉地实行计划生育具有积极的促进作用，也是我国实行生育调节的主要方式。

（二）我国生育调节基本制度

根据《人口与计划生育法》，我国生育调节法律制度主要包括生育调节基本要求和计划生育权利义务两个方面的规定。

1. 生育调节基本要求的规定 《人口与计划生育法》规定，国家鼓励公民晚婚晚育，提倡一对夫妻生育一个子女。符合法律、法规规定条件的，可以要求安排生育第二个子女。

我国法定结婚年龄为，男不得早于22周岁，女不得早于20周岁。比法定婚龄推迟3周年以上初婚即为晚婚，即男25岁，女23周岁以上结婚者为晚婚。超过晚婚年龄生育的为晚育。国家倡导科学、文明、进步的婚育观念，提倡晚婚、晚育，少生、优生。早婚早育对控制我国人口过快增长不利。

2. 计划生育权利义务的规定

（1）公民计划生育的权利：根据我国《人口与计划生育法》关于生育调节的规定，公民享有以下权利：①生育权：《人口与计划生育法》规定：公民有生育的权利。生育权是指个人或在婚姻关系存续期间的夫妻双方有依照法律规定生育或者不生育子女的权利。②免费享受计划生育技术服务权：《人口与计划生育法》规定，实行计划生育的育龄夫妻免费享受国家规定的基本项目的计划生育技术服务。③生育二孩权：《人口与计划生育法》规定，符合法律、法规规定条件的，可以要求安排生育第二个子女，具体办法由省、自治区、直辖市人民代表大会或者其常务委员会规定。

（2）公民计划生育的义务：根据我国《人口与计划生育法》关于生育调节的规定，公民应履行以下义务：①依法实行计划生育义务：《人口与计划生育法》规定，公民有依法实行计划生育的义务，夫妻双方在实行计划生育中负有共同的责任；少数民族也要实行计划生育。这个义务的核心内容是夫妻应响应国家号召，只生育一个孩子。②节育义务：《人口与计划生育法》规定，实行计划生育，以避孕为主，育龄夫妻都负有做好避孕工作的义务，应当自觉落实计划生育避孕节育措施，接受计划生育技术服务指导，预防和减少非意愿妊娠。③不歧视、虐待、遗弃义务：《人口与计划生育法》规定，禁止歧视、虐待生育女婴的妇女和不育的妇女，禁止歧视、虐待、遗弃女婴，以保护妇女和女婴的合法权利。

（3）国家的义务：《人口与计划生育法》规定，国家创造条件，保障公民知情选择安全、有效、适宜的避孕节育措施。实施避孕节育手术，应当保证受术者的安全。开展计划生育技术服务所需经费，按照国家有关规定列入财政预算或者由社会保险予以保障。

三、奖励与社会保障

为了鼓励育龄夫妻实行计划生育，《人口与计划生育法》规定了实行计划生育夫妻的社会保障与奖励措施。

（一）促进计划生育的社会保障措施

国家建立、健全基本养老保险、基本医疗保险、生育保险和社会福利等社会保障制度，促进计划生育。国家鼓励保险公司举办有利于计划生育的保险项目。有条件的地方可以根据政府引导、农民自愿的原则，在农村实行多种形式的养老保障办法。

（二）对实行计划生育育龄夫妻的奖励措施

我国《人口与计划生育法》规定，对实行计划生育的夫妻及家庭给予相应的奖励。

1. 晚婚晚育奖励 凡是晚婚晚育的公民将获得延长婚假和生育假的奖励和其他福利待遇。

2. 怀孕、生育和哺乳期奖励 妇女怀孕、生育和哺乳期间，按照国家有关规定享受特殊劳动保护并可以获得帮助和补偿。

3. 接受计划生育手术的奖励 公民实行计划生育手术，享受国家规定的休假，休假的具体天数是：放置宫内节育器休2天，取节育器休1天，输精管绝育术休7天，单纯输卵管绝育术休21天等。此外，地方人民政府还可以给予奖励。

4. 独生子女奖励 自愿终生只生育一个子女的夫妻，国家发给《独生子女光荣证》。对于领取《独生子女光荣证》的夫妻，可获得独生子女奖励费（从领证之年起至孩子十四周岁止），增加产假和护理假，其独生子女优先入托、入学、就医，优先分配住房、安排宅基地、承包土地，优先安排就业以及在养老等方面给以照顾。

法律、法规或者规章规定给予终身只生育一个子女的夫妻奖励的措施中由其所在单位落实的，有关单位应当执行。

5. 对失独家庭的帮助 独生子女意外伤残、死亡，其父母不再生育和收养子女的，地方人民政府应当给予必要的帮助，如增加一定数额的退休金、一次性补助，将其纳入社会保险、社会救济等。

6. 对农村、贫困家庭的帮助 地方各级人民政府对农村实行计划生育的家庭发展经济，给予资金、技术、培训等方面的支持、优惠；对实行计划生育的贫困家庭，在扶贫贷款、以工代赈、扶贫项目和社会救济等方面给予优先照顾。

四、关于少数民族生育的规定

对于少数民族的生育问题，《人口与计划生育法》作出了专门规定："少数民族也要实行计划生育，具体办法由省、自治区、直辖市人民代表大会或者其常务委员会规定。"这是法律给各省、自治区、直辖市人大及其常委会的一个授权规定，也是考虑到目前的实际情况作出的规定。对于少数民族，各地一般实行宽于汉族的生育政策。目前，约有15个省、自治区规定非农业人口的夫妻双方均为少数民族的允许生两个孩子。几乎所有的地方都规定农业人口夫妻一方或者双方是少数民族的可以生两个孩子，个别地方对极特殊的情况或者是人口较少的少数民族规定可以生三个孩子。全国各省、自治区、直辖市制定的生育政策中对少数民族生育的规定大致可分为三类：

（一）五个自治区和少数民族人口较多的云南、贵州、青海等省的计划生育政策

这些地区由于民族成分不同和地区差异，每个省区对少数民族实行的计划生育政策也有所不同，个别地区对个别民族还实行的是不加干预的政策。例如新疆最多可以生四个孩子，西藏自治区对边境农牧区的农牧民没有限制性规定。

（二）吉林、辽宁、黑龙江、河北、浙江、湖北、湖南、广东、海南、四川、甘肃等省的计划生育政策

这些地方都有少数民族聚居区，建有自治州或自治县，一般都规定少数民族夫妻可生育两个孩子。例如吉林省规定：夫妇双方均为少数民族的，允许生育2胎，生育间隔为4年；夫妇一方为少数民族的，允许生育2胎，生育间隔为8年。浙江省规定：夫妻双方均是少数民族的，经批准，可以按计划生育第二个子女；夫妻双方均是农业户口的农民、渔民，一方是少数民族并具有两代以上户籍的，经批准，可以按计划生育第二个子女。

（三）北京、天津、上海、重庆、山西、江苏、安徽、福建、江西、山东、河南、陕西等省（市）的计划生育政策

这些省（市）属少数民族散居地区，在制定的计划生育政策中均考虑到了少数民族的特殊情况。北京、天津、上海、重庆4个直辖市规定符合一定条件的少数民族可生育2胎；其他省规定夫妻双方是少数民族的均可生育2胎。

五、关于生育第二个子女的规定

《人口与计划生育法》规定：符合法律、法规规定条件的，可以要求安排生育第二个子女。具体办法由省、自治区、直辖市人民代表大会或者其常务委员会规定。对生育第二个子女的申请作出的批准，应当报上一级卫生主管部门备案。

全国各省、自治区、直辖市制定的《人口与计划生育条例》中对于生育第二个子女的规定综合如下：

（一）符合下列情况之一的居民，经批准可以生育第二个子女

具体包括：①第一个子女为残疾儿或者第一胎双胞胎（含多胞胎）子女均为残疾儿，不能成长为正常劳动力，医学上认为夫妻可以再生育的。②夫妻一方或者双方均为独生子女，

只有一个子女的。③双方因患不孕症未生育,依法收养一个子女后怀孕的。④从事矿山井下、海洋深水下作业连续五年以上,且继续从事该项工作,只有一个女孩的。⑤双方均为海岛居民,且连续在海岛居住 5 年以上的。⑥夫妻双方均为归国华侨或者台湾、香港、澳门地区居民在内地定居,只有一个子女的。⑦一方为二等甲级以上残疾军人或者二等乙级以上因公致残的军人、武装警察、公安民警、因保护人民生命财产安全、抢险救灾、见义勇为致残丧失劳动力者,且只有一个子女的。

（二）夫妻双方或者女方为农村居民,有下列情形之一的,经批准可以生育第二个子女

具体包括:①只有一个女孩的。②男到有女无儿家落户,赡养扶助女方父母的。

（三）再婚夫妻生育第二个子女的规定

具体包括:①再婚前一方生育(含依法收养)一个子女或者依法生育过两个子女,另一方未生育过的。②再婚前双方各生育一个子女,离婚时依法判决或者离婚协议确定未成年子女随前配偶,新组合家庭无子女的。③再婚前双方各生育一个子女,新组合家庭只有一个子女但该子女为残疾儿,不能成长为正常劳动力,且医学上认为夫妻可以再生育的。

（四）有下列情形之一的,不予批准再生育

具体包括:①妊娠 16 周以上,违反规定终止妊娠的。②故意致婴儿死亡的。③自报婴儿死亡但没有证据证明的。④有生育能力,符合生育一个子女规定,但已收养或者送养子女的。⑤符合法定再生育条件,但在再生育前又收养或者送养子女的。⑥属于离婚后再婚的男方,其离婚判决书中记载因生女孩而离异的。

第三节 计划生育技术服务

计划生育技术服务是计划生育工作中的一项重要内容,对加强计划生育技术服务工作管理,控制人口数量,提高人口素质,保障公民的生殖健康权利有重要意义。计划生育技术服务工作涉及千百万育龄群众的身心健康,因而显得艰巨而复杂。为此,《人口与计划生育法》设专章对计划生育技术服务机构,从事计划生育技术服务的医疗、保健机构在提高出生人口素质,保障公民获得优质的计划生育技术服务和生殖保健服务,提高生殖健康水平方面的职责作出规定,并由国务院制定具体的管理办法。2001 年 6 月 13 日,时任国务院总理朱镕基签署第 309 号国务院令,公布了《计划生育技术服务管理条例》(以下简称《条例》),自 2001 年 10 月 1 日起施行,于 2004 年 12 月 10 日修订。

一、计划生育技术服务内容

计划生育技术服务(family planning technical services)是公民实行计划生育时,在计划生育技术服务人员指导下,了解自身的健康检查结果和常用避孕节育方法的作用机理、适应证、禁忌证、优缺点、使用方法、注意事项、可能出现的副作用及其处理方法,负责任地选择适合于自己的避孕节育方法的综合性服务。

（一）计划生育技术服务的原则

计划生育技术服务实行国家指导和个人自愿相结合的原则,这是计划生育技术服务的总原则。实行这一原则,是因为尽管享有计划生育技术服务是公民的一项权利,但是与生育有关的公民行为完全是人性的行为,具有很高的隐秘性,属于个人隐私范畴。因此,尽管国家向公民提供这种服务,但是并不强迫公民接受国家规定的这种服务。所以《条例》做了这种规定。并进一步规定：公民享有避孕方法的知情选择权。国家保障公民获得适宜的计划生育技术服务的权利。

（二）计划生育技术服务主体及职责

1. 国家 建立婚前保健、孕产期保健制度，防止或者减少出生缺陷，提高出生婴儿健康水平。

2. 各级人民政府 应当采取措施，保障公民享有计划生育技术服务，提高公民的生殖健康水平。

3. 地方各级人民政府 应当合理配置、综合利用卫生资源，建立、健全由计划生育技术服务机构和从事计划生育技术服务的医疗、保健机构组成的计划生育技术服务网络，改善技术服务设施和条件，提高技术服务水平。

4. 计划生育技术服务机构和从事计划生育技术服务的医疗、保健机构 应当在各自的职责范围内，针对育龄人群开展人口与计划生育基础知识宣传教育，对已婚育龄妇女开展孕情检查、随访服务工作，承担计划生育、生殖保健的咨询、指导和技术服务。

5. 计划生育技术服务人员 应当指导实行计划生育的公民选择安全、有效、适宜的避孕措施。对已生育子女的夫妻，提倡选择长效避孕措施。国家鼓励计划生育新技术、新药具的研究、应用和推广。

（三）计划生育技术服务主要内容

计划生育技术服务包括计划生育技术指导、咨询以及与计划生育有关的临床医疗服务。

1. 计划生育技术指导、咨询 计划生育技术指导、咨询包括下列内容：①生殖健康科普宣传、教育、咨询。②提供避孕药具及相关的指导、咨询、随访。③对已经施行避孕、节育手术和输卵（精）管复通手术的，提供相关的咨询、随访。

2. 计划生育有关的临床医疗服务 县级以上城市从事计划生育技术服务的机构可以在批准的范围内开展下列与计划生育有关的临床医疗服务：①避孕和节育的医学检查。②计划生育手术并发症和计划生育药具不良反应的诊断、治疗。③施行避孕、节育手术和输卵（精）管复通手术。④开展围绕生育、节育、不育的其他生殖保健项目。具体项目由国务院卫生主管部门规定。

乡级计划生育技术服务机构可以在批准的范围内开展下列计划生育技术服务项目：①放置宫内节育器。②取出宫内节育器。③输卵（精）管结扎术。④早期人工终止妊娠术。

乡级计划生育技术服务机构开展上述全部或者部分项目的，应当依照《计划生育技术服务管理条例（2004修订）》的规定，向所在地设区的市级人民政府卫生主管部门提出申请。设区的市级人民政府卫生主管部门应当根据其申请的项目，进行逐项审查。对符合本条例规定条件的，应当予以批准，并在其执业许可证上注明获准开展的项目。

二、计划生育技术服务机构及人员

从事计划生育技术服务的机构包括计划生育技术服务机构和从事计划生育技术服务的医疗、保健机构。

（一）计划生育技术服务机构

1. 执业许可 从事计划生育技术服务的机构，必须符合国务院卫生主管部门规定的设置标准。

（1）计划生育技术服务机构：由设区的市级以上地方人民政府卫生主管部门批准，发给

《计划生育技术服务机构执业许可证》，并在《计划生育技术服务机构执业许可证》上注明获准开展的计划生育技术服务项目。

（2）从事计划生育技术服务的医疗、保健机构：由县级以上地方人民政府卫生主管部门审查批准，在其《医疗机构执业许可证》上注明获准开展的计划生育技术服务项目。乡、镇已有医疗机构的，不再新设立计划生育技术服务机构；但是，医疗机构内必须设有计划生育技术服务科（室），专门从事计划生育技术服务工作。乡、镇既有医疗机构，又有计划生育技术服务机构的，各自在批准的范围内开展计划生育技术服务工作。乡、镇没有医疗机构，需要设立计划生育技术服务机构的，应当依照《计划生育技术服务管理条例（2004 修订）》第二十一条的规定从严审批。

（3）从事产前诊断的计划生育技术服务机构：应当经省、自治区、直辖市人民政府卫生主管部门同意、审查批准，并报国务院卫生主管部门备案。

（4）使用辅助生育技术治疗不育症的计划生育技术服务的机构：由省级以上人民政府卫生主管部门审查批准。使用辅助生育技术治疗不育症的技术规范和具体管理办法，由国务院卫生主管部门制定。

个体医疗机构不得从事计划生育手术。

2．执业许可年限及范围

（1）年限：从事计划生育技术服务的机构的执业许可证明文件每三年由原批准机关校验一次。从事计划生育技术服务的机构的执业许可证明文件不得买卖、出借、出租，不得涂改、伪造。从事计划生育技术服务的机构的执业许可证明文件遗失的，应当自发现执业许可证明文件遗失之日起 30 日内向原发证机关申请补发。

（2）范围：从事计划生育技术服务的机构应当按照批准的业务范围和服务项目执业，并遵守有关法律、行政法规和国务院卫生主管部门制定的医疗技术常规和抢救与转诊制度。

（二）计划生育技术服务人员

1．资格要求　从事计划生育技术服务人员必须是受过相应专业训练的医务人员，应当依照执业医师法和国家有关护士管理的规定，分别取得执业医师、执业助理医师、乡村医生或者护士的资格，并在依照《条例》设立的机构中执业。在计划生育技术服务机构执业的执业医师和执业助理医师应当依照执业医师法的规定向所在地县级以上地方人民政府卫生主管部门申请注册。

2．从业要求　计划生育技术服务人员必须按照批准的服务范围、服务项目、手术术种从事计划生育技术服务，遵守与执业有关的法律、法规、规章、技术常规、职业道德规范和管理制度。

第四节　法　律　责　任

案例与思考

案例 8-2　某镇卫生院医生"两非"案

A 市某县农村户籍育龄妇女小陈和丈夫老王婚后于 2011 年 1 月 4 日生育第一个孩子（女孩）；于 2011 年 11 月 1 日政策内怀孕第二胎，同年 12 月 15 日在该镇计生服务所孕检正常。后外出务工，分别于 2012 年 3 月 26 日寄回"孕检正常"的怀孕证明，同年 8 月 13 日寄回"未怀孕"证明。经人口计生管理部门多次追问孕产情况，当事人说是不小心摔跤引产了，并于 2012 年 9 月 17 日，由其丈夫老王提供一张 B 市中心人民医院刘医生书写的"诊断证明"，被 A 市某县专案组列为"两非"（非医学需要的胎儿性别鉴定和非医学需要的人工终止妊娠）嫌疑案例进行调查。县专案组于 2012 年 10 月 8 日到 B 市中心人民医院调查，结果为该医院既没有该妇女的病历记录，刘医生也没有出具过"诊断证明"，老王所提供的"诊断证明"为假证明。老王承认花了 2000 元托人到务工所在地的镇卫生院找 B 超医生做了胎儿性别鉴定，发现是女孩在该卫生院找刘医生做了"人流"。经查，这两位医生合作，曾为 10 多人进行胎儿性别鉴定，为其中 3 人做"人流"，非法所得 5 万多元。

结合本节的学习，思考回答：
1. B 超医生和刘医生该承担何法律后果？
2. 老王夫妇是否要承担法律责任？为什么？

一、行政责任

（一）违反计划生育技术服务规定的行政责任

非法为他人施行计划生育手术；利用超声技术和其他技术手段为他人进行非医学需要的胎儿性别鉴定或者选择性别的人工终止妊娠；实施假节育手术、进行假医学鉴定、出具假计划生育证明的，由卫生主管部门依据职权责令改正，给予警告，没收违法所得。违法所得一万元以上的，处违法所得二倍以上六倍以下的罚款；没有违法所得或者违法所得不足一万元的，处一万元以上三万元以下的罚款；情节严重的，由原发证机关吊销执业证书。

计划生育技术服务人员违章操作或者延误抢救、诊治，造成严重后果的，根据《执业医师法》规定，由县级以上人民政府卫生主管部门给予警告或者责令暂停六个月以上一年以下执业活动；情节严重的，吊销其医师执业证书。造成医疗事故的，要按照《医疗事故处理条例》的规定给予行政处分。

（二）违反计划生育证明规定的行政责任

1. 《人口与计划生育法》的规定 伪造、变造、买卖计划生育证明，尚不构成犯罪的，由卫生主管部门没收违法所得，违法所得五千元以上的，处违法所得二倍以上十倍以下的罚款；没有违法所得或者违法所得不足五千元的，处五千元以上二万元以下的罚款。这里规定了没收违法所得和罚款两个处罚种类。以不正当手段取得计划生育证明的，由卫生主管部门取消其计划生育证明；出具证明的单位有过错的，对直接负责的主管人员和其他直接责任人员依法给予行政处分。

2. 《计划生育技术服务管理条例（2004 修订）》的规定 买卖、出借、出租或者涂改、伪造计划生育技术服务执业许可证明文件的，由原发证部门责令改正，没收违法所得；违法所得 3000 元以上的，并处违法所得 2 倍以上 5 倍以下的罚款；没有违法所得或者违法所得不足 3000 元的，并处 3000 元以上 5000 元以下的罚款；情节严重的，并由原发证部门吊销相关的执业资格。

3. 《流动人口计划生育工作条例》的规定 具体包括：①流动人口户籍所在地的乡（镇）

人民政府或者街道办事处在流动人口计划生育工作中,未按照规定为流动人口出具计划生育证明材料,出具虚假计划生育证明材料,或者出具计划生育证明材料收取费用的,分别由乡(镇)人民政府的上级人民政府或者设立街道办事处的人民政府责令改正,通报批评;情节严重的,对主要负责人、直接负责的主管人员和其他直接责任人员依法给予处分。②流动人口现居住地的乡(镇)人民政府或者街道办事处在流动人口计划生育工作中,未依照本条例规定查验婚育证明的;未依照本条例规定为育龄夫妻办理生育服务登记,或者出具虚假计划生育证明材料,或者出具计划生育证明材料收取费用的,分别由乡(镇)人民政府的上级人民政府或者设立街道办事处的人民政府责令改正,通报批评;情节严重的,对主要负责人、直接负责的主管人员和其他直接责任人员依法给予处分。③流动人口未依照本条例规定办理婚育证明的,现居住地的乡(镇)人民政府或者街道办事处应当通知其在3个月内补办;逾期仍不补办或者拒不提交婚育证明的,由流动人口现居住地的乡(镇)人民政府或者街道办事处予以批评教育。

(三)国家工作人员违法失职行为的行政责任

《人口与计划生育法》规定:国家机关工作人员在计划生育工作中,有下列行为之一,尚不构成犯罪的,依法给予行政处分;有违法所得的,没收违法所得。具体包括:①侵犯公民人身权、财产权和其他合法权益的。②滥用职权、玩忽职守、徇私舞弊的。③索取、收受贿赂的。④截留、克扣、挪用、贪污计划生育经费或者社会抚养费的。⑤虚报、瞒报、伪造、篡改或者拒报人口与计划生育统计数据的。

(四)相关部门和组织不履行协助计划生育管理义务的行政责任

不履行协助计划生育管理义务的,由有关地方人民政府责令改正,并给予通报批评;对直接负责的主管人员和其他直接责任人员依法给予行政处分。

在流动人口计划生育工作中,户籍所在地的乡(镇)人民政府或者街道办事处有下列行为之一,分别由乡(镇)人民政府的上级人民政府或者设立街道办事处的人民政府责令改正,通报批评;情节严重的,对主要负责人、直接负责的主管人员和其他直接责任人员依法给予处分。具体包括:①未按照规定为流动人口出具计划生育证明材料,出具虚假计划生育证明材料,或者出具计划生育证明材料收取费用的。②违反规定,要求已婚育龄妇女返回户籍所在地进行避孕节育情况检查的。③未依法落实流动人口计划生育奖励、优待的。④未依照规定向流动人口现居住地的乡(镇)人民政府、街道办事处反馈流动人口计划生育信息的。

在流动人口计划生育工作中,现居住地的乡(镇)人民政府或者街道办事处有下列行为之一,分别由乡(镇)人民政府的上级人民政府或者设立街道办事处的人民政府责令改正,通报批评;情节严重的,对主要负责人、直接负责的主管人员和其他直接责任人员依法给予处分。具体包括:①未依照规定向育龄夫妻免费提供国家规定的基本项目的计划生育技术服务,或者未依法落实流动人口计划生育奖励、优待的。②未依照规定查验婚育证明的。③未依照规定为育龄夫妻办理生育服务登记,或者出具虚假计划生育证明材料,或者出具计划生育证明材料收取费用的。④未依照规定向流动人口户籍所在地的乡(镇)人民政府、街道办事处通报流动人口计划生育信息的。

流动人口现居住地的县级人民政府公安、民政、人力资源社会保障、卫生等部门和县级工商行政管理部门违反条例规定的,由本级人民政府或者上级人民政府主管部门责令改正,通报批评。用人单位违反条例规定的,由所在地县级人民政府人口和计划生育部门责令改正,通报批评。

房屋租赁中介机构、房屋的出租（借）人和物业服务企业等有关组织或者个人未依照条例规定如实提供流动人口信息的,由所在地的乡（镇）人民政府或者街道办事处责令改正,予以批评教育。

（五）违反生育政策的行政责任

《人口与计划生育法》规定:不符合规定生育子女的公民,应当依法缴纳社会抚养费。未在规定的期限内足额缴纳应当缴纳的社会抚养费的,自欠缴之日起,按照国家有关规定加收滞纳金;仍不缴纳的,由作出征收决定的卫生主管部门依法向人民法院申请强制执行。

按照规定缴纳社会抚养费的人员,是国家工作人员的,还应当依法给予行政处分;其他人员还应当由其所在单位或者组织给予纪律处分。

（六）拒绝、阻碍依法执行公务的行政职责

《人口与计划生育法》规定:拒绝、阻碍卫生主管部门及其工作人员依法执行公务的,由卫生主管部门给予批评教育并予以制止;构成违反治安管理行为的,依法给予治安管理处罚。

二、民事责任

根据《人口与计划生育法》和《医疗事故处理条例》的规定,计划生育技术服务人员违章操作或者延误抢救、诊治,造成损害或损失的,应当承担民事赔偿责任。

在医疗、预防、保健机构或者计划生育技术服务机构从业的计划生育技术服务人员违章操作或者延误抢救,发生医疗事故的赔偿等民事责任争议,医患双方可以协商解决;不愿意协商或者协商不成的,当事人可以向卫生主管部门提出调解申请,也可以直接向人民法院提起民事诉讼。

三、刑事责任

计划生育技术服务机构或者医疗、保健机构以外的机构或者人员违反规定,擅自从事计划生育技术服务,非法为他人施行计划生育手术;利用超声技术和其他技术手段为他人进行非医学需要的胎儿性别鉴定或者选择性别的人工终止妊娠;实施假节育手术、进行假医学鉴定、出具假计划生育证明构成犯罪的,依法追究刑事责任。

依据《刑法》第336条第2款规定:"未取得医生执业资格的人擅自为他人进行节育复通手术、假节育手术、终止妊娠手术或者摘取宫内节育器,情节严重的,处三年以下有期徒刑、拘役或者管制,并处或者单处罚金;严重损害就诊人身体健康的,处三年以上十年以下有期徒刑,并处罚金;造成就诊人死亡的,处十年以上有期徒刑,并处罚金。"

伪造、变造、买卖计划生育证明,从事计划生育技术服务的机构出具虚假证明文件,构成犯罪的,依据刑法规定追究刑事责任。依据《刑法》第280条的规定,处三年以下有期徒刑、拘役、管制或者剥夺政治权利;情节严重的,处三年以上十年以下有期徒刑。

计划生育技术服务人员由于严重不负责任,违章操作或者延误抢救、诊治,造成就诊人死亡或者严重损害就诊人身体健康的严重后果的,即构成医疗事故罪,应当依法承担刑事责任。《刑法》第335条规定:"医务人员由于严重不负责任,造成就诊人死亡或者严重损害就诊人身体健康的,处三年以下有期徒刑或者拘役。"

国家机关工作人员在计划生育工作中,侵犯公民人身权、财产权和其他合法权益;滥用职权、玩忽职守、徇私舞弊;索取、收受贿赂的;截留、克扣、挪用、贪污计划生育经费或者社

会抚养费；虚报、瞒报、伪造、篡改或者拒报人口与计划生育统计数据，构成犯罪的，依法追究刑事责任。

拒绝、阻碍卫生主管部门及其工作人员依法执行公务，构成犯罪的，依法追究刑事责任。

卫生主管部门违反规定，批准不具备规定条件的计划生育技术服务机构或者医疗、保健机构开展与计划生育有关的临床医疗服务项目，或者不履行监督职责，或者发现违法行为不予查处，导致计划生育技术服务重大事故发生的，构成犯罪的，依法追究刑事责任。

（周启平）

自测题

1. 《中华人民共和国人口与计划生育法》的施行日期是
    A. 2001 年 12 月 29 日   B. 2002 年 9 月 1 日
    C. 2002 年 10 月 1 日   D. 2004 年 12 月 10 日
    E. 2009 年 10 月 1 日

2. "实行计划生育是我国的一项基本国策"的首次提出时间是
    A. 1978 年全国人大五届一次会议
    B. 1982 年全国人大五届五次会议
    C. 1982 年党的十二大
    D. 2001 年第九届全国人大常委会第 25 次会议
    E. 2009 年国务院第 60 次常务会议

3. 流动人口，是指离开户籍所在地的某个地区，以工作、生活为目的异地居住的成年育龄人员，该地区是
    A. 省   B. 市
    C. 县、市或者市辖区   D. 乡
    E. 以上都可以

4. 可以享受独生子女父母奖励金的对象是
    A. 只生一个孩子的夫妇
    B. 只生一个孩子的夫妇，从孩子出生到 14 周岁止
    C. 只生一个孩子的夫妇，从孩子出生到 16 周岁止
    D. 只生一个孩子的夫妇，从孩子出生到 18 周岁止
    E. 只生一个孩子的夫妇，从领取《独生子女父母光荣证》之年到 14 周岁止

5. 公民违反法律法规规定生育子女的，必须缴纳
    A. 罚款   B. 滞纳金
    C. 罚款、社会抚养费   D. 社会抚养费
    E. 罚款、滞纳金、社会抚养费

6. 流动人口计划生育工作，由某地和现居住地人民政府共同管理，以现居住地人民政府为主，该地是其
    A. 工作所在地   B. 户籍所在地
    C. 籍贯所在地   D. 暂住地
    E. 社保缴纳地

7. 流动人口到达现居住地应该交验流动人口婚育证明,交验时间和单位是
   A. 15天内,到现居住地的乡(镇)人民政府或者街道办事处
   B. 15天内,到区级人民政府计划生育部门
   C. 15天内,到市级人民政府计划生育部门
   D. 30天内,到现居住地的乡(镇)人民政府或者街道办事处
   E. 30天内,到区级人民政府计划生育部门

8. 有关人口与计划生育的"一法三规"是指《中华人民共和国人口与计划生育法》、《计划生育技术服务管理条例》、《流动人口计划生育工作条例》和
   A.《社会抚养费征收管理办法》   B.《母婴保健法》
   C.《妇女权益保护法》   D.《收养法》
   E.《人口与计划生育条例》

9. 早婚、早育危害大,**不正确**的是
   A. 未到法定年龄结婚的青年男女,身体的各个系统发育尚不完善,给健康成长带来一定的不良影响
   B. 早婚夫妻年龄小,对子女哺养、教育等心理准备不足,不易处理好各种生活中的矛盾
   C. 对胎儿的生长不利,分娩时易发生难产及并发症
   D. 对控制我国人口过快增长不利
   E. 多子多福,将来有体力照看孙子孙女

10.《人口与计划生育法》规定"出具证明的单位有过错的",承担法律责任的主体是
   A. 直接负责的主管人员和其他直接责任人员
   B. 直接负责的主管人员和出具证明的单位
   C. 其他直接责任人员和出具证明的单位
   D. 出具证明的单位和法定代表人
   E. 出具证明的单位和法定代理人

11. 国家稳定现行生育政策的内容是:鼓励公民晚婚晚育;提倡一对夫妻生育一个孩子;符合法律、法规规定条件的,经批准
   A. 可以生育多个孩子   B. 可以生育一个男孩
   C. 可以生育一个女孩   D. 可以生育第二个子女
   E. 可以生育第三个孩子

12. 国家倡导科学、文明、进步的婚育观念,提倡的是
   A. 早婚、晚育、少生、优生   B. 早婚、早育、少生、优生
   C. 早婚、早育、多生、优生   D. 晚婚、晚育、多生、优生
   E. 晚婚、晚育、少生、优生

13. 我国对实行计划生育的夫妻奖励**不正确**的是
   A. 晚婚晚育的奖励
   B. 怀孕、生育和哺乳期奖励
   C. 带薪休假1年、领取救济金的奖励
   D. 接受计划生育手术的奖励
   E. 独生子女奖励

14. 国家鼓励公民晚婚晚育,晚育是

    A. 女方年满24周岁初次生育或女方年满23周岁结婚后怀孕的初次生育

    B. 女方年满23周岁初次生育

    C. 女方年满22周岁结婚后怀孕的初次生育

    D. 女方年满25周岁生育

    E. 女方年满25周岁初次生育或女方年满24周岁结婚后怀孕的初次生育

15. 公民晚婚晚育,可以享受的奖励除了延长婚假等福利待遇外,还有

    A. 增加津贴   B. 增加奖金

    C. 增加工资   D. 延长生育假

    E. 以上都是

16. 乡级计划生育技术服务机构可以在批准的范围内开展除某项之外的计划生育技术服务项目,该项目是

    A. 放置宫内节育器

    B. 取出宫内节育器

    C. 施行避孕、节育手术和输卵(精)管复通手术

    D. 输卵(精)管结扎术

    E. 早期人工终止妊娠术

17. 《人口与计划生育法》规定公民实行计划生育的义务有:夫妻双方负有共同实行计划生育的责任;按照法律法规规定依法生育的是

    A. 妻子接受避孕节育措施

    B. 丈夫接受避孕节育措施

    C. 强制落实避孕节育措施,接受计划生育服务指导

    D. 自觉落实避孕节育措施,接受计划生育手术

    E. 自觉落实避孕节育措施,接受计划生育服务指导

18. 男青年小王和女青年小赵,两人各生育一孩,小王离婚时孩子判给本人抚养,小赵离婚时孩子判给原配偶抚养。两人2014年1月登记结婚,并于2015年1月生育了一个女孩。请思考该夫妇生育行为的合法性,如不合法的处理方案是

    A. 是合法生育。补发该夫妇生育二孩指标

    B. 不是合法生育。两人的行为违反了《人口与计划生育条例》规定,根据规定"不符合本条例规定多生育一个孩子的,按照基本标准的四倍缴纳社会抚养费"

    C. 不是合法生育。批评教育,以观后效

    D. 不是合法生育。给予全县通报,并罚款处罚

    E. 不是合法生育。警告

某农村户籍育龄妇女小谢和丈夫老李婚后于2010年5月5日生育第一孩(女孩),2014年3月31日在镇计生服务所查环查孕结果显示为已怀孕2个月(政策内怀孕第二孩);2014年7月,该县管理人员发现该对象政策内怀孕5个月后孕情消失,被县专案组列为"两非"嫌疑案例进行调查。调查情况:怀孕妇女小谢在2014年7月12日上午到县医院就诊,由接诊卢医生做B超检查,并于当天下午在其婆婆陪同下到县医院,由接诊卢医生实施了引产手术。当县专案组介入调查后,卢医生口供"该妇女在家楼梯摔跤导致死胎"与当事人小谢口供"骑自行车摔跤引发肚痛"存在矛盾,摔跤导致"死胎"的事由不成立。

19. 该育龄妇女的违法违规行为是
    A. 擅自选择性别人工终止妊娠　　　B. 瞒报、漏报出生
    C. 非医学需要的胎儿性别鉴定　　　D. 擅自摘除节育环
    E. 以上都是

20. 依据《人口与计划生育条例》，对该夫妇和县医院的处理方案是
    A. 取消该夫妇生育二孩指标。给予县医院警告处分
    B. 取消该夫妇生育二孩指标，并限期落实避孕节育措施。给予县医院全县通报，没收违法所得，并罚款处罚
    C. 对该夫妇批评教育，以观后效。给予县医院警告处分
    D. 对该夫妇批评教育，以观后效。给予县医院全县通报，没收违法所得，并罚款处罚
    E. 取消该夫妇生育二孩指标，并限期落实避孕节育措施。给予县医院全县通报

实 训 指 导

实训1 护士执业注册模拟

【实训目的】

1. 熟练掌握护士执业注册的方法、程序。

2. 熟悉首次注册、变更注册、延续注册的条件与要求。

【实训准备】

1. 通过抽签的办法将学生分成参加"首次注册、变更注册、延续注册"三组。

2. 老师按照卫生主管部门注册工作流程做好相关准备工作。

3. 找另外一位老师（最好是医院从事注册办理工作的人员）配合。

【实训学时】 2学时。

【实训方法与结果】

（一）实训方法

1. 学生根据分组准备材料：

（1）首次注册材料：①护理专业初级（士）资格考试成绩单原件；②毕业证书原件；③身份证复印件；④近期一寸正面彩照2张；⑤护士首次注册申请表；⑥护士注册健康体检表；⑦单位聘用合同及医疗机构执业许可证副本复印件。

（2）变更注册材料：①护士变更注册申请表；②护士执业证书正、副本；③护士注册健康体检表；④拟执业机构聘用合同（复印件）；⑤近期一寸彩照2张。

（3）延续注册：①护士再次（延续）注册申请表；②护士注册健康体检表；③继续教育学分证书；④执业证书副本。

在准备材料时，老师可根据当地卫生主管部门的要求，增加有关材料。材料准备力求贴近实际，毕业证、执业证等学生尚没有的文件资料，学生可根据实际的证书自行模拟制作。

2. 受理申请和完成注册模拟

在教室设置两个模拟工作部门：政务中心卫生主管部门受理窗口和卫生主管部门医政科。学生到受理窗口递交材料，老师（1）扮演工作人员接受申请并审核材料；老师（2）扮演医政科工作人员办理有关手续，完成注册。

注意：①材料审核注意考查学生准备的材料是否齐全并符合法律法规的要求，考查学生对护士执业注册法律规定的理解掌握程度。②整个过程注意考查学生文明礼貌的行为表现。

（二）实训结果

学生能根据法律法规要求完成注册申请的为合格。在合格基础上，学生的材料准备工作出色、申请过程表现良好的为优秀。实训结果记入平时成绩。

实训2 护理医疗事故案例讨论

【实训目的】

1. 通过案例讨论，熟练掌握医疗损害责任的特征、类型，医疗事故的特征、构成要件及预防与处理等法律知识。

2. 通过案例讨论，增强依法依规履行职责、防范医疗事故风险的法制意识。

【实训准备】

1. 准备与护理工作有关的医疗事故案例，结合本章内容合理设置讨论议题。

2. 分组并指定一位学生为讨论主持人。

【实训学时】 2学时。

【实训方法与结果】

（一）实训方法

1. 印发案例及讨论议题。

2. 老师阐述案例，并就讨论议题进行适当启发、引导。

3. 分组进行讨论。

4. 集中汇总讨论意见。由各组主持人在归纳本组讨论情况的基础上，汇报本组的结论。老师进行意见汇总。

5. 辩论和讲评。如果出现不同意见，老师组织引导意见相悖组进行辩论，其他学生参与发表意见。如果没有出现相悖的意见，老师进行讲评。

（二）实训结果

考查学生以事实为依据，以法律为准绳分析问题的能力。老师根据学生在讨论过程中的表现（包括参与的态度和程度，发表意见的角度独特性、思维的创新性、逻辑的严密性、表达能力等）对学生分等级进行评价，并记入平时成绩。

参考案例：

患者，女，76岁。咳嗽、憋气及发热2个月入院。初步诊断为"慢性支气管炎并发感染，肺心病及肺气肿"。入院后由护士甲为其静脉输液。护士甲在患者右臂肘上3厘米处扎上止血带，当完成静脉穿刺固定针头后，由于患者的衣袖滑下来将止血带盖住，所以忘记解下止血带。随后甲要去给自己的孩子喂奶，交护理员乙继续完成医嘱。乙先静脉推注药液，然后接上输液管进行补液。在输液过程中，患者多次提出"手臂疼及滴速太慢"等，乙认为疼痛是由于四环素刺激静脉所致，并且解释说："因为病情的原因，静脉点滴的速度不宜过快。"经过6个小时，输完了500毫升液体，由护士丙取下输液针头，发现局部轻度肿胀，以为是少量液体外渗所致，未予处理。静脉穿刺9个半小时后，因患者局部疼痛而做热敷时，家属才发现止血带还扎着，于是立即解下来并报告护理员乙，乙查看后嘱继续热敷，但并未报告医生。止血带松解后4个小时，护理员乙发现患者右前臂掌侧有水泡两个，误认为是热敷引起的烫伤，仍未报告和处理。又过了6个小时，右前臂高度肿胀，水泡增多而且手背发紫，护理员乙才向医生和院长报告。院长组织会诊决定转上级医院，各种原因致病后第5天才行右上臂中下1/3截技术。但因患者年老体弱，加上中毒感染引起心、肾衰竭，于术后一周死亡。

请分析讨论：

1. 是否构成医疗事故？原因何在？

2．属于几级医疗事故？

3．如何避免该类事故的发生？

实训3　参观预防接种门诊

【实训目的】

1．现场认知预防接种工作过程。

2．学会预防接种的各项规章制度。

3．熟悉一类疫苗的外观辨认及其特性与作用的有关知识。

4．了解本预防接种门诊落实预防接种制度的情况。

通过参观学习，直观感知《疫苗流通和预防接种管理条例》各项制度规定的内容。

【实训准备】

1．做好与预防接种门诊的联系沟通工作，告知参观内容与要求。

2．做好分组和组织安排。

3．准备好工作服（到达门诊即穿上白大褂、戴上护士帽）。

【实训学时】　2学时。

【实训方法与结果】

（一）实训方法

根据预防接种门诊规模将学生分批进行参观活动。

1．首先集中听取预防接种门诊有关人员介绍接种门诊的基本情况、工作程序及落实预防接种制度的情况。

2．现场参观，要求学生记录参观情况及各项制度规定。

3．本实践活动可以与免疫学等课程的相关实训一起组织进行。

（二）实训结果

每人写一份《××预防接种门诊贯彻执行〈疫苗流通和预防接种管理条例〉的调查报告》。老师对学生的调查报告进行批阅，并记入平时成绩。

附　录

附录1　常用卫生法律法规目录

第一部分　法　律

1. 中华人民共和国国境卫生检疫法

（1986 年 12 月 2 日　2007 年 12 月 29 日修正　2009 年 8 月 27 日修正）

2. 中华人民共和国红十字会法

（1993 年 10 月 31 日　2009 年 8 月 27 日修正）

3. 中华人民共和国母婴保健法

（1994 年 10 月 27 日　2009 年 8 月 27 日修正）

4. 中华人民共和国献血法

（1997 年 12 月 29 日）

5. 中华人民共和国执业医师法

（1998 年 6 月 26 日　2009 年 8 月 27 日修正）

6. 中华人民共和国药品管理法

（1984 年 9 月 20 日　2001 年 2 月 28 日修订）

7. 中华人民共和国职业病防治法

（2001 年 10 月 27 日）

8. 中华人民共和国人口与计划生育法

（2001 年 12 月 29 日）

9. 中华人民共和国传染病防治法

（1989 年 2 月 21 日　2004 年 8 月 28 日修订）

10. 中华人民共和国食品安全法

（2009 年 2 月 28 日）

第二部分　行政法规

1. 国境口岸卫生监督办法

（1982 年 2 月 4 日　2011 年 1 月 8 日修订）

2. 公共场所卫生管理条例

（1987 年 4 月 1 日）

3. 中华人民共和国尘肺病防治条例

（1987 年 12 月 3 日）

4．女职工劳动保护规定

（1988 年 7 月 21 日）

5．医疗用毒性药品管理办法

（1988 年 12 月 27 日）

6．放射性药品管理办法

（1989 年 1 月 13 日　2011 年 1 月 8 日修订）

7．中华人民共和国国境卫生检疫法实施细则

（1989 年 3 月 6 日　2010 年 4 月 24 日修订）

8．化妆品卫生监督条例

（1989 年 11 月 13 日）

9．学校卫生工作条例

（1990 年 6 月 4 日）

10．中华人民共和国传染病防治法实施办法

（1991 年 12 月 6 日）

11．中药品种保护条例

（1992 年 10 月 14 日）

12．医疗机构管理条例

（1994 年 2 月 26 日）

13．食盐加碘消除碘缺乏危害管理条例

（1994 年 8 月 23 日）

14．中华人民共和国红十字标志使用办法

（1996 年 1 月 29 日）

15．血液制品管理条例

（1996 年 12 月 30 日）

16．国内交通卫生检疫条例

（1998 年 11 月 28 日）

17．医疗器械监督管理条例

（2000 年 1 月 4 日）

18．中华人民共和国母婴保健法实施办法

（2001 年 6 月 20 日）

19．计划生育技术服务管理条例

（2001 年 6 月 13 日　2004 年 12 月 10 日修订）

20．医疗事故处理条例

（2002 年 4 月 4 日）

21．使用有毒物品作业场所劳动保护条例

（2002 年 5 月 12 日）

22．中华人民共和国药品管理法实施条例

（2002 年 8 月 4 日）

23．中华人民共和国中医药条例

（2003 年 4 月 7 日）

24. 突发公共卫生事件应急条例

（2003 年 5 月 9 日　2011 年 1 月 8 日修订）

25. 医疗废物管理条例

（2003 年 6 月 16 日　2011 年 1 月 8 日修订）

26. 乡村医生从业管理条例

（2003 年 8 月 5 日）

27. 病原微生物实验室生物安全管理条例

（2004 年 11 月 12 日）

28. 疫苗流通和预防接种管理条例

（2005 年 3 月 24 日）

29. 麻醉药品和精神药品管理条例

（2005 年 8 月 3 日）

30. 放射性同位素与射线装置安全和防护条例

（2005 年 9 月 14 日）

31. 艾滋病防治条例

（2006 年 1 月 29 日）

32. 血吸虫病防治条例

（2006 年 4 月 1 日）

33. 人体器官移植条例

（2007 年 3 月 31 日）

34. 国务院关于加强食品等产品安全监督管理的特别规定

（2007 年 7 月 26 日）

35. 护士条例

（2008 年 1 月 31 日）

36. 乳品质量安全监督管理条例

（2008 年 10 月 9 日）

37. 流动人口计划生育工作条例

（2009 年 5 月 11 日）

38. 中华人民共和国食品安全法实施条例

（2009 年 7 月 20 日）

39. 卫生部卫生立法工作管理办法

（1999 年 10 月 25 日）

第三部分　部门规章及规范性文件

综合类

1. 全国卫生系统荣誉称号暂行规定

（1991 年 7 月 30 日）

2. 全国卫生统计工作管理办法

（1999 年 2 月 25 日）

3. 卫生系统内部审计工作规定

（2006 年 8 月 16 日）

4．卫生部业务主管社会团体登记管理办法

（2000 年 10 月 31 日）

5．卫生行政处罚程序

（1997 年 6 月 19 日）

附：原卫生部关于修改《卫生行政处罚程序》第二十九条的通知

（2006 年 2 月 13 日）

6．卫生部卫生立法工作管理办法

（1999 年 10 月 25 日）

7．卫生部行政复议与行政应诉管理办法

（1999 年 12 月 29 日）

8．卫生行政执法文书规范

（2002 年 12 月 18 日）

附：原卫生部关于修改《卫生行政执法文书规范》第十三条、第十四条的通知

（2006 年 4 月 6 日）

9．卫生行政许可管理办法

（2004 年 11 月 17 日）

10．卫生计量认证实施程序

（1996 年 10 月 9 日）

11．卫生信访工作办法

（2007 年 2 月 16 日）

12．医疗卫生机构接受社会捐赠资助管理暂行办法

（2007 年 4 月 6 日）

13．国家卫生统计信息网络直报管理规定（试行）

（2007 年 10 月 11 日）

14．互联网医疗保健信息服务管理办法

（2009 年 5 月 1 日）

15．医疗卫生服务单位信息公开管理办法（试行）

（2010 年 6 月 3 日）

16．大型医用设备配置与使用管理办法

（2004 年 12 月 31 日）

卫生监督类

17．卫生监督员管理办法

（1992 年 5 月 11 日）

18．化妆品卫生监督条例实施细则

（1991 年 3 月 27 日）

附：原卫生部关于修改《化妆品卫生监督条例实施细则》第四十九条、第五十条的通知

（2005 年 5 月 20 日）

19．公共场所卫生管理条例实施细则

（2011 年 3 月 10 日）

20. 生活饮用水卫生监督管理办法
（1996 年 7 月 9 日）

21. 卫生部涉及饮用水卫生安全产品申报与受理规定
（1999 年 4 月 13 日）

22. 省级涉及饮用水卫生安全产品卫生行政许可程序
（2009 年 7 月 22 日）

23. 卫生部消毒产品申报与受理规定
（1999 年 4 月 13 日）

24. 消毒管理办法
（2002 年 3 月 28 日）

25. 消毒产品生产企业卫生许可规定
（2009 年 11 月 16 日）

26. 健康相关产品卫生行政许可程序
（2006 年 4 月 3 日）

27. 国家职业卫生标准管理办法
（2002 年 3 月 28 日）

28. 职业病诊断与鉴定管理办法
（2002 年 3 月 28 日）

29. 放射诊疗管理规定
（2006 年 1 月 24 日）

30. 放射工作人员职业健康管理办法
（2007 年 6 月 3 日）

医疗服务与监督管理类

31. 具有医学专业技术职务任职资格人员认定医师资格及执业注册办法
（1999 年 6 月 28 日）

32. 医师资格考试暂行办法
（1999 年 7 月 16 日）

附：原卫生部关于修改《医师资格考试暂行办法》第十七条的通知
（2002 年 2 月 5 日）

附：原卫生部关于修改《医师资格考试暂行办法》第十六条和第三十四条的通知
（2003 年 4 月 18 日）

附：原卫生部关于修订《医师资格考试暂行办法》第三十四条的通知
（2008 年 6 月 6 日）

33. 医师执业注册暂行办法
（1999 年 7 月 16 日）

34. 医学教育临床实践管理暂行规定
（2008 年 8 月 18 日）

35. 医师外出会诊管理暂行规定
（2005 年 4 月 30 日）

36. 传统医学师承和确有专长人员医师资格考核考试办法

（2006 年 12 月 21 日）

37. 医师定期考核管理办法

（2007 年 2 月 9 日）

38. 护士执业资格注册管理办法

（2008 年 5 月 6 日）

39. 护士执业资格考试办法

（2010 年 5 月 10 日）

40. 医疗机构管理条例实施细则

（1994 年 8 月 29 日）

附：原卫生部关于修订《医疗机构管理条例实施细则》第三条有关内容的通知

（2006 年 11 月 1 日）

41. 医疗机构诊疗科目名录

（1994 年 9 月 5 日）

附：原卫生部关于修订《医疗机构诊疗科目名录》部分科目的通知

（2007 年 5 月 31 日）

附：原卫生部关于在《医疗机构诊疗科目名录》中增加"疼痛科"诊疗科目

（2007 年 7 月 16 日）

42. 医疗机构设置规划指导原则

（1994 年 9 月 5 日）

43. 医疗机构评审办法

（1995 年 7 月 21 日　1997 年 9 月 1 日修改）

44. 医疗气功管理暂行规定

（2000 年 7 月 10 日）

45. 医疗美容服务管理办法

（2002 年 1 月 22 日）

附：原卫生部关于修改《医疗美容服务管理办法》第二条的通知

（2009 年 2 月 13 日）

46. 关于医疗机构冠名红十字（会）的规定

（2007 年 1 月 4 日）

47. 医疗机构校验管理办法（试行）

（2009 年 6 月 15 日）

48. 盲人医疗按摩管理办法

（2009 年 4 月 23 日）

49. 戒毒医疗服务管理暂行办法

（2010 年 1 月 5 日）

50. 人类辅助生殖技术管理办法

（2001 年 2 月 20 日）

51. 人类精子库管理办法

（2001 年 2 月 20 日）

89．母婴保健专项技术服务许可及人员资格管理办法

（1995 年 8 月 7 日）

90．母婴保健医学技术鉴定管理办法

（1995 年 8 月 7 日）

91．关于禁止非医学需要的胎儿性别鉴定和选择性别的人工终止妊娠的规定

（2002 年 11 月 29 日）

92．产前诊断技术管理办法

（2002 年 12 月 13 日）

93．城市社区卫生服务机构管理办法（试行）

（2006 年 6 月 29 日）

94．妇幼保健机构管理办法

（2006 年 12 月 19 日）

95．新生儿疾病筛查管理办法

（2009 年 2 月 16 日）

96．托儿所幼儿园卫生保健管理办法

（2010 年 9 月 6 日）

疾病预防控制与生物安全类

97．精神疾病司法鉴定暂行规定

（1989 年 7 月 11 日）

98．传染性非典型肺炎防治管理办法

（2003 年 5 月 12 日）

99．鼠疫地区猎捕和处理旱獭卫生管理办法

（1993 年 3 月 15 日）

100．预防接种异常反应鉴定办法

（2008 年 9 月 11 日）

101．国内交通卫生检疫条例实施方案

（1999 年 9 月 16 日）

102．突发公共卫生事件交通应急规定

（2004 年 3 月 4 日）

103．突发公共卫生事件与传染病疫情监测信息报告管理办法

（2003 年 11 月 7 日）

　　附：原卫生部关于修改《突发公共卫生事件与传染病疫情监测信息报告管理办法》（原卫生部第 37 号令）的通知

（2006 年 8 月 22 日）

104．传染病病人或疑似传染病病人尸体解剖查验规定

（2005 年 4 月 30 日）

105．尸体出入境和尸体处理的管理规定

（2006 年 7 月 3 日）

106．可感染人类的高致病性病原微生物菌（毒）种或样本运输管理规定

（2005 年 12 月 28 日）

107. 人间传染的高致病性病原微生物实验室和实验活动生物安全审批管理办法
（2006 年 8 月 15 日）

108. 人间传染的病原微生物菌（毒）种保藏机构管理办法
（2009 年 7 月 16 日）

109. 营养改善工作管理办法
（2010 年 8 月 3 日）

食品安全与餐饮服务监督管理类

110. 食品安全企业标准备案办法
（2009 年 6 月 10 日）

111. 食品安全风险评估管理规定（试行）
（2010 年 1 月 21 日）

112. 食品安全风险监测管理规定（试行）
（2010 年 1 月 25 日）

113. 食品安全国家标准管理办法
（2010 年 10 月 20 日）

114. 食品安全地方标准管理办法
（2011 年 3 月 2 日）

115. 学校食堂与学生集体用餐卫生管理规定
（2002 年 9 月 20 日）

116. 餐饮服务许可管理办法
（2010 年 3 月 4 日）

117. 餐饮服务食品安全监督管理办法
（2010 年 3 月 4 日）

118. 保健食品管理办法
（1996 年 3 月 15 日）

119. 保健食品标识规定
（1996 年 7 月 18 日）

120. 保健食品注册管理办法（试行）
（2005 年 4 月 30 日）

121. 禁止食品加药卫生管理办法
（1987 年 10 月 22 日）

122. 新资源食品管理办法
（2007 年 7 月 2 日）

123. 食品添加剂新品种管理办法
（2010 年 3 月 30 日）

124. 食品添加剂新品种申报与受理规定
（2010 年 5 月 25 日）

125. 进口无食品安全国家标准食品许可管理规定
（2010 年 8 月 9 日）

126. 铁路运营食品安全管理办法
（2010 年 9 月 3 日）
127. 食品安全信息公布管理办法
（2010 年 11 月 3 日）

药品医疗器械监督管理类

128. 药物临床试验质量管理规范
（2003 年 8 月 6 日）
129. 药品说明书和标签管理规定
（2006 年 3 月 15 日）
130. 互联网药品信息服务管理办法
（2004 年 7 月 8 日）
131. 药品流通监督管理办法
（2007 年 1 月 31 日）
132. 医疗机构制剂配制质量管理规范（试行）
（2001 年 3 月 13 日）
133. 医疗机构制剂配制监督管理办法（试行）
（2005 年 4 月 14 日）
134. 医疗机构制剂注册管理办法（试行）
（2005 年 6 月 22 日）
135. 药品召回管理办法
（2007 年 12 月 10 日）
136. 处方药与非处方药分类管理办法（试行）
（1999 年 6 月 18 日）
137. 药品不良反应报告和监测管理办法
（2011 年 5 月 4 日）
138. 医疗器械临床试验规定
（2004 年 1 月 17 日）
139. 医疗器械说明书、标签和包装标识管理规定
（2004 年 7 月 8 日）
140. 医疗器械临床使用安全管理规范（试行）
（2010 年 1 月 14 日）
141. 医疗器械召回管理办法（试行）
（2011 年 5 月 20 日）

附录2　卫生法律法规查询方法

方法一：到"全国人民代表大会网"网站查询。

方法：登录 http://www.npc.gov.gn（全国人大门户网）→法律法规库→中国法律法规检索系统

方法二：到"中华人民共和国中央人民政府网"网站查询

1．法律类：http://www.gov.cn（网站首页→法律法规→法律）

2．法规类：http://www.gov.cn（网站首页→国务院文件→国务院令）

3．规章类：http://www.gov.cn（网站首页→法律法规→部门规章）

方法三：在互联网上直接输入要查询的法律法规名称，直接查找（搜索）。

附录3　自测题参考答案

第一章　卫生法概述

1. C	2. D	3. B	4. D	5. B	6. B	7. A	8. C	9. A	10. C
11. A	12. C	13. D	14. B	15. E	16. A	17. D	18. E	19. A	20. C

第二章　护士执业法律制度

1. B	2. B	3. E	4. B	5. C	6. C	7. A	8. B	9. B	10. C
11. E	12. A	13. A	14. C	15. D	16. C	17. B	18. C	19. E	20. A

第三章　侵权责任及医疗事故处理法律制度

1. E	2. A	3. B	4. C	5. E	6. C	7. E	8. C	9. A	10. C
11. B	12. D	13. D	14. C	15. B	16. B	17. D	18. B	19. C	20. E

第四章　献血法律制度

1. C	2. B	3. E	4. D	5. E	6. B	7. B	8. E	9. B	10. A
11. A	12. B	13. C	14. B	15. A	16. E	17. A	18. B	19. A	20. E

第五章　传染病防治法律制度

1. B	2. B	3. C	4. D	5. A	6. B	7. D	8. C	9. C	10. C
11. A	12. D	13. C	14. D	15. E	16. E	17. A	18. A	19. B	20. D

第六章　预防接种及突发公共卫生事件应急法律制度

1. A	2. B	3. B	4. C	5. E	6. D	7. A	8. C	9. C	10. B
11. A	12. E	13. D	14. A	15. C	16. B	17. E	18. D	19. D	20. C

第七章　母婴保健法律制度

1. C	2. A	3. E	4. B	5. D	6. C	7. B	8. B	9. D	10. B
11. E	12. E	13. B	14. C	15. B	16. A	17. C	18. C	19. C	20. B

第八章　人口与计划生育法律制度

1. B	2. C	3. C	4. E	5. D	6. B	7. D	8. A	9. E	10. A
11. D	12. E	13. C	14. A	15. D	16. C	17. E	18. B	19. A	20. B

教 学 大 纲

一、课程性质

卫生法律法规是中等卫生职业教育护理、助产专业一门重要的专业选修课程。本课程主要内容包括卫生法概述、护士执业法律制度、侵权责任及医疗事故处理法律制度、献血法律制度、传染病防治法律制度、预防接种及突发公共卫生事件应急法律制度、母婴保健法律制度、人口与计划生育法律制度等,与护士执业资格考试和护理、助产专业学生从业有关的主要的卫生法律法规知识。本课程的主要任务是,通过本课程学习,使学生掌握护士执业资格考试及从业需要的主要卫生法律法规知识,培养学生依法执业的法制意识和利用卫生法律法规维护医患双方权益、构建和谐医患关系的能力,提高护士履行岗位法定义务的自觉性。本课程的先修课程主要是职业道德与法律。

二、课程目标

通过本课程的学习,学生能够达到下列要求:

(一)职业素养目标

具有良好的卫生法制思想和医疗安全意识,自觉遵守有关医疗卫生法律法规,依法实施护理、助产任务,自觉养成尊重患者人格、保护患者隐私的行为习惯和情感意识。

(二)专业知识和技能目标

1. 掌握以下卫生法律知识:①卫生法的概念与特征、调整对象,卫生法律关系的概念、构成要素,卫生法律责任的概念、种类。②护士执业注册的法律规定,护士执业的权利与义务,护士的违法责任。③侵权责任和医疗损害责任法律制度,医疗事故的概念、特征、构成要件和医疗事故预防与处理。④临床用血的法律规定、采供血管理。⑤法定管理的传染病病种,传染病预防和控制以及疫情的报告、通报和公布的法律规定,艾滋病防治原则、预防与控制。⑥疫苗概念、分类及免疫规划,疫苗接种法律规定。突发公共卫生事件概述及突发公共卫生事件报告与信息发布、应急处理的规定。⑦母婴保健技术服务法律规定。⑧我国人口与计划生育法律规定的主要内容及计划生育技术服务的法律规定。

2. 熟悉以下卫生法律知识:①卫生法的作用,我国卫生法渊源,卫生法律关系的产生、变更和消灭;②护士执业资格考试,医疗卫生机构护士使用和管理要求,卫生主管部门、医疗机构及社会人员的违法律责任;③医疗事故分级和不属于医疗事故的情形,违反医疗事故处理法律规定的责任;④我国的无偿献血制度,采供血和原料血浆的管理规定,违反献血法律制度的责任;⑤艾滋病防治宣传教育、救助与治疗,违反传染病防治法律制度的责任;⑥违反疫苗、突发公共卫生事件应急有关条例的法律责任;⑦母婴保健监督管理的法律规定以及违反母婴保健法律制度的法律责任；⑧违反人口与计划生育法律制度的法律责任。

3．了解以下卫生法律知识：①卫生法的基本原则，卫生法渊源的概念；②护士的概念及对护士的保护与表彰，医疗卫生机构护士配备的要求；③医疗事故技术鉴定的法律规定；④献血法的概念，献血法制建设，血站的设置、执业许可和监督管理的法律规定，血液制品的概念，血液制品生产经营单位的管理；⑤传染病防治法的概念、立法宗旨、原则和适用范围，传染病防治监督的法律规定；⑥疫苗流通的规定及疫苗流通和接种的监督管理，突发公共卫生事件预防与应急准备；⑦母婴保健法的概念、调整对象、适用范围、立法意义及法制建设，母婴保健机构及其人员的规定；⑧人口与计划生育法制建设，《人口与计划生育法》颁布实施的意义。

4．熟练掌握运用卫生法律法规维护医患双方权益、构建和谐医患关系，在发生医患纠纷时运用有关法律法规知识妥善处理医患关系的方法。学会依法依规开展护理、助产工作，运用所学法律法规知识解释和说明卫生法律事件或现象。

三、学时安排

教学内容	学时	
	理论	实践
一、卫生法概述	2	
二、护士执业法律制度	2	
三、侵权责任及医疗事故处理法律制度	3	
四、献血法律制度	2	
五、传染病防治法律制度	3	2*
六、预防接种及突发公共卫生事件应急法律制度	2	
七、母婴保健法律制度	2	
八、人口与计划生育法律制度	2	
合计	18	2

*：2课时的实践具体如何安排，不宜做硬性规定，即不硬性规定安排在哪一章，而是把主动权交给老师

四、课程内容和要求

单元	教学内容	教学要求	教学活动参考	参考学时	
				理论	实践
一、卫生法概述	（一）卫生法的概念、调整对象和作用		理论讲授 案例教学	2	2
	1．卫生法的概念与特征	掌握			
	2．卫生法调整的对象	掌握			
	3．卫生法的基本原则	了解			
	4．卫生法的作用	熟悉			
	（二）卫生法的渊源				
	1．卫生法渊源的概念	了解			
	2．我国卫生法渊源	熟悉			
	（三）卫生法律关系				
	1．卫生法律关系的概念	掌握			

续表

单元	教学内容	教学要求	教学活动参考	参考学时	
				理论	实践
一、卫生法概述	2.卫生法律关系的构成要素	掌握			
	3.卫生法律关系的产生、变更和消灭	熟悉			
	（四）卫生法律责任				
	1.卫生法律责任的概念	掌握			
	2.卫生法律责任的种类	掌握			
二、护士执业法律制度	（一）护士及其执业资格考试		理论讲授案例教学技能实践习题教学	2	
	1.护士的概念及对护士的保护与表彰	了解			
	2.护士执业资格考试	熟悉			
	（二）护士执业注册				
	1.执业注册及注销	掌握			
	2.延续注册	掌握			
	3.执业地点变更	掌握			
	（三）护士执业的权利和义务				
	1.护士执业的权利	熟悉			
	2.护士执业的义务	熟悉			
	（四）医疗卫生机构的职责				
	1.医疗卫生机构护士配备的要求	了解			
	2.医疗卫生机构护士使用和管理要求	了解			
	（五）违反有关护士法律制度的责任				
	1.卫生主管部门工作人员的法律责任	熟悉			
	2.医疗卫生机构的法律责任	熟悉			
	3.护士的法律责任	掌握			
	4.社会其他人员的法律责任	熟悉			
	实训1 护士执业注册模拟	掌握			
三、侵权责任及医疗事故处理法律制度	（一）侵权责任概述		理论讲授案例教学技能实践习题教学	3	
	1.侵权责任构成及其责任方式	掌握			
	2.侵权责任的归责原则及免责事由	掌握			
	（二）医疗损害责任概述				
	1.医疗损害责任的概念、特征及类型	掌握			
	2.医疗损害责任的归责原则和举证责任	掌握			
	3.医疗损害责任的免责事由	掌握			
	（三）医疗事故概述				
	1.医疗事故的概念、特征及构成要件	掌握			
	2.医疗事故的分级	熟悉			
	3.不属于医疗事故的情形	熟悉			
	（四）医疗事故的预防与处理				
	1.医疗事故的预防	掌握			
	2.医疗事故发生后的处置	掌握			
	3.医疗事故的处理	掌握			

续表

单元	教学内容	教学要求	教学活动参考	参考学时	
				理论	实践
三、侵权责任及医疗事故处理法律制度	（五）医疗事故技术鉴定				
	1. 鉴定的组织机构和人员	了解			
	2. 鉴定的提起与受理	了解			
	3. 专家鉴定组的组成	了解			
	4. 医疗事故技术鉴定过程	了解			
	5. 医疗事故的技术鉴定费用	了解			
	（六）违反医疗事故处理法律规定的责任				
	1. 行政责任	熟悉			
	2. 民事责任	熟悉			
	3. 刑事责任	熟悉			
	实训2　护理医疗事故案例讨论	学会			
四、献血法律制度	（一）概述		理论讲授案例教学习题教学	2	
	1. 献血法的概念	了解			
	2. 献血法制建设	了解			
	（二）无偿献血的法律规定				
	1. 我国的无偿献血制度	熟悉			
	2. 临床用血的法律规定	掌握			
	（三）血站管理的法律规定				
	1. 血站的设置和执业许可	了解			
	2. 采供血管理	掌握			
	3. 监督管理	了解			
	（四）血液制品管理的法律规定				
	1. 血液制品的概念	了解			
	2. 原料血浆的管理	熟悉			
	3. 血液制品生产经营单位的管理	了解			
	（五）法律责任				
	1. 行政责任	熟悉			
	2. 民事责任	熟悉			
	3. 刑事责任	熟悉			
五、传染病防治法律制度	（一）概述		理论讲授案例教学习题教学	3	
	1. 传染病防治法的概念、立法宗旨和原则	了解			
	2. 传染病防治法的适用范围	了解			
	3. 法定管理的传染病病种	掌握			
	（二）传染病预防和控制的法律规定				
	1. 传染病的预防	掌握			
	2. 传染病疫情的报告、通报和公布	掌握			
	3. 传染病的控制	掌握			
	4. 传染病的医疗救治	掌握			

续表

单元	教学内容	教学要求	教学活动参考	参考学时	
				理论	实践
五、传染病防治法律制度	（三）传染病监督的法律规定				
	1.传染病防治监督管理机关及其职责	了解			
	2.传染病管理监督员及其职责	了解			
	3.传染病管理检查员及其职责	了解			
	（四）艾滋病防治法律制度				
	1.艾滋病防治原则	掌握			
	2.宣传教育	熟悉			
	3.预防与控制	掌握			
	4.救助与治疗	熟悉			
	（五）违反传染病防治法的法律责任				
	1.行政责任	熟悉			
	2.刑事责任	熟悉			
	3.民事责任	熟悉			
六、预防接种及突发公共卫生事件应急法律制度	（一）疫苗预防接种法律制度				
	1.概述	掌握			
	2.疫苗流通	了解			
	3.疫苗接种	掌握			
	4.异常反应的处理	掌握			
	5.疫苗流通和接种的监督管理	了解			
	（二）突发公共卫生事件应急法律制度				
	1.概述	掌握	理论讲授案例教学技能实践习题教学	2	
	2.预防与应急准备	了解			
	3.报告与信息发布	掌握			
	4.应急处理	掌握			
	（三）法律责任				
	1.违反《疫苗流通和预防接种管理条例》的法律责任	熟悉			
	2.违反《突发公共卫生事件应急条例》的法律责任	熟悉			
	实训3 参观预防接种门诊	学会			
七、母婴保健法律制度	（一）概述				
	1.母婴保健法的概念、调整对象及立法意义	了解			
	2.母婴保健法的适用范围	了解			
	3.母婴保健法制建设	了解	理论讲授案例教学	2	
	（二）母婴保健技术服务的法律制度				
	1.母婴保健技术服务	掌握			
	2.婚前保健法律规定	掌握			
	3.孕产期保健法律规定	掌握			
	4.新生儿疾病筛查法律规定	掌握			

续表

单元	教学内容	教学要求	教学活动参考	参考学时 理论	参考学时 实践
七、母婴保健法律制度	5. 婴儿保健法律规定	掌握			
	6. 技术鉴定法律规定	掌握			
	（三）母婴保健监管的法律制度				
	1. 母婴保健机构及其人员的监管规定	熟悉			
	2. 母婴保健监管机构和监督人员的规定	熟悉			
	（四）违反母婴保健法的法律责任				
	1. 擅自从事母婴保健技术服务的法律责任	熟悉			
	2. 出具虚假医学证明文件的法律责任	熟悉			
	3. 违反规定进行胎儿性别鉴定的法律责任	熟悉			
	4. 造成医疗损害的法律责任	熟悉			
八、人口与计划生育法律制度	（一）概述		理论讲授案例教学	2	
	1. 人口与计划生育法制建设	了解			
	2.《人口与计划生育法》颁布实施的意义	了解			
	（二）人口与计划生育法律规定的主要内容				
	1. 人口发展规划的制定与实施	掌握			
	2. 生育调节	掌握			
	3. 奖励与社会保障	掌握			
	4. 关于少数民族生育的规定	掌握			
	5. 关于生育第二个孩子的规定	掌握			
	（三）计划生育技术服务				
	1. 计划生育技术服务内容	掌握			
	2. 计划生育技术服务机构及人员	掌握			
	（四）法律责任				
	1. 行政责任	熟悉			
	2. 民事责任	熟悉			
	3. 刑事责任	熟悉			

五、说明

（一）教学安排

本课程标准主要供中等卫生职业教育护理、助产专业教学使用，第3学期或第6学期开设，总学时为20学时，其中，理论教学18学时，实践教学2学时，学分为1学分。

（二）教学要求

1. 本课程对理论部分教学要求分为掌握、熟悉、了解3个层次。掌握：指对上述卫生法律法规基本知识、卫生法律制度内容有较深刻的认识，并能综合、灵活地运用所学的知识解决实际问题。熟悉：指能够领会上述卫生法律法规基本知识、卫生法律制度内容，解释护理工作过程中的法律现象。了解：指对上述卫生法律法规基本知识、卫生法律制度内容能有一定的认识，能够记忆所学的知识要点。实践教学要求分为熟练掌握和学会2个层次，熟练掌握：指能独立、正确的完成学法、用法任务。学会：即在教师的指导下能基本完成学法、用法任务。

2．本课程重点突出应对护士执业资格考试和依法执业、维护医患双方合法权益并自觉构建和谐医患关系的教学理念。通过本课程的学习，切实增强学生依法依规开展护理、助产工作的思想自觉和行动自觉。充分利用习题训练，掌握护士执业资格考试大纲要求的法律法规知识。

（三）教学建议

1．本课程依据护士岗位的工作任务、职业能力要求，强化卫生法律知识灌输和卫生法制意识的培养，根据培养目标、教学内容和学生的学习特点以及执业资格考核要求，提倡案例教学、任务教学、情景教学、技能实践、习题教学等方法，利用学生有关社团、文化艺术节等学生活动平台，将学生的自主学习、合作学习和教师引导教学等教学组织形式有机结合。

2．教学过程中，可通过测验、观察记录和理论考试等多种形式对学生的职业素养、专业知识和技能进行综合考评。应体现评价主体的多元化，评价过程的多元化，评价方式的多元化。评价内容不仅关注学生对卫生法律法规知识的理解和技能的掌握，更要关注卫生法律法规知识在护理工作实践中运用与解决实际问题的能力水平，重视依法执业等职业素质的形成。

3．由于本课程课时安排的限制，实践教学仅安排 2 个学时，老师在教学过程中，可视实际情况自行选取本教材中的一个实践方案进行实践技能教学，也可选取在其他章节开展实践技能教学活动，但总的目标是要培养学生学法、用法的技能。

中英文名词对照索引

主要参考文献

1. 曹康泰. 突发公共卫生事件应急条例释义. 北京：中国法制出版社, 2003.
2. 樊立华. 卫生法学概论. 北京：人民卫生出版社, 2005.
3. 付能荣, 周奎. 护理伦理与法规. 北京：中国医药科技出版社, 2013.
4. 王峰. 卫生法律法规. 北京：人民卫生出版社, 2003.
5. 王峰, 杨云山. 卫生法律法规. 南昌：江西科学技术出版社, 2007.
6. 王峰. 卫生法律法规. 北京：人民卫生出版社, 2008.
7. 王峰. 卫生法律法规. 北京：科学出版社, 2013.
8. 吴崇其. 卫生法学. 北京：法律出版社, 2005.
9. 吴崇其. 中国卫生法学. 北京：中国协和医科大学出版社, 2005.
10. 卫生部政策法规司. 常用卫生法规汇编. 北京：法律出版社, 2011.
11. 许练光. 卫生法律法规. 北京：科学出版社, 2012.